最高人民法院环境资源
审判指导丛书

中国环境资源
精品案例评析

ZHONGGUO
HUANJING ZIYUAN
JINGPIN ANLI PINGXI

最高人民法院环境资源审判庭　编著

人民法院出版社

图书在版编目（ＣＩＰ）数据

中国环境资源精品案例评析 / 最高人民法院环境资源审判庭编著． -- 北京：人民法院出版社，2023.2
（最高人民法院环境资源审判指导丛书）
ISBN 978-7-5109-3660-9

Ⅰ．①中… Ⅱ．①最… Ⅲ．①环境保护法－案例－中国 Ⅳ．①D922.685

中国版本图书馆CIP数据核字(2022)第246269号

中国环境资源精品案例评析
最高人民法院环境资源审判庭　编著

策划编辑	兰丽专
责任编辑	郭　粹
封面设计	天平文创视觉设计/尹苗苗
出版发行	人民法院出版社
地　　址	北京市东城区东交民巷 27 号（100745）
电　　话	（010）67550562（责任编辑）　67550558（发行部查询）
	65223677（读者服务部）
客服QQ	2092078039
网　　址	http://www.courtbook.com.cn
E－mail	courtpress@sohu.com
印　　刷	天津嘉恒印务有限公司
经　　销	新华书店

开　本	787 毫米×1092 毫米　1/16
字　数	283 千字
印　张	19
版　次	2023 年 2 月第 1 版　2023 年 2 月第 1 次印刷
书　号	ISBN 978-7-5109-3660-9
定　价	69.00 元

版权所有　侵权必究

中国环境资源精品案例评析
编委会

主　　任　杨临萍
副 主 任　刘竹梅　李明义　李相波　刘小飞
委　　员　（按姓氏笔画排序）
　　　　　叶　阳　田心则　朱　婧　孙　茜
　　　　　杨　迪　吴凯敏　宋春雨　胡夏冰
　　　　　贾清林　黄　鹏
执行编辑　朱　婧　蔡传磊

凡 例

为行文方便,本书中法律法规、司法解释和部分规范性文件使用简称,具体如下:

1. 本书中的法律法规使用简称,如《中华人民共和国刑法》简称为《刑法》,《中华人民共和国民法典》简称为《民法典》,《中华人民共和国环境保护法》简称为《环境保护法》,《中华人民共和国水生野生动物保护实施条例》简称为《水生野生动物保护实施条例》,等等。

2. 本书中多次出现的司法解释及相关规范文件简称如下:

文件名全称	简　　称
《最高人民法院关于适用〈中华人民共和国刑事诉讼法〉的解释》	《刑事诉讼法解释》
《最高人民法院关于适用〈中华人民共和国民事诉讼法〉的解释》	《民事诉讼法解释》
《最高人民法院关于适用〈中华人民共和国行政诉讼法〉的解释》	《行政诉讼法解释》
《最高人民法院关于民事诉讼证据的若干规定》	《民事诉讼证据规定》
《最高人民法院关于审理环境侵权责任纠纷案件适用法律若干问题的解释》	《环境侵权纠纷解释》
《最高人民法院关于审理环境民事公益诉讼案件适用法律若干问题的解释》	《环境民事公益诉讼解释》

（续表）

文件名全称	简　　称
《最高人民法院关于审理矿业权纠纷案件适用法律若干问题的解释》	《矿业权纠纷解释》
《最高人民法院关于审理生态环境损害赔偿案件的若干规定（试行）》	《生态环境损害赔偿规定》
《最高人民法院关于审理破坏野生动物资源刑事案件具体应用法律若干问题的解释》	《破坏野生动物资源刑事案件解释》
《最高人民法院关于审理发生在我国管辖海域相关案件若干问题的规定（二）》	《审理管辖海域案件规定（二）》
《最高人民法院、最高人民检察院关于办理环境污染刑事案件适用法律若干问题的解释》	《环境污染刑事案件解释》
《最高人民法院、最高人民检察院关于办理走私刑事案件适用法律若干问题的解释》	《走私刑事案件解释》
《最高人民法院、最高人民检察院关于检察公益诉讼案件适用法律若干问题的解释》	《检察公益诉讼案件解释》
《最高人民法院、最高人民检察院关于办理妨害文物管理等刑事案件适用法律若干问题的解释》	《妨害文物管理刑事案件解释》
《最高人民法院、最高人民检察院、公安部、司法部、生态环境部关于办理环境污染刑事案件有关问题座谈会纪要》	《环境污染刑事案件会议纪要》

目　录

上篇　生物多样性指导性案例

（一）指导案例 172 号：秦家学滥伐林木刑事附带民事公益
　　　诉讼案 ·· 003

（二）指导案例 173 号：北京市朝阳区自然之友环境研究所诉
　　　中国水电顾问集团新平开发有限公司等环境民事公益诉讼案
　　　·· 009

（三）指导案例 174 号：中国生物多样性保护与绿色发展基金会诉
　　　雅砻江流域水电开发有限公司环境民事公益诉讼案 ······ 017

（四）指导案例 175 号：江苏省泰州市人民检察院诉
　　　王小朋等 59 人生态破坏民事公益诉讼案 ················ 024

（五）指导案例 176 号：湖南省益阳市人民检察院诉
　　　夏顺安等 15 人生态破坏民事公益诉讼案 ················ 034

（六）指导案例 177 号：海南临高盈海船务有限公司诉
　　　三沙市渔政支队行政处罚案 ··························· 041

（七）指导案例 178 号：北海市乃志海洋科技有限公司诉
　　　北海市海洋与渔业局行政处罚案 ······················· 048

中篇　联合国环境规划署数据库案例

（一）德清明禾保温材料有限公司、祁尔明污染环境案 …… **059**
（二）卓某走私珍贵动物案 …………………………………… **066**
（三）张某明、毛某明、张某故意损毁名胜古迹案 ………… **073**
（四）江西省上饶市人民检察院诉张某明等生态破坏民事公益
　　　诉讼案 ……………………………………………………… **081**
（五）江西省九江市人民政府诉江西正鹏环保科技有限公司、
　　　杭州连新建材有限公司、李某等7人生态环境损害
　　　赔偿责任案 ………………………………………………… **090**
（六）陕西省三原县人民检察院诉陕西省三原县某某镇人民
　　　政府未履行环境保护和污染防治法定职责行政公益
　　　诉讼案 ……………………………………………………… **101**

下篇　环境资源典型案例

一、环境污染防治类案件 ………………………………… **109**
（一）田某某等人污染环境案
　　　——认罪认罚等从轻处罚情节的认定及从业禁止
　　　　令的适用 ………………………………………………… **109**
（二）董某某等污染环境案
　　　——危险废物处理者的行为与被害人死亡具有刑
　　　　法上的因果关系 ………………………………………… **114**
（三）吴某某诉中铁某局（集团）有限公司等噪声污染
　　　责任案
　　　——专家意见在环境案件中的运用 …………………… **121**

（四）倪某某诉丹东海洋红风力发电有限责任公司噪声污染责任纠纷案

  ——环境污染侵权一方就排除因果关系举证不充分的民事责任认定·················· 126

（五）李某诉华润置地（重庆）有限公司环境污染责任纠纷案

  ——光污染损害的认定·················· 133

（六）中国生物多样性与绿色发展基金会诉深圳市速美环保有限公司等大气污染民事公益诉讼案

  ——网店售卖"年检神器"环境公益侵权责任的认定·················· 140

（七）北京市朝阳区自然之友环境研究所诉现代汽车（中国）投资有限公司大气污染责任纠纷案

  ——探索环境污染损害赔偿金的管理方式与替代性环境修复方式·················· 149

（八）中国生物多样性保护与绿色发展基金会诉北京市朝阳区刘诗昆万象新天幼儿园公益诉讼环境污染责任纠纷案

  ——以调解促进环境民事公益诉讼的实际功效和社会效果·················· 153

（九）重庆市绿色志愿者联合会诉恩施自治州建始磺厂坪矿业有限责任公司环境污染责任纠纷案

  ——"停止侵害"在环境民事公益诉讼中的适用·················· 156

（十）江苏省镇江市生态环境公益保护协会诉江苏优立光学眼镜有限公司固体废物污染民事公益诉讼案

  ——以"三合一"审判实现行业环境治理与可持续发展·················· 163

（十一）福建省清流县人民检察院诉清流县环境保护局
行政行为违法案
——环境保护行政主管部门对危险废物是否尽
到监管职责的审查认定…………………… **169**

（十二）吉林省白山市人民检察院诉白山市江源区卫生
和计划生育局等环境行政附带民事公益诉讼案
——检察环境公益诉讼案件行政附带民事审判
方式……………………………………… **174**

二、生态环境保护类案件…………………………………… **178**

（一）张某诉重庆市丰都县三抚林场合同纠纷案
——自然保护区内自然资源开发利用合同效力的
认定……………………………………… **178**

（二）贵州省清镇市流长苗族乡人民政府诉黄某某确认
合同无效纠纷案
——防护林木、林地转包合同的效力认定………… **185**

（三）熊某某等诉湖南省岳阳县麻塘办事处行政处理案
——行政机关越权进行生态环境整治行为的合法
性审查…………………………………… **190**

（四）吉林省珲春林业局诉珲春市牧业管理局草原行政
登记案
——草原委托经营合同的性质认定及自然保护区
内颁发的草原使用权证如何处理……………… **194**

（五）安徽省岳西县美丽水电站诉安徽省岳西县环境保
护局环境保护行政决定案
——对自然保护区核心区、缓冲区内企业作出的
责令停产停业等行政处罚的合法性、合理性
审查认定………………………………… **198**

（六）广东省汕尾市海丰县海丽国际高尔夫球场有限公司诉国家海洋局行政处罚决定案
　　——使用海域需依法取得正式海域使用权证 ········ **201**

（七）闵某等非法捕捞水产品案
　　——公诉机关同时提起附带民事公益诉讼请求修复生态环境 ··································· **207**

（八）李某九等人非法捕捞水产品案
　　——依法打击破坏水生生物资源犯罪应当注重生态修复 ····································· **211**

（九）贵州省榕江县人民检察院诉榕江县栽麻镇人民政府环境保护行政管理公益诉讼案
　　——行政公益诉讼首次运用于保护中国传统村落 ····· **216**

（十）海南省文昌市人民检察院诉海南省文昌市农业农村局海洋行政公益诉讼案
　　——责令继续履行法定职责与确认被诉行政行为违法在一个判决中不能同时适用 ············· **220**

三、资源开发利用类案件 ································· **226**

（一）云南省兰坪三江铜业有限责任公司诉云南省兰坪汇集矿业有限公司财产损害赔偿纠纷案
　　——环境资源保护监督管理职责部门出具的调查报告能否作为定案依据 ················· **226**

（二）四川省宜宾富启建材有限公司与姚某某等确认合同无效纠纷案
　　——国有滩涂的认定问题 ·············· **231**

（三）中国生物多样性保护与绿色发展基金会诉贵州宏德置业有限公司相邻通行权纠纷案
　　——对公众的通行权和沿河观赏、享受美好环境权益的保障 ··························· **235**

四、气候变化应对类案件 ………………………………… **239**

（一）海南森源置业有限公司诉海口市人民政府有偿收回国有土地使用权案
——政府可以基于公共利益需要有偿收回生态保护红线内的土地使用权 ………………… **239**

（二）权某某诉辽宁省丹东市生态环境局行政处罚案
——生态环境行政执法中遵循的过罚相当原则 …… **244**

五、生态环境治理与服务类案件 ……………………… **247**

（一）中节能科技投资有限公司诉四川省煤焦化集团有限公司等节能服务合同纠纷案
——生态环境治理与服务类审判领域的新类型案件 … **247**

（二）倪某某诉天津市生态环境局环境保护行政管理纠纷案
——放射性污染案件中监管职责的认定 …………… **252**

（三）林某等诉福建省龙岩市新罗生态环境局等环境行政许可案
——环境影响评价行政许可案件中公众参与材料审查要求的认定 …………………………… **256**

（四）杨某某诉湖南省桑植县水利局水利行政协议及行政赔偿案
——自然保护区采矿权出让合同效力认定问题 …… **263**

（五）云南得翔矿业有限责任公司诉云南省镇康县人民政府地矿行政补偿案
——环境公共利益和探矿权人财产权益保护 ……… **267**

（六）泉州弘盛石业有限公司诉福建省晋江市环境保护局环境保护行政管理案
——环保机关核发《排放污染物临时许可证》能否视同水污染防治设施已经验收合格 ………… **271**

（七）张某某等诉原江苏省环境保护厅环评行政许可案
　　——环评行政许可案件中公众环境信息知情权的
　　　保护 ·· **276**

（八）山东省东营市东营区人民检察院诉山东省东营市
　　水利局未全面履行河道监管法定职责案
　　——全面履行法定职责的认定 ····················· **280**

（九）常州德科化学有限公司诉江苏省环境保护厅等环
　　境评价许可案
　　——环境评价行政许可案件中"邻避"困境的
　　　破解 ·· **285**

上篇
生物多样性指导性案例

（一）指导案例 172 号：秦家学滥伐林木刑事附带民事公益诉讼案

（最高人民法院审判委员会讨论通过　2021 年 12 月 1 日发布）

【关键词】

刑事/滥伐林木罪/生态修复/补植复绿/专家意见/保证金

【裁判要点】

（1）人民法院确定被告人森林生态环境修复义务时，可以参考专家意见及林业规划设计单位、自然保护区主管部门等出具的专业意见，明确履行修复义务的树种、树龄、地点、数量、存活率及完成时间等具体要求。

（2）被告人自愿交纳保证金作为履行生态环境修复义务担保的，人民法院可以将该情形作为从轻量刑情节。

【基本案情】

湖南省保靖县人民检察院指控被告人秦家学犯滥伐林木罪，向保靖县人民法院提起公诉，在诉讼过程中，湖南省保靖县人民检察院以社会公共利益受到损害为由，又向湖南省保靖县人民法院提起附带民事公益诉讼。

湖南省保靖县人民检察院认为，应当以滥伐林木罪追究被告人秦家学刑事责任。同时，被告人行为严重破坏了生态环境，致使社会公共利益遭受到损害，根据《侵权责任法》的相关规定，应当补植复绿，向公众赔礼道歉。被告人秦家学对公诉机关的指控无异议，但辩称其是林木的实际经营者和所有权人，且积极交纳补植复绿的保证金，请求从轻判处。

湖南省保靖县人民法院经审理查明，湖南省保靖县以1958年成立的保靖县国营白云山林场为核心，于1998年成立白云山县级自然保护区。后该保护区于2005年评定为白云山省级自然保护区，并完成了公益林区划界定，又于2013年评定为湖南白云山国家级自然保护区。其间，被告人秦家学于1998年承包了位于该县毛沟镇卧当村白云山自然保护区核心区内"土地坳"（地名）的山林，次年起开始有计划地植造杉木林，该林地位于公益林范围内，属于公益林地。2016年9月至2017年1月，秦家学在没有办理《林木采伐许可证》情况下，违反《森林法》，擅自采伐其承包该林地上的杉木林并销售，所采伐区域位于该保护区核心区域内面积为117.5亩，核心区外面积为15.46亩。经鉴定，秦家学共砍伐林木1010株，林木蓄积为153.3675立方米。后湖南省保靖县林业勘测规划设计队出具补植补造作业设计说明证明，该受损公益林补植复绿的人工苗等费用为人民币66025元。

人民法院审理期间，湖南省保靖县林业勘测规划设计队及湖南省保靖县林业局、白云山国家级自然保护区又对该受损公益林补植复绿提出了具体建议和专业要求。秦家学预交补植复绿保证金66025元，保证履行补植复绿义务。

【裁判结果】

湖南省保靖县人民法院于2018年8月3日作出（2018）湘3125刑初5号刑事附带民事判决，认定被告人秦家学犯滥伐林木罪，判处有期徒刑三年，缓刑四年，并处罚金人民币1万元，并于判决生效后两年内在湖南白云山国家级自然保护区内"土地坳"栽植一年生杉树苗5050株，存活率达到90%以上。宣判后，被告人没有上诉、抗诉，一审判决已发生法律效力。被告人依照判决，在原砍伐林地等处栽植一年生杉树苗5050株，且存活率达到100%。

【裁判理由】

法院生效裁判认为：被告人秦家学违反《森林法》规定，未经林业主管部门许可，无证滥伐白云山国家级自然保护区核心区内的公益林，数量巨大，构成滥伐林木罪。对辩护人提出的被告人系初犯、认罪，积极交纳补植补绿的保证金66025元到法院的执行账户，有悔罪表现，应当从轻判处的辩护意见，予以采信。白云山国家级自然保护区位于中国十七个生物多样性关键地区之一的武陵山区及酉水流域，是云贵高原、四川盆地至雪峰山区、湘中丘陵之间动植物资源自然流动通道的重要节点，是长江流域洞庭湖支流沅江的重要水源涵养区，其森林资源具有保持水土、维护生物多样性等多方面重要作用。被告人所承包、栽植并管理的树木，已经成为白云山国家级自然保护区森林资源不可分割的有机组成部分。被告人无证滥伐该树木且数量巨大，其行为严重破坏了白云山国家级自然保护区生态环境，危及生物多样性保护，使社会公共利益遭受到严重损害，性质上属于一种侵权行为。附带民事公益诉讼不是传统意义上的民事诉讼，公益诉讼起诉人也不是一般意义上的受害人。公益诉讼起诉人要求被告人承担恢复原状法律责任的诉讼请求，于法有据，予以支持。根据湖南省保靖县林业勘测规划设计队出具的"土地坳"补植补造作业设计说明以及白云山自然保护区管理局、湖南省保靖县林业局等部门专家提供的专业资料和建议，参照《森林法》第三十九条第二款的规定，对公益诉讼起诉人提出的被告人应补种树木的诉讼请求，应认为有科学、合理的根据和法律依据，予以支持。辩护人提出被告人作为林地承包者的经营权利也应当依法保护的意见，有其合理之处，在具体确定被告人法律责任时予以考虑。

【裁判要点评析】

一、补植复绿措施是实现生态环境修复的重要途径，确定承担生态环境修复责任时需要参考专家意见和专业意见，保证生态环境修复的可行性

被告人在国家自然保护区内滥伐属于自己承包经营范围内的公益林，侵害了国家和社会对森林资源享有的生态利益，依法应当承担侵权责任。

审理本类案件的核心问题是，国家及社会对森林资源特别是国家公益林享有的生态利益，在法律上属于什么性质或类型的权益。法院认为，国家及社会对森林资源特别是国家公益林享有的生态利益，性质上属于《侵权责任法》第二条（现为《民法典》第一千一百六十五条）所指向的民事权益。本案被告人所承包、栽植并管理的树木，位于公益林界定范围内，已经成为白云山国家级自然保护区森林资源不可分割的有机组成部分。被告人违反《森林法》，未经许可，无证滥伐该树木且数量巨大，使国家及社会对森林资源特别是对国家公益林依法享有的生态利益遭受严重损害，其性质上属于民事侵权行为。被告人因过错侵害了国家及社会对森林资源特别是国家公益林依法享有的生态利益，应当承担侵权责任。被告人此时承担侵权责任的主要方式包括补植复绿、恢复原状在内的生态修复内容。

生态环境和资源保护领域公益诉讼以恢复生态环境功能为核心目的。《环境侵权纠纷解释》第十四条规定："被侵权人请求恢复生态环境的，人民法院可以依法裁判侵权人承担环境修复责任，并同时确定其不履行环境修复义务时应当承担的环境修复费用。侵权人在生效裁判确定的期限内未履行环境修复义务的，人民法院可以委托其他人进行环境修复，所需费用由侵权人承担。"此外，《森林法》还对补种树木及其代为履行方式等恢复生态环境的具体内容有特殊规定。第三十九条规定，盗伐森林或者其他林木的，除依法赔偿损失外，还要由林业主管部门责令补种盗伐株数十倍的树木。第四十四条规定，违法进行开垦、采石、采砂、采土、采种、采脂和其他活动，致使森林、林木受到毁坏的，除依法赔偿损失外，还要由林业主管部门责令停止违法行为，补种毁坏株数一倍以上三倍以下的树木。拒不补种树木或者补种不符合国家有关规定的，由林业主管部门代为补种，所需费用由违法者支付。此处规定的补种复绿为行政责任，司法实践中对于人民法院能否直接判令被告人承担补种复绿责任具有争议。补种复绿是《侵权责任法》（现为《民法典》侵权责任编）中恢复原状责任的一种具体履行方式，各地环境资源专门审判机构在审判执行创新中均对补种复绿这一裁判执行方式进行了有益探索。对此有必要将其作为裁判规则予以确定。

《民法典》第一千二百三十四条规定，违反国家规定造成生态环境损害，生态环境能够修复的，国家规定的机关或者法律规定的组织有权请求侵权人在合理期限内承担修复责任。人民法院在人民检察院提起附带民事公益诉讼时，应根据生态环境损害的事实、情节等依法决定是否支持生态环境修复费用。侵权人在规定期限内未修复的，人民检察院可自行或者委托他人进行修复，所需费用由侵权人负担。

因生态修复专业性强，环境污染和生态破坏案件中，认定污染物、损失评估等专门性问题需要由司法鉴定机构、专业机构出具专业意见。环境损害鉴定评估是指鉴定评估机构按照规定的程序和方法，综合运用科学技术和专业知识，评估污染环境或破坏生态行为所致环境损害的范围和程度，判定污染环境或破坏生态行为与环境损害间的因果关系，确定生态环境恢复至基线状态并补偿期间损失的恢复措施，量化环境损害数额的过程。人民法院应借助专业意见，科学、合理地确定被告人承担生态修复责任的具体要求。

二、统筹运用刑事和民事责任方式，确保被告人补植复绿生态修复责任得到落实

虽然当事人可以在诉讼过程中申请人民法院对生态环境损害的相关问题进行鉴定评估，但很多生态环境损害具有突发性、即时性，如果不迅速固定证据就难以确定损害后果。在诉前进行生态环境损害鉴定评估并取得鉴定报告、评估报告的，在诉讼过程中可以作为证据提交，对经过质证并符合证据规则的依法予以采信。人民法院审理时认真分析林业勘察规划设计机构、自然保护区管理局、当地林业局等部门专家出具的《补植补造作业说明设计书》等专业设计资料及专业性建议，按照《森林法》第三十九条第二款规定，科学确定被告人承担补植复绿责任的具体要求，通过做被告人工作，被告人在宣判前缴纳补植复绿保证金（实质上为一种保全措施），以保证判决得到落实。审理法院将被告人积极承担补植复绿生态修复责任的态度和有关行为（包括缴纳保证金），作为其悔罪表现的认定依据，依法从轻处罚。既使该案判决得到全部顺利执行，也对今后审理类似案件具有借鉴及指导价值。

【典型意义】

本案系滥伐林木引发的刑事附带民事公益诉讼案件。白云山国家级自然保护区位于武陵山区，是长江流域洞庭湖支流沅江的重要水源涵养区。该地区的森林资源具有保持水土、维护生物多样性等重要作用。本案中，秦家学未取得林木采伐许可证，擅自砍伐、销售自然保护区内公益林，损害社会公共利益。人民法院统筹运用刑事、民事责任方式，有效确立"伐树要许可、毁树须担责"，并支持检察机关恢复原状的诉讼请求，对于推动形成人与自然和谐共生的绿色生活方式，具有积极的促进作用。

湖南省保靖县人民法院一审合议庭成员：龙鸥玲　徐岩松　向福生　彭菲　彭举忠　彭大江　贾长金

（编写人：伍胜[1]　曾志燕[2]）

---

[1]　湖南省高级人民法院民三庭（环境资源审判庭）副庭长、二级高级法官。
[2]　湖南省高级人民法院民三庭（环境资源审判庭）四级高级法官。

（二）指导案例 173 号：北京市朝阳区自然之友环境研究所诉中国水电顾问集团新平开发有限公司等环境民事公益诉讼案

（最高人民法院审判委员会讨论通过　2021 年 12 月 1 日发布）

【关键词】

民事/环境民事公益诉讼/损害社会公共利益/重大风险/濒危野生动植物

【裁判要点】

人民法院审理环境民事公益诉讼案件，应当贯彻保护优先、预防为主原则。原告提供证据证明项目建设将对濒危野生动植物栖息地及生态系统造成毁灭性、不可逆转的损害后果，人民法院应当从被保护对象的独有价值、损害结果发生的可能性、损害后果的严重性及不可逆性等方面，综合判断被告的行为是否具有《环境民事公益诉讼解释》第一条规定的"损害社会公共利益重大风险"。

【基本案情】

戛洒江一级水电站工程由中国水电顾问集团新平开发有限公司（以下简称新平公司）开发建设，中国电建集团昆明勘测设计研究院有限公司（以下简称昆明设计院）是该工程总承包方及受托编制《云南省红河（元江）干流戛洒江一级水电站环境影响报告书》（以下简称《环境影响报告书》）的技术单位。戛洒江一级水电站坝址位于云南省新平县境内，下游距新平县水塘镇约 6.5 千米，电站采用堤坝式开发，坝型为混凝土面板堆石坝，最大坝高 175.5 米，水库正常蓄水位 675 米，淹没区域涉及红河上游的戛洒江、石羊江及支流绿汁江、小江河。水库淹没影响和建设征地涉及新平县和双柏县 8 个乡（镇）。戛洒江一级水电站项目建设自 2011 年至 2014 年分别取得了国家发展和改革委员会、原国土资源部、生态环境部等多个相关主管部门关于用地、环评、建设等批复和同意。2017 年 7 月 21 日，生态环境部办公厅向新平公司发出《关于责成开展云南省红河（元江）干流戛洒江一级水电站环境影响后评价的函》（以下简称《责成后评价函》），责成新平公司就该项目建设开展环境影响后评价，采取改进措施，并报生态环境部备案。后评价工作完成前，不得蓄水发电。2017 年 8 月至今，新平公司主动停止对戛洒江一级水电站建设项目的施工。按工程进度，戛洒江一级水电站建设项目现已完成"三通一平"① 工程并修建了导流洞。

绿孔雀为典型热带、亚热带林栖鸟类，主要在河谷地带的常绿阔叶林、落叶阔叶林及针阔混合林中活动，杂食类，为稀有种类，属国家一级保护动物，在中国濒危动物红皮书中列为"濒危"物种。就绿孔雀相关问题，昆明市中级人民法院发函云南省林业和草原局，2019 年 4 月 4 日，云南省林业和草原局进行了函复。此后，昆明市中级人民法院又向该局调取了其编制的《元江中上游绿孔雀种群现状调查报告》，该报告载明戛洒江一级水电站建成后，蓄水水库将淹没海拔 680 米以下河谷地区，将对绿孔雀目前利用的沙浴地、河滩求偶场等适宜栖息地产生较大影响。同时，由于戛洒江一级水电站的建设，淹没区公路将改造重修，也会破坏绿孔雀等野生动物适宜栖息地。对暂停建设的戛洒江一级水电站，应评估停建影响，保护和恢复绿孔雀栖息地措施等。2018 年 6 月 29 日，云南省人民政府下发《云南省人民政府关于发布云南省生态保护红线的通知》，对外发

---

① "三通一平"是指建设项目在正式施工以前，施工现场应达到水通、电通、道路通和场地平整等条件。

布《云南省生态保护红线》。根据《云南省生态保护红线》附件1《云南省生态保护红线分布图》所示，戛洒江一级水电站淹没区大部分被划入红河（元江）干热河谷及山原水土保持生态保护红线范围，在该区域内，绿孔雀为其中一种重点保护物种。

陈氏苏铁为国家一级保护植物。2015年后被列入《云南省生物物种红色名录（2017版）》，为极危物种。原告北京市朝阳区自然之友环境研究所（以下简称自然之友研究所）提交了其在绿汁江、石羊江河谷等戛洒江一级水电站淹没区拍摄到的陈氏苏铁照片。证人刘某（中国科学院助理研究员）出庭作证，陈氏苏铁仅在我国红河流域分布。按照世界自然保护联盟的评价标准，陈氏苏铁被评定为濒危级别。

自然之友研究所向昆明市中级人民法院起诉，请求人民法院判令新平公司及昆明设计院共同消除戛洒江一级水电站建设对绿孔雀、陈氏苏铁等珍稀濒危野生动植物以及热带季雨林和热带雨林侵害危险，立即停止水电站建设，不得截留蓄水，不得对该水电站淹没区内植被进行砍伐。

【裁判结果】

云南省昆明市中级人民法院于2020年3月16日作出（2017）云01民初2299号民事判决：（1）新平公司立即停止基于现有环境影响评价下的戛洒江一级水电站建设项目，不得截流蓄水，不得对该水电站淹没区内植被进行砍伐。对戛洒江一级水电站的后续处理，待新平公司按生态环境部要求完成环境影响后评价，采取改进措施并报生态环境部备案后，由相关行政主管部门视具体情况依法作出决定；（2）由新平公司于本判决生效后三十日内向自然之友研究所支付因诉讼发生的合理费用8万元；（3）驳回自然之友研究所的其他诉讼请求。宣判后，自然之友研究所以戛洒江一级水电站应当永久性停建为由，新平公司以水电站已经停建且划入生态红线，应当驳回自然之友研究所诉讼请求为由，分别提起上诉。云南省高级人民法院于2020年12月22日作出（2020）云民终824号民事判决：驳回上诉，维持原判。

【裁判理由】

　　法院生效裁判认为：本案符合《环境民事公益诉讼解释》第一条"对已经损害社会公共利益或者具有损害社会公共利益重大风险的污染环境、破坏生态的行为提起诉讼"规定中"具有损害社会公共利益重大风险"的法定情形，属于预防性环境公益诉讼。预防性环境公益诉讼突破了"无损害即无救济"的诉讼救济理念，是环境保护法"保护优先，预防为主"原则在环境司法中的具体落实与体现。预防性环境公益诉讼的核心要素是具有重大风险，重大风险是指对"环境"可能造成重大损害危险的一系列行为。本案中，自然之友研究所已举证证明戛洒江一级水电站如果继续建设，则案涉工程淹没区势必导致国家一级保护动物绿孔雀的栖息地及国家一级保护植物陈氏苏铁的生境被淹没，生物生境面临重大风险的可能性毋庸置疑。此外，从损害后果的严重性来看，戛洒江一级水电站下游淹没区动植物种类丰富，生物多样性价值及遗传资源价值可观，该区域不仅是绿孔雀及陈氏苏铁等珍稀物种赖以生存的栖息地，也是各类生物与大面积原始雨林、热带雨林片段共同构成的一个完整生态系统，若水电站继续建设所产生的损害将是可以直观估计预测且不可逆转的。而针对该现实上的重大风险，新平公司并未就其不存在的主张加以有效证实，而仅以《环境影响报告书》加以反驳，缺乏足够证明力。因此，结合生态环境部责成新平公司对项目开展后评价工作的情况及戛洒江一级水电站未对绿孔雀采取任何保护措施等事实，可以认定戛洒江一级水电站继续建设将对绿孔雀栖息地、陈氏苏铁生境以及整个生态系统生物多样性和生物安全构成重大风险。

　　根据《环境影响评价法》第二十七条"在项目建设、运行过程中产生不符合经审批的环境影响评价文件的情形的，建设单位应当组织环境影响后评价，采取改进措施，并报原环境影响评价文件审批部门和建设项目审批部门备案；原环境影响评价文件审批部门也可以责成建设单位进行环境影响后评价，采取改进措施"的规定，2017年7月21日，生态环境部办公厅针对本案建设项目，向新平公司发出《责成后评价函》，责成新平公司就该项目建设开展环境影响后评价，采取改进措施，并报生态环境部备案，后评价完成前不得蓄水发电符合上述法律规定。目前，案涉电站已经处于停建状态，新平公司业已向其上级主管单位申请停建案涉项目并获批复同意，绿孔雀生态栖息地存在的重大风险已经得到了有效的控制。在新平公司对案涉项目申请停建但未向相关行政部门备案并通过审批的情况下，鉴于生态环境部已经责成新平公司开展环境影响后评价，且对于尚不明确的事实状态的重大风险程度，案涉水电站是否继续建设等一系列问题，也需经环境主管部门审批备案决定后，才能确定案涉项目今后能否继续建设或是永久性停建。因此，案涉项目应在新平公司作出环境影响后评价后由行政主管机关视具体情况依法作出决定。

【裁判要点评析】

预防性环境公益诉讼适用于可能对环境造成的重大风险，具体表现为危害尚未发生，但如不阻止事件发生，可预知此事件的发生必会造成严重或不可逆的环境损害事实。人民法院审判的关键是对"重大风险"的判断。对于"重大风险"，《环境民事公益诉讼解释》第一条、第十八条均有所涉及，但司法解释对环境侵害程度达到何种标准为"重大风险"并未明确。重大环境风险，目前较为一致的观点为：人类活动或由人为活动和自然共同作用引起的，通过环境介质传播并且能够对环境产生破坏、损害甚至是毁灭性作用等不利后果的事件等发生的概率。具体到本案，针对濒危野生动植物预防性公益诉讼之重大风险的之成立，应将以下几个要素作为判断要点。

一、被保护对象的独有价值

（一）濒危物种的稀有性

绿孔雀为世界自然保护联盟确定的濒危物种，我国国家一级保护野生动物，野外已不足 500 只，中国境内仅在云南省 22 个县呈碎片化分布，云南元江中上游电站淹没区保存了一定数量绿孔雀，是物种种群较大面积适宜栖息地。陈氏苏铁为世界自然保护联盟确定的濒危物种，我国国家一级保护野生植物，仅在我国红河流域分布，并首次在案涉区域发现。迄今已发现 8 个陈氏苏铁分布点，但个体数量都非常少，全部个体数量少于 500 株。

（二）栖息地的不可替代性

绿孔雀、陈氏苏铁所赖以生存的栖息地——云南元江中上游（红河）干热河谷，是戛洒江一级水电站水库淹没区，不仅是绿孔雀、陈氏苏铁等濒危、珍稀野生动植物赖以生存的家园，也是红椿、千果榄仁、黑颈长尾雉、绿喉蜂虎等诸多国家一、二级保护动植物的生境和栖息地，各类生物与大面积原始季雨林、热带雨林片段共同组成了完整生态系统，该区域已被划入云南楚雄州恐龙河州级自然保护区。

（三）生态价值的不可估量性

淹没区生物物种繁多、独特而丰富，保存有原生热带季雨林生态系统和热带雨林片段，承载、养育着多种珍稀濒危野生动植物，为多个保护物种提供了赖以生存和繁衍的生境要素；淹没区涉及河谷植被、河漫滩、季雨林、自然形成河水等无机环境，其生态价值、遗传资源价值、科研价值、景观价值极高；淹没区完好保存的大面积连片热带季雨林，是一个巨大的野生生物物种资源库和基因库，在全国非常罕见，对研究中国西南植物区系的起源、演化有着重要的意义。

二、损害后果的严重性及不可逆性

绿孔雀对栖息地要求极高，林木遮光度、水源距离、土壤干燥度、水源距离均为考量因素，淹没区域内栖息地的季雨林分布区热量丰富，气候全年多分为干湿两季，季节性落果多、接近水源且有河漫滩及沙浴地、地势坡度小，食物、地形及隐蔽条件都极其符合绿孔雀生存繁衍需要，具有极高的不可替代性。如若电站继续建设栖息地被淹没，可以判断该建设行为所产生的毁灭性、不可逆转性损害后果是恒定且可以直观判断的。主要表现有三点：其一，已经濒危的绿孔雀将丧失完好保存着的大面积连片栖息地，物种面临继续消失的风险；其二，现存数量稀少的陈氏苏铁因无法迁移将完全被淹没；其三，野生生物物种资源库和基因库整个生态系统将遭到毁坏，生物多样性价值及遗传资源价值的损失无法估量。

三、损害结果发生的可能性

戛洒江一级水电站继续建设是否必然导致濒危物种及生境不可逆转的毁损，面对"尚不明朗的事实状态"及"不确定性"，按照《环境民事公益诉讼解释》第八条之规定，自然之友需首先提出初步证据证明存在（重大或不可逆转）环境损害可能性，然后再由环境重大风险制造者提供证据，以充分的理由消除合理怀疑或证明其行为的无损性。综合评判自然之友举证证据、云南省林业和草原局的回函及《元江中上游绿孔雀种群调查报告》及新平公司提交进行抗辩的《环境影响报告书》分析，《环境影响报告书》只是一种预测性判断，报告书中所载明"水库蓄水对保护区野生动物的生存和繁殖影响不大，……但由于时间局限和野生动物特点，无论鸟类还是其他隐蔽性更强的类群的动物均不可能在短期内通过实地观察得出满意结论，所以评价时综合对文献资料和访问调查的结果进行分析，最后得出结论"的内容，显然不足以对抗《元江中上游绿孔雀种群调查报告》中"蓄水水库将淹没海拔680米以下河谷地区，将对绿孔雀目前利用的沙浴地、河滩求偶场等适宜栖息地产生较大影响。同时，由于戛洒江一级水电站的建设，淹没区公路将改造重修，也会破坏绿孔雀等野生动物适宜栖息地"的调查结论以及该报告与政府部门函件等证据共同组成的证据链。结合水电站建设与栖息地毁损之间的对应性、唯一性，现有建设方案没有采取任何针对性的保护措施所显现的迫切性、可能发生的损害后果的严重性，以及云南省生态红线的划定、自然保护区调整等情况，在科学评估戛洒江一级水电站停建后期影响情况下，以上述所查明事实为基础，通过自由裁量及心证，可判定戛洒江一级水电站继续建设导致濒危物种及生境不可逆转的毁损可能性概率极大，其"不确定"可以固定为"确定"。即，戛洒江一级水电站前期系列建设已完成部分坝体基础工程，如继续建设则电站淹没区势必导致濒危物种生境被淹没，生物生境面临重大风险的可能性毋庸置疑。

【典型意义】

本案系保护野生动植物预防性环境民事公益诉讼案件。预防性公益诉讼是环境资源审判落实预防为主原则的重要体现，突破了有损害才有救济的传统理念，将生态环境保护的阶段提升至事中甚至事前，有助于加大生态环境保护力度，避免生态环境遭受损害或者防止损害的进一步扩大。本案中，自然之友研究所已举证证明案涉水电站如果继续建设，势必导致国家一级保护野生动物绿孔雀和国家一级保护野生植物陈氏苏铁的生存环境被淹没，并导致该区域的生物多样性和遗传资源遭受可以直观预测且不可逆转的损害。人民法院依法判定新平公司停止基于现有环境影响评价下的水电站建设项目，责令完善相关手续，为长江流域生物多样性提供了有力司法保护。

云南省高级人民法院二审合议庭成员：向凯　苏静巍　田奇慧

（编写人：苏静巍[①]）

[①] 云南省高级人民法院环境资源审判庭三级高级法官。

（三）指导案例 174 号：中国生物多样性保护与绿色发展基金会诉雅砻江流域水电开发有限公司环境民事公益诉讼案

（最高人民法院审判委员会讨论通过　2021 年 12 月 1 日发布）

【关键词】

民事/环境民事公益诉讼/潜在风险/预防性措施/濒危野生植物

【裁判要点】

人民法院审理环境民事公益诉讼案件，应当贯彻绿色发展理念和风险预防原则，根据现有证据和科学技术认为项目建成后可能对案涉地濒危野生植物生存环境造成破坏，存在影响其生存的潜在风险，从而损害生态环境公共利益的，可以判决被告采取预防性措施，将对濒危野生植物生存的影响纳入建设项目的环境影响评价，促进环境保护和经济发展的协调。

【基本案情】

雅砻江上的牙根梯级水电站由雅砻江流域水电开发有限公司（以下简称雅砻江公司）负责建设和管理，现处于项目预可研阶段，水电站及其辅助工程（公路等）尚未开工建设。

2013 年 9 月 2 日发布的中国生物多样性红色名录中五小叶槭被评定为"极危"。2016 年 2 月 9 日，五小叶槭列入《四川省重点保护植物名录》。2018 年 8 月 10 日，世界自然保护联盟在其红色名录中将五小叶槭评估为

"极度濒危"。当时我国《国家重点保护野生植物名录》中无五小叶槭。2016年9月26日，四川省质量技术监督局发布《五小叶槭播种育苗技术规程》。案涉五小叶槭种群位于四川省雅江县麻郎措乡沃洛希村，当地林业部门已在就近的通乡公路堡坎上设立保护牌。

2006年6月，中国水电顾问集团成都勘测设计研究院（以下简称成勘院）完成《四川省雅砻江中游（两河口至卡拉河段）水电规划报告》，报告中将牙根梯级水电站列入规划，该规划报告于2006年8月通过了水电水利规划设计总院会同四川省发展改革委组织的审查。2008年12月，四川省人民政府以川府函（2008）368号文批复同意该规划。2010年3月，成勘院根据牙根梯级水库淹没区最新情况将原规划的牙根梯级调整为牙根一级（正常蓄水位2602米）、牙根二级（正常蓄水位2560米）两级开发，形成《四川省雅砻江两河口至牙根河段水电开发方案研究报告》，该报告于2010年8月经水电水利规划设计总院会同四川省发展改革委审查通过。

2013年1月6日、4月13日国家发展改革委办公厅批复："同意牙根二级水电站、牙根一级水电站开展前期工作。由雅砻江公司负责建设和管理，按照项目核准的有关规定，组织开展水电站的各项前期工作。待有关前期工作落实、具备核准条件后，再分别将牙根梯级水电站项目申请报告上报我委。对项目建设的意见，以我委对项目申请报告的核准意见为准。未经核准不得开工建设。"

中国生物多样性保护与绿色发展基金会（以下简称绿发会）认为，雅江县麻郎措乡沃洛希村附近的五小叶槭种群是当今世界上残存最大的五小叶槭种群，是唯一还有自然繁衍能力的种群。牙根梯级水电站即将修建，根据五小叶槭雅江种群的分布区海拔高度和水电站水位高度对比数值，牙根梯级水电站以及配套的公路建设将直接威胁到五小叶槭的生存，对社会公共利益构成直接威胁，绿发会遂提起本案预防性公益诉讼。

【裁判结果】

四川省甘孜藏族自治州中级人民法院于2020年12月17日作出

(2015) 甘民初字第 45 号民事判决：（1）被告雅砻江公司应当将五小叶槭的生存作为牙根梯级水电站项目可研阶段环境评价工作的重要内容，环境影响报告书经环境保护行政主管部门审批通过后，才能继续开展下一步的工作；（2）原告绿发会为本案诉讼产生的必要费用 4 万元、合理的律师费 1 万元，合计 5 万元，上述款项在本院其他环境民事公益诉讼案件中判决被告承担的生态环境修复费用、生态环境受到损害至恢复原状期间服务功能损失费用等费用（环境公益诉讼资金）中支付（待本院有其他环境公益诉讼资金后执行）；（3）驳回原告绿发会的其他诉讼请求。一审宣判后当事人未上诉，判决已发生法律效力。

【裁判理由】

法院生效裁判认为：我国是联合国《生物多样性公约》缔约国，应该遵守其约定。《生物多样性公约》中规定，我们在注意到生物多样性遭受严重减少或损失的威胁时，不应以缺乏充分的科学定论为理由，而推迟采取旨在避免或尽量减轻此种威胁的措施；各国有责任保护它自己的生物多样性并以可持久的方式使用它自己的生物资源；每一缔约国应尽可能并酌情采取适当程序，要求就其可能对生物多样性产生严重不利影响的拟议项目进行环境影响评估，以期避免或尽量减轻这种影响。因此，我国有保护生物多样性的义务。同时，《生物多样性公约》规定，认识到经济和社会发展以及根除贫困是发展中国家第一和压倒一切的优先事务。按照《节约能源法》第四条"节约资源是我国的基本国策。国家实施节约与开发并举、把节约放在首位的能源发展战略"的规定和《可再生能源法》第二条第一款"本法所称可再生能源，是指风能、太阳能、水能、生物质能、地热能、海洋能等非化石能源"的规定，可再生能源是我国重要的能源资源，在满足能源要求，改善能源结构，减少环境污染，促进经济发展等方面具有重要作用。而水能资源是最具规模开发效益、技术最成熟的可再生能源。因此开发建设水电站，将水能资源优势转化为经济优势，在国家有关部门的监管下，利用丰富的水能资源，合理开发水电符合我国国情。但是，我国水能资源蕴藏丰富的地区，往往也是自然环境良好、生态功能重要、生物物种丰富和地质条件脆弱的地区。根据《环境保护法》《环境民事公益诉讼解释》的相关规定，环境保护是我国的基本国策，并且环境保护应当坚持保护优先、预防为主的原则。预防原则要求在环境资源利用行为实施之前和实施之中，采取政治、法律、经济和行政等手段，防止环境利用行为导致环境污染或者生态破坏现象发生。它包括两层含义：一是运用已有的知识和经验，对开发和利用环境行为带来的可能的环境危害采取措施以避免危害的发生；二是在科学技术水平不确定的条件下，基于现实的科学知识评价风险，即对开发和利用环境的行为可能带来的尚未明确或者无法具体确定的环境危害进行事前预测、分析和评价，以促使开发决策避免可能造成的环境危害及其风险出现。因此，环境保护与经济发展的关系并不是完全对立的，而是相辅相成的，正确处理好保护与发展的关系，将生态优先的原则贯穿到水电规划开发的全过程，二者可以相互促进，达到经济和环境的协调发展。利用环境资源的行为如果造成环境污染、生态资源破坏，往往具有不可逆性，被污染的环境、被破坏的生态资源很多时候难以恢复，单纯事后的经济补偿不足以弥补对生态环境造成的损失，故对环境污染、生态破坏行为应注重防患于未然，才能真正实现环境保护的目的。

具体到本案中，鉴于五小叶槭在生物多样性红色名录中的等级及案涉牙根梯级水电站建成后可能存在对案涉地五小叶槭原生存环境造成破坏、影响其生存的潜在风险，可能损害社会公共利益。根据我国水电项目核准流程的规定，水电项目分为项目规划、项目预可研、项目可研、项目核准四个阶段，考虑到案涉牙根梯级水电站现处在项目预可研阶段，因此责令被告在项目可研阶段，加强对案涉五小叶槭的环境影响评价并履行法定审批手续后才能进行下一步的工作，尽可能避免出现危及野生五小叶槭生存的风险是必要和合理的。故绿发会作为符合条件的社会组织在牙根梯级水电站建设可能存在损害环境公共利益重大风险的情况下，提出"依法判令被告立即采取适当措施，确保不因雅砻江水电梯级开发计划的实施而破坏珍贵濒危野生植物五小叶槭的生存"的诉讼请求，于法有据，人民法院予以支持。

鉴于案涉水电站尚未开工建设，故绿发会提出"依法判令被告在采取的措施不足以消除对五小叶槭的生存威胁之前，暂停牙根梯级水电站及其辅助设施（含配套道路）的一切建设工程"的诉讼请求，无事实基础，人民法院不予支持。

【裁判要点评析】

一、水电站开发项目在预可研阶段尚未开工建设，公益诉讼主体能否提起环境民事公益诉讼

人民法院在审理环境公益诉讼案件时应贯彻绿色发展理念，正确处理经济发展与环境保护、当下发展与长远发展的关系，把环境保护作为发展经济必须考量的重要因素，立足保护优先原则。实践中，环境污染、生态资源破坏往往具有不可逆性，一旦发生环境污染、生态资源破坏情形，很多时候难以恢复，事后单纯的经济补偿远远不足弥补生态环境损失。因此，在坚持保护优先的基础上，对环境污染、生态破坏行为更应强调预防为主原则，对风险防患于未然。裁判要点前两句从原则要义上解决了这个问题，《环境民事公益诉讼解释》在法律上也支持了预防性民事公益诉讼，即法律规定的机关和有关组织对具有损害社会公共利益重大风险的污染环境、破坏生态的行为，符合《民事诉讼法》规定的，可以提起诉讼。水电站开发项目虽尚未开工建设，但是符合条件的公益诉讼主体认为将来开工建设的水电工程将影响案涉地濒危野生植物的生存，具有污染环境、破坏生态的重大风险，提起环境民事公益诉讼的，人民法院应予受理。

二、法院如何结合现有证据和科学技术水平，综合考虑环境保护和经济发展有效平衡，认定具有污染环境、破坏生态的重大风险行为

在证据和科学技术水平认定方面，原告请求认定"五小叶槭野生种群

仅有4个、500余株,分布区介于海拔2520米至3000米之间,雅江种群为最大种群",人民法院经审理认为目前没有资料或者证据显示有任何单位或者机构对我国五小叶槭的野生种群及数量、分布区海拔高度等进行过全面普查,所以未认定这些证据为本案的事实根据。但综合生物多样性红色名录"极危"的评定、水电站项目审查批复文件等其他证据材料和现有的科学技术,能够推测案涉牙根梯级电站建成后可能存在对案涉地五小叶槭原生存环境造成破坏、影响其生存的潜在风险,具有司法保护的必要性。司法审理如何认定并协调环境保护与经济发展平衡,裁判要点后半段有效解决了这个问题。

就水电开发而言,雅砻江水电公司遵守法定程序、履行秩序可将清洁可再生能源利用,实现水力优势转化为经济效益,但同时也可能在一定程度上损害五小叶槭的生存环境等社会公共利益,而五小叶槭作为极度濒危植物,如不施加特别保护极有可能导致物种灭绝风险,甚至危及生态安全。因此,即使该水电开发项目履行了法定程序,但若对社会公共利益造成损害可能性,在能够寻找相应替代方案或者采取一定的预防措施的情况下,对五小叶槭生存环境保护优先于牙根水电站开发建设,但也不能完全否定牙根水电站的开发利益。基于此,人民法院责令被告在项目可研阶段,加强对案涉五小叶槭的环境影响评价并履行法定审批手续后才能进行下一步的工作,尽可能寻求最佳平衡点,避免出现危及野生五小叶槭生存的风险是必要和合理的。

【典型意义】

本案系全国首例针对珍稀野生植物的预防性公益诉讼。长江上游是我国水能资源蕴藏丰富的地区,也是自然环境良好、生物物种丰富、地质条件脆弱的生态功能区。本案中,人民法院依法处理好生态环境保护与经济发展的关系,将生态优先的原则贯穿到水电规划开发的全过程,在进行项目可行性研究时充分尊重五小叶槭的生存环境,成功避免了环境安全与效益价值的冲突。同时,五小叶槭虽未列入我国《国家重点保护野生植物名录》，但世界自然保护联盟已将其评估为"极度濒危"、列入红色名录，人民法院判令雅砻江公司采取预防性措施保护五小叶槭生存环境，充分体现了我国作为《生物多样性公约》缔约国的责任和担当。

四川省甘孜藏族自治州中级人民法院一审合议庭成员：张犁　王彤　吴杰　姜莉　魏康清　薛斌　龚先彬

（编写人：高峰①　谭勇②　汪莹③）

---

①　四川省高级人民法院环境资源审判庭庭长、三级高级法官。
②　四川省高级人民法院环境资源审判庭副庭长、三级高级法官。
③　四川省高级人民法院环境资源审判庭法官助理。

（四）指导案例 175 号：江苏省泰州市人民检察院诉王小朋等 59 人生态破坏民事公益诉讼案

（最高人民法院审判委员会讨论通过　2021年12月1日发布）

【关键词】

民事/生态破坏民事公益诉讼/非法捕捞/共同侵权/生态资源损害赔偿

【裁判要点】

（1）当收购者明知其所收购的鱼苗系非法捕捞所得，仍与非法捕捞者建立固定买卖关系，形成完整利益链条，共同损害生态资源的，收购者应当与捕捞者对共同实施侵权行为造成的生态资源损失承担连带赔偿责任。

（2）侵权人使用禁用网具非法捕捞，在造成其捕捞的特定鱼类资源损失的同时，也破坏了相应区域其他水生生物资源，严重损害生物多样性的，应当承担包括特定鱼类资源损失和其他水生生物资源损失在内的生态资源损失赔偿责任。当生态资源损失难以确定时，人民法院应当结合生态破坏的范围和程度、资源的稀缺性、恢复所需费用等因素，充分考量非法行为的方式破坏性、时间敏感性、地点特殊性等特点，并参考专家意见，综合作出判断。

【基本案情】

长江鳗鱼苗是具有重要经济价值且禁止捕捞的水生动物苗种。2018年上半年,董瑞山等 38 人单独或共同在长江干流水域使用禁用渔具非法捕捞长江鳗鱼苗并出售谋利。王小朋等 13 人明知长江鳗鱼苗系非法捕捞所得,单独收购或者通过签订合伙协议、共同出资等方式建立收购鳗鱼苗的合伙组织,共同出资收购并统一对外出售,向高锦初等 7 人以及董瑞山等 38 人非法贩卖或捕捞人员收购鳗鱼苗 116999 条。秦利兵在明知王小朋等人向其出售的鳗鱼苗系在长江中非法捕捞所得的情况下,仍多次向王小朋等人收购鳗鱼苗 40263 条。

王小朋等人非法捕捞水产品罪、掩饰、隐瞒犯罪所得罪已经另案刑事生效判决予以认定。2019 年 7 月 15 日,公益诉讼起诉人江苏省泰州市人民检察院以王小朋等 59 人实施非法捕捞、贩卖、收购长江鳗鱼苗行为,破坏长江生态资源,损害社会公共利益为由提起民事公益诉讼。

【裁判结果】

江苏省南京市中级人民法院于 2019 年 10 月 24 日作出(2019)苏 01 民初 2005 号民事判决:(1)王小朋等 13 名非法收购者对其非法买卖鳗鱼苗所造成的生态资源损失连带赔偿人民币 8589168 元;(2)其他收购者、捕捞者根据其参与非法买卖或捕捞的鳗鱼苗数量,承担相应赔偿责任或与直接收购者承担连带赔偿责任。王小朋等 11 名被告提出上诉,江苏省高级人民法院于 2019 年 12 月 31 日作出(2019)苏民终 1734 号民事判决:驳回上诉,维持原判。

【裁判理由】

法院生效裁判认为:第一,非法捕捞造成生态资源严重破坏,当销售是非法捕捞的唯一目的,且收购者与非法捕捞者形成了固定的买卖关系时,收购行为诱发了非法捕捞,共同损害了生态资源,收购者应当与捕捞者对共同实施的生态破坏行为造成的生态资源损失承担连带赔偿责任。

鳗鱼苗于 2014 年被世界自然保护联盟列为濒危物种,也是江苏省重点保护鱼类。鳗鱼苗特征明显,无法直接食用,针对这一特定物种,没有大规模的收购，捕捞行为毫无价值。收购是非法捕捞鳗鱼苗实现获利的唯一渠道，缺乏收购行为，非法捕捞难以实现经济价值，也就不可能持续反复地实施，巨大的市场需求系引发非法捕捞和层层收购行为的主要原因。案涉收购鳗鱼苗行为具有日常性、经常性，在收购行为中形成高度组织化，每一个捕捞者和收购者对于自身在利益链条中所处的位置、作用以及通过非法捕捞、出售收购、加价出售、养殖出售不同方式获取利益的目的均有明确的认知。捕捞者使用网目极小的张网方式捕捞鳗鱼苗，收购者对于鳗鱼苗的体态特征充分了解，意味着其明知捕捞体态如此细小的鳗鱼苗必然使用有别于对自然生态中其他鱼类的捕捞方式，非法捕捞者于长江水生生物资源繁衍生殖的重要时段，尤其是禁渔期内，在长江干流水域采用"绝户网"大规模、多次非法捕捞长江鳗鱼苗，必将造成长江生态资源损失和生物多样性破坏，收购者与捕捞者存在放任长江鳗鱼资源及其他生态资源损害结果出现的故意。非法捕捞与收购已经形成了固定买卖关系和完整利益链条。这一链条中，相邻环节均从非法捕捞行为中获得利益，具有高度协同性，行为与长江生态资源损害结果之间具有法律上的因果关系，共同导致生态资源损害。预防非法捕捞行为，应从源头上彻底切断利益链条，让非法收购、贩卖鳗鱼苗的共同侵权者付出经济代价，与非法捕捞者在各自所涉的生态资源损失范围内对长江生态资源损害后果承担连带赔偿责任。

第二，生态资源损失在无法准确统计时，应结合生态破坏的范围和程度、资源的稀缺性等因素，充分考量非法行为的方式破坏性、时间敏感性和地点特殊性，并参考专家意见，酌情作出判断。

综合考虑非法捕捞鳗鱼苗方式系采用网目极小的张网进行捕捞，加之捕捞时间的敏感性、捕捞频率的高强度性、捕捞地点的特殊性，不仅对鳗鱼种群的稳定造成严重威胁，还必然会造成对其他渔业生物的损害，进而破坏了长江生物资源的多样性，给长江生态资源带来极大的损害。依照《环境民事公益诉讼解释》第二十三条的规定，综合考量非法捕捞鳗鱼苗对生态资源造成的实际损害，酌定以鳗鱼资源损失价值的 2.5 倍确定生态资源损失。主要依据有两点：

一是案涉非法捕捞鳗鱼苗方式的破坏性。捕捞者系采用网目极小的张网捕捞鳗鱼苗，所使用张网的网目尺寸违反了《农业部关于长江干流实施捕捞准用渔具和过渡渔具最小网目尺寸制度的通告（试行）》中不小于3毫米的规定，属于禁用网具。捕捞时必将对包括其他小型鱼类在内的水生物种造成误捕，严重破坏相应区域水生生物资源。案涉鳗鱼苗数量达116999条，捕捞次数多、捕捞网具多、捕捞区域大，必将对长江生态资源产生较大危害。

二是案涉非法捕捞鳗鱼苗的时间敏感性和地点特殊性。案涉的捕捞、收购行为主要发生于长江禁渔期，该时期系包括鳗鱼资源在内的长江水生生物资源繁衍生殖的重要时段。捕捞地点位于长江干流水域，系日本鳗鲡洄游通道，在洄游通道中对幼苗进行捕捞，使其脱离自然水体后被贩卖，不仅妨碍鳗鲡种群繁衍，且同时误捕其他渔获物，会导致其他水生生物减少，导致其他鱼类饵料不足，进而造成长江水域食物链相邻环节的破坏，进一步造成生物多样性损害。

考虑到生态资源的保护与被告生存发展权利之间的平衡，在确定生态损害赔偿责任款项时可以考虑被告退缴违法所得的情况，以及在被告确无履行能力的情况下，可以考虑采用劳务代偿的方式，如参加保护长江生态环境等公益性质的活动或者配合参与长江沿岸河道管理、加固、垃圾清理等方面的工作，折抵一定赔偿数额。

【裁判要点评析】

在特定时间、特殊区域，尤其是长江流域非法捕捞，对生态环境特别是生物多样性的损害巨大。非法捕捞屡禁不绝的一个主要原因在于以往的司法手段偏重于对直接捕捞者的惩戒，而相对忽视了对隐蔽利益链条的系统化责任追究，造成非法捕捞利益链条逐渐形成组织规模并长期存在，致使非法捕捞行为反复出现。本案例有效解决了非法利益链条主体的法律责任认定、生态环境损害数额认定等审判实践中的难点问题，具有一定的指导意义。以下围绕与该裁判要点相关的问题逐一解释和说明。

一、当收购者明知时应承担的责任

当收购者明知其所收购的鱼苗系非法捕捞所得，仍与非法捕捞者建立固定买卖关系，形成完整利益链条，共同损害生态资源的，收购者应当与捕捞者对共同实施侵权行为造成的生态资源损失承担连带赔偿责任。

《侵权责任法》第八条（现为《民法典》第一千一百六十八条）规定，二人以上共同实施侵权行为，造成他人损害的，应当承担连带责任。本案能否认定收购者与非法捕捞者存在"共同侵权"行为，是审理过程中较大争议点，为类案审理确立了裁判规则。

（一）行为人主观上存在共同意思促使固定买卖关系和完整利益链条形成

首先，非法收购者和非法捕捞者在通过鳗鱼苗获益方面存在目的一致性。本案非法捕捞所针对的鳗鱼苗系具有重要经济价值的水生动物鳗鲡的幼仔，体型细小却价格高昂，无法进行人工繁育，也无法直接食用，养殖户收购鳗鱼苗养殖后，将成熟体进行贩卖获取经济利益。因此，巨大的市场需求系引发非法捕捞和高度组织化收购、固定买卖关系发生的主要原因，只有收购才能使得非法捕捞鳗鱼苗实现经济价值。其次，收购者和捕捞者在主观上对于捕捞鳗鱼苗将造成生态资源损害后果有着共同的认知和判断。本案捕捞者系使用网目极小的张网方式捕捞鳗鱼苗，对于该种捕捞方式造成的生态损害后果具有明确清晰的认知。对收购者而言，王小朋等13人为谋取非法利益，成立收购、贩卖鳗鱼苗团队从事收购活动，统一收购价格、统一对外出售，并就收购鳗鱼苗的事项进行明确约定，收购行为具有日常性、经常性，在鳗鱼苗收购行为中表现出高度组织化。本案收购行为多数发生在王小朋团队与其他收购者、王小朋团队与捕捞者之间，捕捞者通过非法捕捞的方式获取鳗鱼苗，后通过向收购者出售获取经济利益；组织化的收购者作为中间环节，在大面积、多次收购鳗鱼苗后，通过加价出售的方式获取差值利润；秦利兵作为最终收购者，在明知案涉鳗鱼苗系自长江捕捞的情况下，依然从王小朋团队处进行收购，通过将鳗鱼苗进行养殖并出售的方式获利。收购者在长江流域长期、大量收购鳗鱼苗，必然知晓捕捞体态细小的鳗鱼苗系使用有别于捕捞其他鱼类的方式，会造成长江生态资源的损害，也完全可以预见其规模化、广泛化的收购行为会促使捕捞者实施非法捕捞行为。固定的买卖关系链条中，上一级收购者在明知鳗鱼苗来源于长江非法捕捞的情况下依然向前一手收购，也可充分预知其行为将会促使长江地区非法捕捞鳗鱼苗行为的发生。正是由于共同利益的驱动，才促使高度组织化、固定化的非法买卖关系形成，致使非法捕捞行为多频率出现，造成长江生态资源损害。

（二）收购、捕捞行为共同协作，造成损害后果的发生

本案收购和捕捞具有高度协同性，形成了固定的买卖关系、完整的利益链条。这一链条中，数个行为人相互意识到相邻环节的存在，存在相互依存、彼此支持的行为分担情形，各行为主体客观上系为达到通过鳗鱼苗交易获取非法经济利益这个一致的目的而分别通过各自环节的协作完成交易行为。收购者作为固定买卖关系中利益链条上端，由收购产生的驱动力诱发了更多的捕捞行为，收购行为和捕捞行为互为因果、紧密联系、共同发力，产生长江生态系统中鳗鱼苗数量减少及生态资源破坏的必然结果。各侵权行为共同造成生态资源损害发生，共同行为及损害后果的发生也在共同目的范围之内，固定的买卖关系与长江生态资源损害结果之间具有法律上的因果关系，组织化的收购者和非法捕捞者各自分担了共同侵权行为中不可或缺的一部分，应当连带承担生态资源损害赔偿责任。修复受损的生态资源，不仅要靠有效的修复方式，更重要的是在于有效预防，彻底遏制非法捕捞行为。只有让非法利益链条主体承担责任，使其付出应有的经济代价，才能杜绝生态破坏行为。本案最终认定捕捞者和收购者之间、王小朋等13人之间、其他收购者与王小朋等13人之间、王小朋等13人与秦利兵之间在各自所涉的侵权责任范围内对生态资源损害结果承担连带赔偿

责任,并在判决主文部分采用"总额范围内"进行精确表述。

二、侵权人承担生态资源损失赔偿责任

侵权人使用禁用网具非法捕捞,在造成其捕捞的特定鱼类资源损失的同时,也破坏了相应区域其他水生生物资源,严重损害生物多样性的,应当承担包括特定鱼类资源损失和其他水生生物资源损失在内的生态资源损失赔偿责任。当生态资源损失难以确定时,人民法院应当结合生态破坏的范围和程度、资源的稀缺性、恢复所需费用等因素,充分考量非法行为方式的破坏性、时间敏感性、地点特殊性等特点,并参考专家意见,综合作出判断。

《环境民事公益诉讼解释》第二十三条规定,生态环境修复费用难以确定或者确定具体数额所需鉴定费用明显过高的,人民法院可以结合污染环境、破坏生态的范围和程度、生态环境的稀缺性、生态环境恢复的难易程度、防治污染设备的运行成本、被告因侵害行为所获得的利益以及过错程度等因素,并可以参考负有环境保护监督管理职责的部门的意见、专家意见等,予以合理确定。本案参照该条款对生态资源损害数额进行认定,为类案适用提供了案例支撑和参考。

(一)明确非法捕捞行为造成的损失范围

中国水产科学研究院淡水渔业研究中心专家认为,捕捞鳗鱼苗张网一般设置于鱼虾类繁育场所或鱼类洄游通道内,其选择性差、网目尺寸小,作业范围广时间长,是一种竭泽而渔的高强度捕捞网具,对生产、资源、环境均有较大危害。使用禁用网具进行大量捕捞鳗鱼苗,必然破坏鳗鲡族群稳定,导致生物多样性减少。而且张网作业多集中鱼类繁育区,捕捞鳗鱼苗的行为会对其他渔业资源造成损害,易误捕其他保护物种,渔获物绝大部分属于鱼类幼苗,对整个鱼类群落稳定产生威胁。高度的捕捞强度会导致水生生物减少,水域食物链遭到破坏,威胁长江水域生态系统的稳定性和生物多样性。鉴于本案非法捕捞造成鳗鱼资源损失,使用禁用网具非

法捕捞也必然造成相应区域其他水生生物资源损失，严重损害生物多样性，故共同侵权人应当承担包括特定鱼类资源损失即鳗鱼资源损失和其他水生生物资源损失在内的生态资源损失赔偿责任。

（二）酌定其他生态资源损失考量因素

对于鳗鱼资源损失，各方当事人虽然在鳗鱼苗数量和价格方面存有一定争议，但对鳗鱼资源本身损失应予赔偿并无异议，法院对此依法作出了认定和裁判。对非法捕捞造成的"其他生态资源损失"如何认定，即生态环境修复费用如何承担问题，因缺少相关直接证据，也无法通过鉴定进行认定，法院结合公益诉讼起诉人的诉讼请求，依据《环境民事公益诉讼解释》第二十三条规定，参考《江苏省渔业管理条例》原第三十八条（现修订为第四十条）"违反本条例规定，造成国家渔业资源损失的，渔业资源损失的赔偿，按照渔业生物致死量的零点五到三倍计算"内容，依法进行了酌定。对于倍数的选择，酌情考虑了以下因素。

1. 鳗鱼资源的稀缺性

《江苏省重点保护水生野生动物名录》规定，日本鳗鲡属于江苏省重点保护水生野生动物。《江苏省渔业管理条例》规定，禁止捕捞长江和内陆水域的鳗鱼苗。鳗鱼苗于2014年被世界自然保护联盟列为濒危物种，属于江苏省重点保护鱼类，至今无法人工繁殖，其群落必须依靠自身繁殖，实现自然增长。目前长江中鳗鱼苗的数量与前些年相比也呈现急剧下降趋势，对这一具有洄游性的特殊种群，司法应当予以充分关注和保护。

2. 捕捞行为的破坏性

捕捞者在长江中系采用张网方式捕捞鳗鱼苗，所使用的张网网目尺寸小于《农业部关于长江干流实施捕捞准用渔具和过渡渔具最小网目尺寸制度的通告》规定的3毫米，属于禁用网具。该类网具由于网目较小，相应捕捞方法必然会对无法人工繁殖的鳗鱼族群稳定造成损害，在捕捞过程中，必将造成其他小型鱼类的误捕。而且案涉鳗鱼苗达到116999条，该数量系多次捕捞后累计收购形成，再结合本案中相关非法捕捞者在公安机关的供述可见，部分捕捞者非法捕捞多达三、四十次，部分捕捞者同时使用近二十张网进行捕捞，捕捞次数多、捕捞网具多、捕捞区域大，必然对长江生态资源产生较大危害。

3. 捕捞时间的敏感性和地点的特殊性

案涉非法捕捞、收购时间大部分发生于冬末春初阶段，部分时间段处于长江段的禁渔期。该期间系包括鳗鱼在内的长江水生生物资源繁衍生殖的重要时段。另外，部分非法捕捞地点位于长江干流水域，系鳗鱼洄游通道，在洄游通道中对幼苗进行捕捞，使其脱离自然水体，不仅妨碍鳗鱼种群繁衍，同时误捕其他渔获物，必将导致其他长江水生生物减少并造成其他鱼类饵料不足，进而造成长江水域食物链相邻环节的破坏，进而造成生物多样性损害，亦可能对相关区域的生态服务功能和生态安全产生影响。

4. 其他因素的综合衡量

鳗鱼资源相较于其他渔业资源价值较高，在其他渔业资源的损失无法精确具体数量且与鳗鱼资源损失亦无法直接相较的情况下，法院在衡量各行为人主观明知、收购规模化、交易长期性、行为获利等方面的基础上，综合专家意见，并充分考虑本案中多数行为人经济较为困难、年龄较大且经济支付能力欠缺等实际情况，对于包括鳗鱼资源损失在内的渔业资源损失赔偿按照鳗鱼资源损失总量的较高值 2.5 倍进行计算，认定生态资源损失赔偿数额。裁判还明确，在确定生态损害赔偿责任款项时可以考虑被告退缴违法所得的情况，以及在被告确无履行能力的情况下，可以考虑采用劳务代偿的方式，如参加保护长江生态环境等公益性质的活动或者配合参与长江沿岸河道管理、加固、垃圾清理等方面的工作，折抵一定赔偿数额，为生态资源的保护与侵权人生存发展权利之间寻找了一定的价值衡量平衡点。

【典型意义】

本案是自 2016 年 1 月国家调整长江流域禁渔期以来，在全国首次判决长江鳗鱼苗收购者、贩卖者与捕捞者连带承担生态破坏赔偿责任的案件，依法追究各环节行为人的生态修复责任，从源头切断非法利益链，确立了"全链条"追责裁判规则，充分体现了人民法院"用最严格制度最严密法治"保护长江生态环境的决心和力度。本案通过采用专家出庭接受询问的方式，综合衡量生态破坏后果，科学计算得出生态资源损失，同时明确可以采用劳务代偿的方式折抵部分生态损害赔偿数额，为长江生态修复提供了有效路径，对于维护长江生态安全，全面加强长江水生生物保护，推动形成人与自然和谐共生具有重要意义。

江苏省高级人民法院二审合议庭成员：刘建功　赵黎　臧静

（编写人：刘尚雷[①]）

---

① 江苏省高级人民法院环境资源审判庭四级高级法官。

（五）指导案例 176 号：湖南省益阳市人民检察院诉夏顺安等 15 人生态破坏民事公益诉讼案

（最高人民法院审判委员会讨论通过　2021 年 12 月 1 日发布）

【关键词】

民事/生态破坏民事公益诉讼/生态环境修复/损害担责/全面赔偿/非法采砂

【裁判要点】

人民法院审理环境民事公益诉讼案件，应当贯彻损害担责、全面赔偿原则，对于破坏生态违法犯罪行为不仅要依法追究刑事责任，还要依法追究生态环境损害民事责任。认定非法采砂行为所导致的生态环境损害范围和损失时，应当根据水环境质量、河床结构、水源涵养、水生生物资源等方面的受损情况进行全面评估、合理认定。

【基本案情】

2016 年 6 月至 11 月，夏顺安等人为牟取非法利益，分别驾驶九江采 158 号、湘沅江采 1168 号、江苏籍 999 号等采砂船至洞庭湖下塞湖区域非规划区非法采砂，非法获利 2243.33 万元。夏顺安等人的非法采砂行为构成非法采矿罪，被相关刑事生效判决予以认定。2019 年 7 月，湖南省益阳市人民检察院提起民事公益诉讼，请求判令夏顺安等人对其非法采砂行为所造成的生态环境损害承担连带赔偿责任，并赔礼道歉。经湖南省环境保护科学研究院生态环境损害司法鉴定中心鉴定，夏顺安等 15 人非法采砂行为对非法采砂区域的生态环境造成的影响分为水环境质量受损、河床结构受损、水源涵养受损和水生生物资源受损，所造成生态环境影响的空间范围共计约 9.9 万平方米，其中造成的水生生物资源损失为 2.65 万元，修复水生生物资源受损和河床结构与水源涵养受损所需的费用分别为 7.97 万元和 865.61 万元，合计 873.58 万元。

【裁判结果】

湖南省益阳市中级人民法院于 2020 年 6 月 8 日作出（2019）湘 09 民初 94 号民事判决：（1）夏顺安等 15 人私自开采国家矿产资源，其非法采砂行为严重破坏了采砂区域的生态环境，判决被告夏顺安对非法采砂造成的采砂水域河床原始结构、水源涵养量修复费用 865.61 万元、水生生物资源修复费用 7.969 万元，共计 873.579 万元生态环境修复费用承担赔偿责任；（2）其他 14 名被告依据其具体侵权行为分别在 824 万元至 3.8 万元不等范围内承担连带责任；（3）夏顺安等 15 人就非法采矿行为在国家级媒体公开赔礼道歉。被告王德贵提出上诉，湖南省高级人民法院于 2020 年 12 月 29 日作出（2020）湘民终 1862 号民事判决：驳回上诉，维持原判。

【裁判理由】

法院生效裁判认为：根据我国相关矿产资源法律法规的规定，开采矿产资源必须依法申请许可证，取得采矿权。夏顺安等 15 人在下塞湖区域挖取的砂石系国家矿产资源。根据湖南省沅江市砂石资源开采管理领导小组办公室证明、湖南省益阳市水务局《情况说明》、湖南省湘阴县河道砂石综合执法局证明、湖南省岳阳市河道砂石服务中心证明，并结合另案生效判决认定的事实及各被告当庭陈述，可证明被告未依法获得许可，私自开采国家矿产资源，应认定为非法采砂。

非法采砂行为不仅造成国家资源损失，还对生态环境造成损害，致使国家利益和社会公共利益遭受损失。矿产资源兼具经济属性和生态属性，不能仅重视矿产资源的经济价值保护，忽视矿产资源生态价值救济。非法采砂违法犯罪行为不仅需要依法承担刑事责任，还要依法承担生态环境损害赔偿民事责任。应当按照谁污染谁治理、谁破坏谁担责的原则，依法追究非法采砂行为人的刑事、民事法律责任。

本案中，夏顺安等 15 人的非法采砂生态破坏行为，导致了洞庭湖生态系统的损害，具体包括丰富的鱼类、虾蟹类和螺蚌等软体动物生物资源的损失，并严重威胁洞庭湖河床的稳定性及防洪安全，破坏水生生物资源繁衍生存环境。为确保生态环境损害数额认定的科学性、全面性和合理性，人民法院委托具备资格的机构进行司法鉴定，通过对生态环境损害鉴定意见的司法审查，合理确定生态破坏行为所导致生态环境损害的赔偿数额。本案中，人民法院指导鉴定专家按照全面赔偿原则，对非法采砂行为所导致的采砂区域河床、水源涵养、生物栖息地、鱼虾生物资源、水环境质量等遭受的破坏进行全方位的鉴定，根据抽取砂土总量、膨胀系数、水中松散沙土的密度、含水比例，以及洞庭湖平均鱼类资源产量等指标量化了各类损失程度。被告虽主张公共利益受损与其无关联，但本案各被告当庭陈述均认可实施了采砂行为，根据另案生效判决认定的事实及审理查明的事实，各被告实施的采砂行为非法，且鉴定意见书明确了采砂行为造成生态环境受损，故认定被告的采砂行为破坏了生态环境资源。各被告未提交反驳证据推翻案涉鉴定意见，经审查，对鉴定意见载明的各项损失及修复费用予以确认。

根据《环境保护法》第六十四条的规定，因污染环境和破坏生态造成损害的，应当依照《侵权责任法》（现为《民法典》侵权责任编）的有关规定承担侵权责任。《侵权责任法》第八条（现为《民法典》第一千一百六十八条）的规定，二人以上共同实施侵权行为，造成他人损害的，应当承担连带责任。《环境民事公益诉讼解释》第二十条第二款规定，人民法院可以在判决被告修复生态环境的同时，确定被告不履行修复义务时应承担的生态环境修复费用；也可以直接判决被告承担生态环境修复费用。根据审理查明的事实并依据上述法律规定，夏顺安等 15 人在各自参与非法采砂数量范围内构成共同侵权，应在各自参与非法采砂数量范围内承担连带赔偿生态环境修复费用的民事责任。

【裁判要点评析】

近年来，各种非法采矿活动等人为原因导致的生态损害现象不断增加，生物栖息地锐减，生物多样性下降，生态服务功能遭受严重损害。

习近平总书记对生态文明建设作出重要指示，多次强调树立人与自然和谐共生，绿水青山就是金山银山的绿色发展理念，《中共中央、国务院关于加快推进生态文明建设的意见》也将维系生物多样性、维护生态平衡放在重要位置。2015年9月，中共中央政治局审议通过《生态文明体制改革总体方案》；同年12月，中共中央办公厅、国务院办公厅颁布《生态环境损害赔偿制度改革试点方案》，这是我国首次在国家层面对生态环境损害赔偿制度进行系统建构。随着生态环境损害赔偿制度和环境公益诉讼制度的相继建立，我国各地因生态环境损害引起的侵权赔偿纠纷不断增多，生态环境损失的赔偿范围和数额的确定成为现行环境民事公益诉讼中的重大和疑难问题。

《环境民事公益诉讼解释》规定，人民法院可以判决承担生态环境修复费用、生态环境受到损害至恢复原状期间服务功能丧失导致的损失。《民法典》第一千二百二十九条明确规定了因环境污染、破坏生态造成他人损害应承担的环境污染和生态破坏责任。但是，我国现行立法对生态环境损失的赔偿数额的量化问题没有具体直接的规定，相应评估与赔偿内容不完善。一些新的司法解释也只是概括性地对生态环境损害进行了原则性规定，司法实践中对于生态环境损害赔偿范围以及对责任承担均存在较多争议。

针对生态环境损害范围和量化标准认定的问题，司法实践中，法官一般通过一定的司法裁判技术来确认和量化生态环境损害案件中的损害。司法实践中主要存在以下不同的处理方法：

一是依据对生态环境损害的鉴定意见或评估报告的司法审查来认定。针对环境污染或生态破坏中的专门性问题，委托具有相关资质的司法鉴定机构或由国务院环境保护主管部门推荐的机构出具评估报告，人民法院的职责是对鉴定意见或评估报告进行全面、客观的审查，确保鉴定意见或评估报告的可靠性、准确性。

二是结合案件已有的量化损害证据，运用替代等值分析法或环境价值评估法等方法来自由裁量确定生态环境损害标准。此种方法更多体现为法官自由心证原则的适用，缺少法律和司法解释的明确规定。

三是依据裁量因子对生态环境损害来酌情认定。根据《民法典》第一千一百八十二条的规定，当被侵权人受到的损失以及侵权人因此获得的利益难以确定时，由人民法院根据"实际情况"确定赔偿数额。《环境民事公益诉讼解释》第二十三条规定，"生态环境修复费用难以确定或者确定具体数额所需鉴定费用明显过高的，人民法院可以结合污染环境、破坏生态的范围和程度、生态环境的稀缺性、生态环境恢复的难易程度、防治污染设备的运行成本、被告因侵害行为所获得的利益以及过错程度等因素，并可以参考负有环境保护监督管理职责的部门的意见、专家意见等，予以合理确定"，即法官可以依据考量因素酌情确定生态环境修复费用。

本案采用了第一种处理意见。生态破坏行为导致生态环境损失的赔偿数额的认定，可以通过对生态环境损害的鉴定意见或评估报告的司法审查来确定。鉴于鉴定意见、评估报告的专业性、科学性、全面性，人民法院在确定生态环境损害范围时应优先排序适用鉴定意见或评估报告。当然，鉴定意见和评估报告作为科学证据范畴，人民法院必须对其真实性、合法性、关联性进行司法审查并质证后，才能作为定案证据。

本案中，被告的非法采砂行为不仅造成国家资源损失，还对生态环境造成损害，致使国家利益和社会公共利益遭受损失。矿产资源具有双重属性，包括经济属性和生态属性。案件审理中，不能仅重视矿产资源的经济价值保护，而忽视矿产资源生态价值救济等问题。依据《环境损害鉴定评估推荐方法（第Ⅱ版）》把生态环境损害界定为"由于污染环境或破坏生态行为直接或间接地导致生态环境的物理、化学或生物特性的可观察的或可测量的不利改变，以及提供生态系统服务能力的破坏或损伤"。本案与以往由于污染环境导致的生态环境损害等多发性案例有差异，属于典型的由于生态破坏行为导致的生态环境损害案例。为有效区别污染环境导致的生态损害，此处的生态宜采用相对狭义概念，即生物要素及其所构成的生态系统。由生态破坏行为导致的生态损害，主要包括因滥伐滥垦、乱捕滥杀对植物物种损害或动物损害，以及其他生态破坏行为致使河流、湖泊、湿地等生态系统的损害。本案非法采砂的生态破坏行为，直接导致了洞庭湖生态系统的损害，具体包括丰富的鱼类、虾蟹类和螺蚌等软体动物生物资源的损失及河床、水源涵养等生态环境的损害。而洞庭湖作为我国第二大淡水湖泊，不仅发挥着农业生活供水、水产养殖及航运等基本功能，还是湿地的重要组成部分，对维护生态平衡、蓄水泄洪、调节长江径流等方面发挥着重要作用。因此，本案属于典型的由于生态破坏行为，导致洞庭湖物种、湿地系统等生物多样性遭受损害的案例。

关于生态环境损失赔偿范围和数额的确定，鉴于相关立法和司法解释未进一步明确具体标准，本案一、二审裁判认为，为确保本案生态环境损失赔偿范围和数额认定的科学性、全面性和合理性，应委托具备资质的机构进行司法鉴定。在鉴定内容方面，人民法院经与鉴定专家反复沟通，指导生态环境损害赔偿中的全面赔偿原则，强调要对损害项目进行依法全面鉴定，明确对非法采砂行为所导致的区域河床、水源涵养、生物栖息地、鱼虾生物资源、水环境质量等遭受的破坏进行全方位的鉴定。根据鉴定意见，洞庭湖区域的非法采砂活动会对湖区和河道地形地貌、岸带稳定性、水文情势、水质、岸带生态环境和水生生物等产生不利影响，具体影响分为水环境质量受损、河床结构受损、水源涵养受损和水生生物资源受损等四个方面，并根据抽取砂土总量、膨胀系数、水中松散沙土的密度、含水比例、及洞庭湖平均鱼类资源产量等指标量化了各类损失程度。"应赔尽赔"符合《生态环境损害赔偿制度改革试点方案》确立的全面赔偿原则和民法的填平原则，本案充分体现了"应赔尽赔"的全面赔偿要求，并确立了非法采砂生态破坏行为应承担的生态损害赔偿责任和水环境质量受损、河床结构受损、水源涵养受损和水生生物资源受损等四个方面的赔偿范围，具有一定指导性。

【典型意义】

本案系在洞庭湖域非法采砂犯罪行为引发的环境民事公益诉讼。洞庭湖是长江流域重要的调蓄湖泊，具有丰富的水域岸线资源。本案所涉下塞湖，地处洞庭湖腹地，又是洞庭湖湿地的重要组成部分，区域内矿产资源丰富。夏顺安等人非法采砂行为，严重威胁洞庭湖河床的稳定性及防洪安全，破坏长江水生生物资源繁衍生存环境和洞庭湖生态环境。人民法院在另案追究非法采砂违法犯罪行为刑事责任的同时，发挥民事公益诉讼的审判功能，判令非法采砂人承担民事责任，赔偿生态环境损害并赔礼道歉，体现了惩治和修复并重，统筹适用刑事、民事法律责任的现代环境司法理念，对营造守护绿水青山的社会环境起到了重要指引作用。

湖南省高级人民法院二审合议庭成员：伍胜　闫伟　曾志燕

（编写人：闫伟[1]　吴博[2]）

---

[1] 湖南省高级人民法院民三庭（环境资源审判庭）副庭长、三级高级法官。
[2] 湖南省高级人民法院民三庭（环境资源审判庭）三级高级法官助理。

（六）指导案例 177 号：海南临高盈海船务有限公司诉三沙市渔政支队行政处罚案

（最高人民法院审判委员会讨论通过　2021 年 12 月 1 日发布）

【关键词】

行政/行政处罚/《国际环境条约》/非法运输/珍贵、濒危水生野生动物及其制品/珊瑚、砗磲

【裁判要点】

我国为《濒危野生动植物种国际贸易公约》缔约国，对于列入该公约附录一、附录二中的珊瑚、砗磲的所有种，无论活体、死体，还是相关制品，均应依法给予保护。行为人非法运输该公约附录一、附录二中的珊瑚、砗磲，行政机关依照《野生动物保护法》等有关规定作出行政处罚的，人民法院应予支持。

【基本案情】

砗磲是一种主要生活在热带海域的珍贵贝类，在我国及世界范围内均为重点保护的水生野生动物。砗磲全部 9 个种均为《濒危野生动植物种国际贸易公约》附录二物种，其中的大砗磲（又名库氏砗磲）为国家一级保护动物。2014 年 8 月 21 日，海南省公安边防总队海警第三支队在三沙海域开展巡逻管控过程中，发现原告海南临高盈海船务有限公司（以下简称盈海公司）所属的"椰丰 616"号船违法装载大量砗磲贝壳，遂将其查获，并将该案交由三沙市综合执法局先行查处。后因该案属于被告三沙市渔政

支队的职权范围，三沙市综合执法局将该案转交被告具体办理。经查实，原告未持有《水生野生动物特许运输许可证》，涉案船舶共装载砗磲贝壳250吨，经专业机构鉴定和评估，该250吨砗磲贝壳中98%为大砗磲，属国家一级保护动物，2%为砗蚝（属于砗磲科），属《濒危野生动植物种国际贸易公约》附录二物种，涉案砗磲贝壳总价值为373500元。据此，被告作出琼三沙渔政罚字（2018）01号行政处罚决定书，以原告的"椰丰616"号船未持有《水生野生动物特许运输许可证》擅自运输砗磲贝壳的行为违反《野生动物保护法》等法律规定，对原告处以没收砗磲贝壳250吨及按照实物价值3倍罚款人民币1120500元的行政处罚。原告不服，向海口海事法院提起行政诉讼，请求撤销该行政处罚决定。

【裁判结果】

海口海事法院于2018年11月30日作出（2018）琼72行初14号行政判决，认为三沙市渔政支队作出的行政处罚决定事实清楚，证据确凿，适用法律、法规正确，符合法定程序，判决驳回原告盈海公司的诉讼请求。判决后，盈海公司提出上诉，海南省高级人民法院于2019年4月10日作出（2019）琼行终125号行政判决：驳回上诉，维持原判。

【裁判理由】

法院生效裁判认为：

第一，我国作为《濒危野生动植物种国际贸易公约》缔约国，应当严格、全面履行公约义务，对已列入该公约附录一、附录二中的珊瑚、砗磲的所有种，无论活体、死体，还是相关制品，均应依法给予保护。砗磲属受保护的珍贵、濒危水生野生动物，砗磲贝壳为受我国法律保护的水生野生动物产品。根据《审理管辖海域案件规定（二）》第七条第三款及《水生野生动物保护实施条例》第二条的规定，列入《国家重点保护野生动物名录》中国家一、二级保护的，以及列入《濒危野生动植物种国际贸易公约》附录一、附录二中所有水生野生动物物种，无论属于活体、死体，还是相关制品（水生野生动物的任何部分及其衍生品），均受到法律保护。案涉大砗磲属《国家重点保护野生动物名录》中的国家一级保护动物，砗蚝属《濒危野生动植物种国际贸易公约》附录二物种，二者均受法律保护。盈海公司运输行为的客体虽然是砗磲贝壳，但作为双壳纲动物，砗磲的贝壳属于其作为动物的一部分，因此，应当将砗磲贝壳认定为《水生野生动物保护实施条例》第二条规定应受保护的水生野生动物产品；盈海公司关于其运输的砗磲为死体，不违反法律、行政法规的抗辩不能成立。

第二，非法开发利用野生动物资源"产业链"中所涉及的非法采捕、收购、运输、加工、销售珍贵、濒危野生动物及其制品等行为均构成违法并需承担相应的法律责任。非法运输珍贵、濒危野生动物及其产品的行为是非法开发利用野生动物资源"产业链"的重要一环，应承担相应的法律后果和责任。根据《野生动物保护法》第二十三条、《水生野生动物保护实施条例》第二十条及《水生野生动物利用特许办法》第二十九条的规定，运输、携带国家重点保护野生动物或者其产品出县境的，必须经省、自治区、直辖市政府野生动物行政主管部门或者其授权的单位批准并取得相应许可证明。本案中，盈海公司未经批准并取得相关许可证明，就将案涉砗磲贝壳从三沙市向海南岛运输，已构成违法，故三沙市渔政支队对其处以罚款具有法律、行政法规依据。

【裁判要点评析】

本案展现了我国法院在司法过程中正确理解和适用《濒危野生动植物种国际贸易公约》，严格全面履行国际公约缔约国义务，致力于保护海洋生物多样性、促进海洋生物资源可持续发展、构建人类海洋命运共同体的坚定决心和为此所作出的努力。

一、对列入《濒危野生动植物种国际贸易公约》附录一、附录二中的珊瑚、砗磲的所有种，均依法给予保护

《濒危野生动植物种国际贸易公约》于1981年4月8日对我国生效

后，我国建立了以《野生动物保护法》《野生植物保护条例》《濒危野生动植物进出口管理条例》等法律规范为主体的履约立法体系，在《濒危野生动植物种国际贸易公约》秘书处组织的履约国内立法评估中被评为最高等级。① 即便已经有如此完善和强有力的立法保护体系，也不能完全跟上濒危野生动物保护的实际需求。根据《野生动物保护法》第三十五条第四款等法律条款的规定，《濒危野生动植物种国际贸易公约》附录物种需经相关行政主管机关核准，并列入《国家重点保护野生动物名录》后，方可纳入我国野生动物保护体系进行保护。实务中，某一物种被纳入《国家重点保护野生动物名录》往往需要经过严谨的论证、审核程序，耗时较长。如原国家林业部、农业部于1989年首次发布《国家重点保护野生动物名录》后，直至2021年才对该名录进行系统调整。这也导致在司法实践中，对于《濒危野生动植物种国际贸易公约》附录一、附录二物种是否属于相关法律中规定的"珍贵、濒危野生动物"这一问题，存在长期争议。以本案为例，案涉大砗磲（库氏砗磲）属于《国家重点保护野生动物名录》中所列的国家一级保护动物，但砗蚝虽属《濒危野生动植物种国际贸易公约》附录二中的物种，但并未列入《国家重点保护野生动物名录》，导致砗蚝是否属于受保护物种存在争议。

最高人民法院针对国际公约在国内法律适用的问题，出台了相关司法解释，强化对野生动物资源的司法保护。《破坏野生动物资源刑事案件解释》确认《濒危野生动植物种国际贸易公约》附录一、附录二物种可直接被认定为《刑法》第三百四十一条所称的"珍贵、濒危野生动物"，在法律适用层面上解决了《国家重点保护野生动物名录》与《濒危野生动植物种国际贸易公约》附录的关系问题。

《审理管辖海域案件规定（二）》明确，珊瑚、砗磲是指列入《国家重点保护野生动物名录》中国家一、二级保护的，以及列入《濒危野生动植物种国际贸易公约》附录一、附录二中的珊瑚、砗磲的所有种，包括活

---

① 参见《中国履行〈濒危野生动植物种国际贸易公约〉40年成效瞩目》，载新华网，http://www.xinhuanet.com/travel/2021-04/09/c_1127312302.htm，访问时间2021年12月7日。

体和死体。

综上，在涉及珊瑚、砗磲的各类案件的审理过程中，如需确定其是否属于珍贵、濒危水生野生动物，均应综合考虑《国家重点保护野生动物名录》和《濒危野生动植物种国际贸易公约》附录一、附录二的内容规定。不能仅以相关物种未记载于《国家重点保护野生动物名录》而否认其属于珍贵、濒危水生野生动物。

二、对列入《濒危野生动植物种国际贸易公约》附录一、附录二中的珊瑚、砗磲的所有种，不论活体，还是死体，抑或是相关制品，均依法给予保护

较长一段时间内，司法理论和实务界一直有一种错误的观点，即开发、利用砗磲、珊瑚等动物的死体或其贝壳、外骨骼遗存并未侵犯《野生动物保护法》等法律所要保护的法益，这一行为不属于违法或犯罪行为。即使在《审理管辖海域案件规定（二）》出台后，亦有观点认为，违法行为人开发、利用此类动物的死体或其贝壳、外骨骼遗存的，应当适当减轻其法律责任。但我们认为，这两种观点都是错误的。首先，将对珍贵、濒危野生动物的保护从活体延伸至死体、制品符合《濒危野生动植物种国际贸易公约》规定和国际立法趋势。《濒危野生动植物种国际贸易公约》第一条明确规定，对特定物种的保护包含对其活体和死体的保护，也包括其任何可辨认的部分或衍生物。我国立法也有相关的规定。[①] 因此，砗磲死体及其遗留物仍属于法律禁止开发、利用的水生野生动物或其产品。其次，无论从《濒危野生动植物种国际贸易公约》还是国内立法的立法目的和保护法益来看，之所以禁止非法开发、利用珍贵、濒危野生动物及其产品、制品，是为了保护野生动物，拯救珍贵、濒危野生动物，维护生物多样性和生态平衡。珊瑚、砗磲的死体和活体均是海底生态环境的重要组成部分，在维持生态平衡、维护生物多样性等方面的意义同样重要，对于南

---

① 如根据《水生野生动物保护实施条例》第二条的规定，水生野生动物产品包括珍贵、濒危水生野生动物的任何部分及其衍生物。

海诸岛的生态环境和生物多样性而言其生态作用更为明显。再次，珊瑚、砗磲等海洋生物的主要经济价值并非体现于其机体的有生命部分，而体现于其机体的无生命部分，如珊瑚、砗磲贝壳的外骨骼，如果不限制对于其死体的收购、运输、出售的行为，则无法起到保护相关物种的作用。最后，由于珊瑚、砗磲等海洋水生野生动物生活环境的特殊性，即使违法行为人非法捕捞、捕猎、杀害了此类动物，也往往难以第一时间被发现，鉴于此，通过保护此类动物的死体能够更好地实现保护其活体的目的。综上，无论违法行为人捕捞、收购、运输、出售的是珊瑚、砗磲的活体、死体或组成部分，均应当同等承担相应的法律责任。

三、行为人非法运输珊瑚、砗磲（包括死体），行政机关依照《野生动物保护法》等有关规定作出行政处罚的，人民法院应予支持

我国相关法律很早就确立了对珍贵、濒危野生动物进行全流程保护的精神，无论是非法采捕、收购、运输，还是加工、销售珍贵、濒危野生动物，均属于违法行为，并要根据情节承担不同的法律责任。以本案所涉运输砗磲为例，《野生动物保护法》第三十三条、《水生野生动物保护实施条例》第二十条、《水生野生动物利用特许办法》第二十九条均规定了跨越县境运输国家重点保护野生动物或其产品需经批准并取得相应许可证明。因此，只要行为人从事了非法运输、携带珍贵、濒危水生野生动物的行为，就已构成违法并需承担相应的法律责任。此外，对破坏濒危野生动物资源"产业链"的全面打击，是保护濒危野生动物的必由之路。捕捞是濒危野生水生动物资源被破坏的直接原因和首个环节，但濒危野生水生动物资源的破坏并不仅限于人们的无序捕捞，紧随其后的高效运输、市场的迫切需求、体系完备的销售网络，助长了野生水生动物捕捞行为，造成野生水生动物资源枯竭。

本案中，法院通过对相对人非法运输珍贵、濒危水生野生动物行为的否定性评价，体现了我国法律对于珍贵、濒危水生野生动物进行全流程保

护的立法和司法精神。

【典型意义】

执法机关查获"椰丰616"号运输船的地点位于海南省三沙市中建岛北面附近海域，由海口海事法院行使司法管辖权。案涉砗磲贝壳是国家一、二级保护水生野生动物，我国法院通过正确适用《濒危野生动植物种国际贸易公约》及国内法规定，对该公约附录物种的活体、死体、产品、制品予以同等保护，对破坏相关生物资源的违法产业链各个环节予以全面打击，有力地维护了行政机关的执法权威，彰显了司法机关与行政机关合力打击非法运输国家保护水生野生动物行为、维护三沙海域生态环境安全的决心。

海南省高级人民法院二审合议庭成员：王峻　张爽　冯坤
（编写人：王峻①　焦南②）

---

① 海南省高级人民法院环境资源审判庭副庭长、三级高级法官。
② 海口海事法院一级法官。

（七）指导案例 178 号：北海市乃志海洋科技有限公司诉北海市海洋与渔业局行政处罚案

（最高人民法院审判委员会讨论通过　2021 年 12 月 1 日发布）

【关键词】

行政/行政处罚/非法围海、填海/海岸线保护/海洋生态环境/共同违法认定/从轻或者减轻行政处罚

【裁判要点】

（1）行为人未依法取得海域使用权，在海岸线向海一侧以平整场地及围堰护岸等方式，实施筑堤围割海域，将海域填成土地并形成有效岸线，改变海域自然属性的用海活动可以认定为构成非法围海、填海。

（2）同一海域内，行为人在无共同违法意思联络的情形下，先后各自以其独立的行为进行围海、填海，并造成不同损害后果的，不属于共同违法的情形。行政机关认定各行为人的上述行为已构成独立的行政违法行为，并对各行为人进行相互独立的行政处罚，人民法院应予支持。对于同一海域内先后存在两个以上相互独立的非法围海、填海行为，行为人应各自承担相应的行政法律责任，在后的违法行为不因在先的违法行为适用从轻或者减轻行政处罚的有关规定。

【基本案情】

北海市乃志海洋科技有限公司（以下简称乃志公司）诉称：其未实施

围海、填海行为，实施该行为的主体是北海市渔沣海水养殖有限公司（以下简称渔沣公司）。即使认定其存在非法围海、填海行为，因其与渔沣公司在同一海域内实施了占用海域行为，应由所有实施违法行为的主体共同承担责任，对其从轻或减轻处罚。北海市海洋与渔业局（以下简称海洋渔业局）以乃志公司非法占用并实施围海、填海0.38公顷海域，作出缴纳海域使用金15倍罚款的行政处罚，缺乏事实和法律依据，属于从重处罚，请求撤销该行政处罚决定。

海洋渔业局辩称：现场调查笔录及照片等证据证实乃志公司实施了围海造地的行为，其分别对乃志公司和渔沣公司的违法行为进行了查处，确定乃志公司缴纳罚款数额符合法律规定。

法院经审理查明：2013年6月1日，渔沣公司与北海市铁山港区兴港镇石头埠村小组签订《农村土地租赁合同》，约定石头埠村小组将位于石头埠村海边的空地租给渔沣公司管理使用，该地块位于石头埠村海边左邻避风港右靠北林码头，与海堤公路平齐，沿街边100米，沿海上进深145米，共21.78亩，作为海产品冷冻场地。合同涉及租用的海边空地实际位置在海岸线之外。同年7至9月间，渔沣公司雇请他人抽取海沙填到涉案海域，形成沙堆。2016年5月12日，乃志公司与渔沣公司签订《土地承包合同转让协议》，乃志公司取得渔沣公司在原合同中的权利。2016年7月至9月间，乃志公司在未依法取得海域使用权的情况下，对其租赁的海边空地（实为海滩涂）利用机械和车辆从外运来泥土、建筑废料进行场地平整，建设临时码头，形成陆域，准备建设冷冻厂。

2017年10月，海洋渔业局对该围海、填海施工行为进行立案查处，测定乃志公司填占海域面积为0.38公顷。经听取乃志公司陈述申辩意见，召开听证会，并经两次会审，海洋渔业局作出北海渔处罚（2017）09号行政处罚决定书，对乃志公司作出行政处罚：责令退还非法占用海域，恢复海域原状，并处非法占用海域期间内该海域面积应缴纳海域使用金15倍计256.77万元的罚款。乃志公司不服，提起行政诉讼，请求撤销该行政处罚决定。

【裁判结果】

北海海事法院于 2018 年 9 月 17 日作出（2018）桂 72 行初 2 号行政判决，驳回乃志公司的诉讼请求。宣判后，乃志公司提出上诉。广西壮族自治区高级人民法院于 2019 年 6 月 26 日作出（2018）桂行终 1163 号行政判决：驳回上诉，维持原判。

【裁判理由】

法院生效裁判认为，乃志公司占用的海边空地在海岸线（天然岸线）之外向海一侧，实为海滩涂。乃志公司使用自有铲车、勾机等机械，从外运来泥土和建筑废料对渔沣公司吹填形成的沙堆进行平整、充实，形成临时码头，并在临时码头西南面新填了部分海域，建造了临时码头北面靠海一侧的沙袋围堰和护岸设施。上述平整填充场地以及围堰护岸等行为，导致海域自然属性改变，形成有效岸线，属于围海、填海行为。乃志公司未取得案涉 0.38 公顷海域的合法使用权，在该区域内进行围海、填海，构成非法围海、填海。

渔沣公司与乃志公司均在案涉海域进行了一定的围海、填海活动，但二者的违法行为具有可分性和独立性，并非共同违法行为。首先，渔沣公司与乃志公司既无共同违法的意思联络，亦非共同实施违法行为。从时间上分析，渔沣公司系于 2013 年 7 月至 9 月间雇请他人抽取海沙填到涉案海域，形成沙堆。而乃志公司系于 2016 年 5 月 12 日通过签订转让协议的方式取得渔沣公司在原合同中的权利，并于 2016 年 7 月至 9 月期间对涉案海域进行场地平整，建设临时码头，形成陆域。二者进行围海、填海活动的时间间隔较远，相互独立，并无彼此配合的情形。其次，渔沣公司与乃志公司的违法性质不同。渔沣公司仅是抽取海沙填入涉案海域，形成沙堆，其行为违法程度较轻。而乃志公司已对涉案海域进行了围堰和场地平整，并建设临时码头，形成了陆域，其行为违法情节更严重，性质更为恶劣。再次，渔沣公司与乃志公司的行为所造成的损害后果不同。渔沣公司的行为尚未完全改变涉案海域的海洋环境，而乃志公司对涉案海域进行围堰及场地平整，设立临时码头，形成了陆域，其行为已完全改变了涉案海域的海洋生态环境，构成了非法围海、填海，损害后果更为严重。海洋渔业局认定乃志公司与渔沣公司的违法行为相互独立并分别立案查处，有事实及法律依据，并无不当。乃志公司主张海洋渔业局存在选择性执法，以及渔沣公司应当与其共同承担责任的抗辩意见不能成立。

乃志公司被查处后并未主动采取措施减轻或消除其围海、填海造地的危害后果，不存在从轻或减轻处罚的情形，故乃志公司主张从轻或减轻行政处罚，缺乏法律依据。乃志公司平整和围填涉案海域，占填海域面积为0.38公顷，其行为改变了该海域的自然属性，形成陆域，对近海生态造成不利的影响。海洋渔业局依据《海域使用管理法》第四十二条规定的"处非法占用海域期间内该海域面积应缴纳的海域使用金十倍以上二十倍以下的罚款"，决定按15倍处罚，未违反《行政处罚法》关于行政处罚适用的相关规定，符合中国海监总队《关于进一步规范海洋行政处罚裁量权行使的若干意见》对于行政处罚幅度中的一般处罚，并非从重处罚，作出罚款256.77万元的处罚决定，认定事实清楚，适用法律并无不当。

【裁判要点评析】

一、行为人已构成非法围海、填海

行为人未依法取得海域使用权，在海岸线向海一侧以平整场地及围堰护岸等方式，实施筑堤围割海域，将海域填成土地并形成有效岸线，改变海域自然属性的用海活动已构成非法围海、填海。

《海域使用管理法》第四条第二款规定，国家严格管理填海、围海等改变海域自然属性的用海活动。国家海洋局发布的《海域使用分类体系》

《海籍调查规范》等规范性文件，对"填海造地"的定义是筑堤围割海域填成土地，并形成有效岸线的用海方式。从上述规定看，围海、填海行为是指筑堤围割海域，将海域填成土地并形成有效岸线，改变海域自然属性的用海活动。

对于是否构成非法围海、填海的判断，因非法围海、填海行为属于非法占用海域的行为，海岸线是陆地与海域的交界线，因此需要明确海岸线的概念才能判断行为人是否实施了占用海域的行为。《海域使用管理法》第二条第一款、第二款规定："本法所称海域，是指中华人民共和国内水、领海的水面、水体、海床和底土。本法所称内水，是指中华人民共和国领海基线向陆地一侧至海岸线的海域。"从地形图图式、海图图式、海洋学术语、海洋地质学等国家标准看，海岸线指以平均大潮高潮的痕迹所形成的水陆分界线，一般可根据当地的海蚀阶地、海滩堆积物或海滨植被来确定。涉及海域勘界方面，国家海洋局《海域勘界技术规程》规定了海岸线是指平均大潮高潮时水陆分界的痕迹线。有效岸线是以天然岸线和2000年1月1日前建成的人工岸线为海域勘界的有效岸线。行为人未依法取得海域使用权，在海岸线向海一侧以平整场地及围堰护岸等方式，实施筑堤围割海域，将海域填成土地并形成有效岸线，改变海域自然属性的用海活动已构成非法围海、填海。

二、行为人不构成共同违法

同一海域内，行为人在无共同违法意思联络的情形下，先后各自以其独立的行为进行围海、填海，并造成不同损害后果的，不属于共同违法的情形。行政机关认定各行为人的上述行为已构成独立的行政违法行为，并对各行为人进行相互独立的行政处罚，人民法院应予支持。对于同一海域内先后存在两个以上相互独立的非法围海、填海行为，行为人应各自承担相应的行政法律责任，在后的违法行为不因在先的违法行为适用从轻或者减轻行政处罚的有关规定。

（一）共同违法的认定

本案系海洋行政处罚案件，属于行政处罚案件中的一种特殊类型，现行的行政法律、法规及规章对行为人的共同违法行为未作明确规定，而仅对行为人的何种行为应受行政处罚进行了规定。例如，2017年修正的《行政处罚法》第三条第一款规定："公民、法人或者其他组织违反行政管理秩序的行为，应当给予行政处罚的，依照本法由法律、法规或者规章规定，并由行政机关依照本法规定的程序实施。"2021年修订的《行政处罚法》第四条规定："公民、法人或者其他组织违反行政管理秩序的行为，应当给予行政处罚的，依照本法由法律、法规、规章规定，并由行政机关依照本法规定的程序实施。"《海洋行政处罚实施办法》第二条则规定："单位和个人违反海域使用、海洋环境保护、铺设海底电缆管道、涉外海洋科学研究管理等海洋法律、法规或者规章，海洋行政处罚实施机关依法给予海洋行政处罚的，适用本办法。"从法理上进行分析，海洋行政处罚针对的是行政相对人违反海洋行政法律、法规或规章等海洋行政管理秩序的行为进行的处罚，行政相对人实施的行为侵犯了海洋行政法律、法规保护的利益，其行为同时具有违法、侵权的属性。从违法性角度考虑，行政共同违法行为与共同犯罪的构成要件具有共通性：一是主体须是二人以上；二是为实现同一违法目的而实施的相互联系、彼此配合的违法行为；三是主观上必须具有共同的违法故意，共同违法的行政相对人通过意思联络，认识到共同违法行为发生的危害后果，并决意共同实施违法行为，且希望结果的发生。从侵权性角度分析，可以参考民事共同侵权行为的构成要件判定行政相对人的行为是否构成行政共同违法行为：第一，共同违法的行政相对人之间应具有共同违法的意思联络；第二，共同违法的行政相对人应当共同实施违法行为；第三，共同违法的行政相对人的行为违反了相应的行政管理法律法规或规章的规定；第四，共同违法行为应当造成共同的损害后果。2021年修订的《行政处罚法》第三十三条第二款明确规定没有主观过错的，不予行政处罚。该款规定是认定行政相对人主观上是否具有共同违法故意的法律依据。本案中，乃志公司与渔沣公司虽在案涉海域实施了围海、填海活动，但二者既无共同违法的意思联络，亦非共同实施违法行为，二者违法性质、造成的损害后果不同，不构成共同违法。

（二）如何适用从轻减轻处罚

审查行政机关行使海洋行政处罚裁量权是否适当，可依照行政处罚裁量基准进行判断。行为人未经批准进行围海、填海活动，不具有法定从轻或减轻处罚情形的，行政机关对其处以非法占用海域期间内该海域面积应缴纳的海域使用金 15 倍的罚款，属于行政机关行使海洋行政处罚裁量权的范围，人民法院应予支持。对于同一海域内存在两个以上独立的非法围海、填海行为，行为人应各自承担行政法律责任，不适用从轻或减轻处罚的情形。

1. 行政处罚裁量基准

2017 年修订的《行政处罚法》第四条第二款规定了裁量权的行使，必须以事实为依据，与违法行为的事实、性质、情节以及社会危害程度相当。该条是行政机关行使行政处罚裁量权的原则性规定。人民法院在审查行政机关行使行政裁量权是否适当时，首先应看是否有行政裁量基准。《行政处罚法》《海域使用管理法》《海洋行政处罚实施办法》等涉海洋行政处罚的法律法规、规章中均未设定行政裁量基准。根据《海洋行政处罚实施办法》第三条的规定，中国海监机构具有承担海洋行政处罚工作的职权，是实施海洋行政处罚权的执法机构，其作出的《关于进一步规范海洋行政处罚裁量权行使的若干意见》是在法律、行政法规规定给予行政处罚的行为、种类和幅度的范围内，对海洋行政处罚裁量规则的具体化规定。在县级以上各级人民政府海洋行政主管部门作为海洋行政处罚实施机关未设定海洋行政处罚裁量基准的情况下，可以将该若干意见视为裁量基准予以参考。

2. 如何认定从轻或减轻处罚的法定情形

2017年修订的《行政处罚法》第二十七条规定了从轻或者减轻行政处罚的条件是：（1）主动消除或者减轻违法行为危害后果的；（2）受他人胁迫有违法行为的；（3）配合行政机关查处违法行为有立功表现的；（4）其他依法从轻或者减轻行政处罚的。对于第四项的其他情形，《海域使用管理法》及相关配套法规尚无明确规定。《中国海监总队关于进一步规范海洋行政处罚裁量权行使的若干意见》对海洋行政处罚适用从轻或减轻的条件进行了细化：（1）当事人主动消除或者减轻海洋违法行为危害后果的，如及时退还非法占用的海域，积极恢复海洋原状，及时采取措施清理污染，排除危害，对海洋环境和生态进行补救等；（2）受他人胁迫而实施海洋违法行为的；（3）配合海洋行政主管部门及其所属中国海监机构查处违法行为有立功表现的，如积极配合调查取证，主动提供涉案材料和有关线索，坦白自身违法事实或揭发、检举其他违法行为等；（4）主动纠正自己的违法行为，积极服从海洋行政主管部门及其所属中国海监机构管理、监督的；（5）海洋管理法律、法规和规章规定的其他可以从轻和减轻行政处罚的情形。上述规定并无同一海域多人实施海洋行政违法行为时，可以从轻或减轻处罚的规定。

本案中，乃志公司不存在上述规定可以适用从轻或减轻处罚的情节，海洋渔业局依据《海域使用管理法》第四十二条规定的并处占用海域使用金10倍以上20倍以下罚款，决定按15倍处罚，未违反《行政处罚法》关于行政处罚适用的相关规定，符合《中国海监总队关于进一步规范海洋行政处罚裁量权行使的若干意见》规定的行政处罚幅度中间倍数，为一般处罚，并非从重处罚，属于行政机关行使海洋行政处罚裁量权，处罚幅度适当。

【典型意义】

本案系涉非法围海、填海的海洋行政处罚案件。随着我国海洋经济的发展和人民生活水平的提高，从事海洋产业的单位和个人的用海需求迅速增长。部分企业和个人在未获得海域使用权的情况下，非法围海、占海甚至填海，对海洋生态环境保护和地方可持续发展造成严重影响。我国海岸线漫长，针对非法用海行为的行政管理存在"调查难""处罚难""执行难"等问题。本案的处理对非法围海、填海的主体认定、处罚正当程序及行政裁量权行使等均具有示范作用，充分表明人民法院坚持用最严格制度最严密法治保护国家海岸线和海洋环境生态安全的决心，对于推进依法用海、管海具有积极意义。

广西壮族自治区高级人民法院二审合议庭成员：张辉　熊梅　蒋新江

（编写人：张辉[1]　熊梅[2]　彭绍征[3]）

---

[1] 广西壮族自治区高级人民法院环境资源庭三级高级法官。
[2] 广西壮族自治区高级人民法院环境资源庭四级高级法官。
[3] 广西壮族自治区高级人民法院环境资源庭三级法官助理。

中篇
联合国环境规划署数据库案例

（一） 德清明禾保温材料有限公司、祁尔明污染环境案

【关键词】

刑事/污染环境/国际公约/违法使用受控消耗臭氧层物质/其他有害物质

【裁判要点】

（1）三氯一氟甲烷为受控消耗臭氧层物质，属于对大气污染的有害物质。我国是《关于消耗臭氧层物质的蒙特利尔议定书》签约国，负有逐步淘汰消耗臭氧层物质使用的国际公约责任。未经批准许可擅自使用消耗臭氧层物质，构成严重污染环境情形的，应当以污染环境罪追究刑事责任。

（2）对因违法使用受控消耗臭氧层物质构成污染环境罪的量刑，应区别于有放射性的废物、含传染病病原体的废物、有毒物质，重点考虑受控消耗臭氧层物质的危险性、毒害性，结合行为人的主观恶性、污染行为恶劣程度等方面进行综合分析确定。

【基本案情】

被告单位德清明禾保温材料有限公司（以下简称明禾公司）成立于2017年3月8日，主要从事聚氨酯硬泡组合聚醚保温材料的生产，以及聚氨酯保温材料、化工原料（除危险化学品及易制毒化学品）、塑料材料、建筑材料批发零售。法定代表人为被告人祁尔明。2017年8月至2019年6月期间，被告人祁尔明在明知三氯一氟甲烷系受控消耗臭氧层物质，且被

明令禁止用于生产使用的情况下，仍向李某峰、韩某新、葛某涛、薛某平（均另案处理）购买，并用于被告单位明禾公司生产聚氨酯硬泡组合聚醚保温材料。其间，被告单位明禾公司共计购买三氯一氟甲烷849.5吨。根据被告人祁尔明供述及有关证人证言，可就低确定明禾公司生产并销售含三氯一氟甲烷的聚氨酯硬泡组合聚醚保温材料2427吨。经煤科集团杭州环保研究院有限公司核算，明禾公司在使用三氯一氟甲烷生产过程中，造成三氯一氟甲烷废气排放为3049.7千克。经德清天勤会计师事务所审计，明禾公司销售含有三氯一氟甲烷的聚氨酯硬泡组合聚醚保温材料每吨利润为602.1元。被告单位明禾公司因使用三氯一氟甲烷生产销售产品总计违法所得就低认定为1461296.7元（2427吨×602.1元/吨）。

原环境保护部、国家发展和改革委员会、工业和信息化部于2010年9月27日联合发布〔2010〕年第72号公告，发布了《中国受控消耗臭氧层物质清单》，其中三氯一氟甲烷作为第一类全氯氟烃被全面禁止使用。

2019年10月23日，浙江省湖州市生态环境局以明禾公司集装箱式冷柜及原料仓库有正戊烷等化学品用于生产，不符合环评要求，作出湖德环罚（2019）59号行政处罚决定书，对其罚款20万元。同日，浙江省湖州市生态环境局以明禾公司涉嫌使用超出使用配额许可的消耗臭氧层物质用于生产，作出湖德环罚（2019）60号行政处罚决定书，对其罚款50万元。

【裁判结果】

浙江省德清县人民法院于2020年3月6日作出（2019）浙0521刑初592号刑事判决：（1）被告单位德清明禾公司犯污染环境罪，判处罚金人民币700000元（限于判决生效后三十日内缴纳，湖德环罚（2019）60号行政处罚决定书生效后，其中罚款在本罚金中予以折抵，不重复执行）。（2）被告人祁尔明犯污染环境罪，判处有期徒刑十个月，并处罚金人民币50000元。（3）追缴被告单位明禾公司违法所得人民币1461296.7元。一审宣判后，被告单位明禾公司、被告人祁尔明均未提出上诉，公诉机关亦未提起抗诉，判决已发生法律效力。

【裁判理由】

法院生效裁判认为，我国作为《保护臭氧层维也纳公约》和《关于消耗臭氧层物质的蒙特利尔议定书》的缔约国之一，负有保护臭氧层的国际义务。为履行上述义务，我国制定了《中国逐步淘汰消耗臭氧层物质国家方案》，颁布了《消耗臭氧层物质管理条例》等政策法规，明令禁止违法使用受控消耗臭氧层物质。《环境污染刑事案件会议纪要》明确受控消耗臭氧层物质属于污染环境罪中规定的"其他有害物质"，故对违法使用受控消耗臭氧层物质严重污染环境的行为，可以以污染环境罪追究刑事责任。

本案的争议焦点是，违法使用受控消耗臭氧层物质污染环境应如何定罪量刑。《环境污染刑事案件会议纪要》认为，办理非法排放、倾倒、处置其他有害物质的案件，应当坚持主客观相一致原则，从行为人的主观恶性、污染行为恶劣程度、有害物质危险性毒害性等方面进行综合分析判断，准确认定其行为的社会危害性。同时，《环境污染刑事案件解释》对"严重污染环境"以及"后果特别严重"的情形均作了列举，为污染环境行为的定罪量刑提供了依据及参照。如前所述，违法使用受控消耗臭氧层物质可以适用污染环境罪予以刑事处罚，但前提必须符合该罪名规定条件，即严重污染环境。根据司法解释规定以及有关纪要精神，办理违法使用受控消耗臭氧层物质污染环境案件，应重点考虑违法所得或公私财产损失数额以及有无其他严重污染环境情形。亦即司法解释有关违法所得或公私财产损失数额的规定，可以作为此类案件定罪量刑的适用依据。需要注意的是，受控消耗臭氧层物质作为其他有害物质，有别于有放射性的废物、含传染病病原体的废物以及有毒物质，对其危险性、毒害性以及后果严重性目前仍缺乏科学的评判标准，不能单以司法解释关于"非法排放、倾倒、处置危险废物"数量的规定，对此类案件进行定罪量刑。

本案中，三氯一氟甲烷为受控消耗臭氧层物质，属于对大气污染的有害物质，被明令禁止使用。被告单位明禾公司违反规定，使用三氯一氟甲烷849.5吨用于生产保温材料并出售，造成三氯一氟甲烷废气排放为

3049.7千克，违法所得146余万元，属于严重污染环境的情形，构成污染环境罪。被告人祁尔明作为被告单位法定代表人，明知三氯一氟甲烷禁止用于生产，仍主动购入用于明禾公司生产保温材料并销售，造成环境严重污染，亦应当以污染环境罪追究刑事责任。综合考虑明禾公司、祁尔明使用受控消耗臭氧层物质数量、造成废气排放量以及违法所得等实际情况，对其定罪量刑，作出涉案判决，是恰当的。

【裁判要点评析】

我国是《关于消耗臭氧层物质的蒙特利尔议定书》签约国，负有逐步淘汰消耗臭氧层物质使用的国际公约责任。违法使用受控消耗臭氧层物质，构成严重污染环境情形的，应以污染环境罪追究刑事责任。

一、对违法使用受控消耗臭氧层物质应予刑事处罚的法律依据

《刑法》第三百三十八条规定："违反国家规定，排放、倾倒、处置有放射性的废物、含传染病病原体的废物、有毒物质或者其他有害物质，严重污染环境的，处三年以下有期徒刑或者拘役，并处或者单处罚金；后果特别严重的，处三年以上七年以下有期徒刑，并处罚金……"由此可见，《刑法》对可构成污染环境罪物质的规定采取了开放性列举的方式，即有放射性的废物、含传染病病原体的废物、有毒物质或者其他有害物质。对于上述列举物质，除其他有害物质外，法律、法规或司法解释均作了规定。如对有放射性的废物，相关规定见于放射性污染防治法、放射性废物安全管理条例；对含传染病病原体的废物，相关规定见于传染病防治法；对有毒物质，相关规定见于《环境污染刑事案件解释》。其他有害物质的范围认定直接影响污染环境罪的适用范围，而对其他有害物质的具体范围和判断标准缺乏明确规定，导致司法实践对涉及其他有害物质污染环境犯罪定罪处罚畏葸不前。有鉴于此，《环境污染刑事案件会议纪要》中列举了常见的有害物质种类，受控消耗臭氧层物质便位列其中。上述意见将受

控消耗臭氧层物质作为其他有害物质纳入污染环境罪适用范围，为司法实践定罪处罚指明了方向。本案中，被告单位明禾公司、被告人祁尔明违法使用受控消耗臭氧层物质，依法可以污染环境罪定罪处罚。

二、违法使用受控消耗臭氧层物质的定罪量刑

如前所述，违法使用受控消耗臭氧层物质可以适用污染环境罪予以刑事处罚，但前提必须符合该罪名规定条件，即严重污染环境。《环境污染刑事案件解释》对严重污染环境的情形作了列举，其中适用本案的情形为"非法排放、倾倒、处置危险废物三吨以上的""违法所得或者致使公私财产损失三十万元以上的""其他严重污染环境的情形"。此外，《环境污染刑事案件解释》也对后果特别严重情形作了规定，适用本案情形为"非法排放、倾倒、处置危险废物一百吨以上的""造成生态环境特别严重损害的"。有观点认为，对违法使用受控消耗臭氧层物质进行刑事处罚，应按照上述规定情形予以定罪量刑。受控消耗臭氧层物质作为其他有害物质，有别于有放射性的废物、含传染病病原体的废物以及有毒物质，对其危险性、毒害性以及后果严重性目前仍缺乏科学的评判标准，不能单以相关量化标准予以认定。《环境污染刑事案件会议纪要》认为，办理非法排放、倾倒、处置其他有害物质的案件，应当坚持主客观相一致原则，从行为人的主观恶性、污染行为恶劣程度、有害物质危险性毒害性等方面进行综合分析判断，准确认定其行为的社会危害性。具体到本案中，被告单位明禾公司、被告人祁尔明违法使用受控消耗臭氧层物质，浙江省德清县人民法院综合考虑其使用受控消耗臭氧层物质数量、造成废气排放量以及违法所得等实际情况，对其定罪量刑，作出涉案判决，是恰当的。

三、对违法使用受控消耗臭氧层物质予以刑事处罚的现实意义

《环境污染刑事案件会议纪要》将受控消耗臭氧层物质认定为其他有害物质，进而纳入污染环境罪适用范围，法院在符合法定条件时给予刑事

处罚具有必要性。

我国作为《保护臭氧层维也纳公约》和《关于消耗臭氧层物质的蒙特利尔议定书》的缔约国之一，负有保护地球臭氧层的国际义务。我国制定了《中国逐步淘汰消耗臭氧层物质国家方案》，出台《消耗臭氧层物质管理条例》等政策法规，生态环境执法部门严厉打击违法生产、使用、销售受控消耗臭氧层物质行为，都体现了我国切实履行国际公约的坚定决心。《破坏野生动物资源刑事案件解释》将《濒危野生动植物种国际贸易公约》附录一、附录二的野生动物以及驯养繁殖的上述物种，纳入非法猎捕、杀害珍贵、濒危野生动物罪中的珍贵、濒危野生动物种类范围。《环境污染刑事案件解释》将《关于持久性有机污染物的斯德哥尔摩公约》附件所列物质认定为污染环境罪中规定的有毒物质。因此，将消耗臭氧层物质纳入污染环境罪适用范围必要且可行，对于完善国内履约体系及能力建设具有重要意义，充分体现了我国的大国责任担当。

《刑法修正案（八）》第四十六条对污染环境罪进行了如下修改：一是删除了"向土地、水体、大气"，强调了环境的一体性；二是将"其他危险废物"修改为"其他有害物质"，扩大了罪名的规制范围；三是将"造成环境污染事故，致使公私财产遭受重大损失或者人身伤亡的严重后果"修改为"严重污染环境的"，降低了入罪门槛。① 上述修订体现了我国不断加大对环境违法行为刑事打击力度的刑事司法政策。保护地球臭氧层就是保护地球生命、保护人类的未来。我国曾是消耗臭氧层物质生产和使用大国，随着经济科技发展水平的不断提高，目前已经具备了淘汰和替代

---

① 《刑法修正案（十一）》第四十条对该罪进行了再次修改。第三百三十八条规定："违反国家规定，排放、倾倒或者处置有放射性的废物、含传染病病原体的废物、有毒物质或者其他有害物质，严重污染环境的，处三年以下有期徒刑或者拘役，并处或者单处罚金；情节严重的，处三年以上七年以下有期徒刑，并处罚金；有下列情形之一的，处七年以上有期徒刑，并处罚金：（一）在饮用水水源保护区、自然保护地核心保护区等依法确定的重点保护区域排放、倾倒、处置有放射性的废物、含传染病病原体的废物、有毒物质，情节特别严重的；（二）向国家确定的重要江河、湖泊水域排放、倾倒、处置有放射性的废物、含传染病病原体的废物、有毒物质，情节特别严重的；（三）致使大量永久基本农田基本功能丧失或者遭受永久性破坏的；（四）致使多人重伤、严重疾病，或者致人严重残疾、死亡的。有前款行为，同时构成其他犯罪的，依照处罚较重的规定定罪处罚。"

消耗臭氧层物质的能力和条件，保护臭氧层已成为保护人民群众环境权益的重要途径。将违法使用受控消耗臭氧层物质行为纳入污染环境罪进行刑事处罚，符合生态环境保护的现实需要，对引导聚氨酯泡沫生产等相关行业转型升级，推行绿色生产方式具有重要示范意义。

【典型意义】

本案系全国首例因违法使用受控消耗臭氧层物质（ODS）引发的污染环境刑事案件，也是迄今为止国内聚氨酯泡沫行业首起因违法使用 ODS 被判实刑的刑事案件。三氯一氟甲烷（俗称氟利昂）为受控消耗臭氧层物质，属于对大气污染的有害物质。我国一贯高度重视国际环境条约履约工作，于 2010 年 9 月 27 日即发布《中国受控消耗臭氧层物质清单》，其中三氯一氟甲烷作为第一类全氯氟烃，被全面禁止使用。本案的正确审理和判决，表明人民法院严厉打击 ODS 违法行为的"零容忍"态度，对聚氨酯泡沫等相关行业和社会公众具有良好的惩戒、警示和教育作用，体现了司法机关坚定维护全球臭氧层保护成果，推动构建人类命运共同体的责任担当。

浙江省德清县人民法院一审合议庭成员：王昆明　王菁　王雪娇

（编写人：傅贤生[1]　许婷婷[2]　王昆明[3]）

---

[1] 浙江省德清县人民法院院长、四级高级法官。
[2] 浙江省湖州市中级人民法院环境资源审判庭庭长、一级法官。
[3] 浙江省德清县人民法院环境资源审判庭庭长、一级法官。

（二）卓某走私珍贵动物案

【关键词】

刑事／走私珍贵动物罪／国际环境条约／量刑情节／法定刑幅度

【裁判要点】

走私列入《濒危野生动植物种国际贸易公约》附录，但没有列入《走私刑事案件解释》附录的野生动物，在没有可供参照的同属或者同科珍贵动物量刑标准时，应逐级参照该动物所属同目、同纲或同门珍贵动物的量刑标准，认定犯罪情节轻重，确定法定刑幅度，综合走私案值金额等情节依法裁判，达到刑法规定的情节特别严重法定刑幅度的，应当依法量刑，实现罪责刑相适应的要求。

【基本案情】

2015年7月，被告人卓某指使另案被告人李某文（已判刑）携带装有乌龟的两个行李箱，乘坐飞机由孟加拉人民共和国抵达我国广东省广州白云机场口岸，并选择无申报通道入境，未向海关申报任何物品。后海关关员经查验，从李某文携带的行李箱内查获乌龟259只。经鉴定，上述乌龟分别为地龟科池龟属黑池龟12只、地龟科小棱背龟属印度泛棱背龟247只，均属于受《濒危野生动植物种国际贸易公约》附录一保护的珍贵动物，价值共计人民币647.5万元。但是该走私的两种乌龟系没有列入《走私刑事案件解释》附录的野生动物，也没有依照司法解释规定的可供参照的同属或者同科珍贵动物作为量刑参照。

【裁判结果】

广东省广州市中级人民法院于 2017 年 10 月 31 日作出（2016）粤 01 刑初 587 号刑事判决，认定被告人卓文犯走私珍贵动物罪，判处有期徒刑十二年，并处没收个人财产 20 万元。宣判后，卓某提出上诉。广东省高级人民法院经依法审理于 2018 年 3 月 19 日作出（2018）粤刑终 225 号刑事裁定，驳回上诉，维持原判。

【裁判理由】

法院生效裁判认为，被告人卓某违反国家法律及海关法规，逃避海关监管，指使他人非法携带国家禁止进出口的珍贵动物入境，其行为已构成走私珍贵动物罪，且犯罪情节特别严重。在共同犯罪中，卓某起主要作用，系主犯，依法应当按照其所参与或者组织、指挥的全部犯罪处罚，驳回上诉，维持原判。

本案在法律适用方面的争议焦点是：一是被告人卓某指使他人非法携带走私列入《濒危野生动植物种国际贸易公约》附录但没有列入《走私刑事案件解释》附录的野生动物入境是否构成走私珍贵动物罪；二是其行为是否构成"情节特别严重"的情形。

一、被告人卓某构成走私珍贵动物罪

被告人卓某指使他人走私的活体乌龟被海关当场查获后送检。经鉴定，所送检的乌龟分别为地龟科池龟属黑池龟 12 只、地龟科小棱背龟属印度泛棱背龟 247 只，共计 259 只，价值计人民币 647.5 万元。根据《濒危野生动植物种国际贸易公约》附录（2013 年 6 月 12 日生效）之规定，黑池龟、印度泛棱背龟均被列入《濒危野生动植物种国际贸易公约》附录一。

《刑法》第一百五十一条第二款规定："走私国家禁止进出口的……珍贵动物及其制品的，处五年以上十年以下有期徒刑，并处罚金；情节特别

严重的，处十年以上有期徒刑或者无期徒刑，并处没收财产；情节较轻的，处五年以下有期徒刑，并处罚金"。根据《走私刑事案件解释》第十条的规定，"珍贵动物"包括列入《国家重点保护野生动物名录》中的国家一、二级保护野生动物，《濒危野生动植物种国际贸易公约》附录一、附录二中的野生动物，以及驯养繁殖的上述动物。因我国系《濒危野生动植物种国际贸易公约》的重要缔约国，非原产于我国的《濒危野生动植物种国际贸易公约》附录一、二所列陆生野生动物已依法被分别核准为我国一级、二级保护野生动物。

故涉案黑池龟、印度泛棱背龟虽非原产于我国，与《走私刑事案件解释》附表中规定的四爪陆龟、凹甲陆龟在生物分类学上属于同目动物，而不同科、属动物，但是均属上述公约附录一所列的珍贵动物，系依法均属受我国刑法同等一体保护的珍贵动物。

法院经审理认定，被告人卓某违反国家法律法规，逃避海关监管，指使他人走私国家禁止进出口的爬行纲地龟科池龟属黑池龟活体 12 只及爬行纲龟鳖目地龟科小棱背龟属印度泛棱背龟活体 247 只入境，其行为已构成走私珍贵动物罪。

二、被告人卓某属于走私珍贵动物罪"情节特别严重"情形

《刑法》第一百五十一条第二款对走私珍贵动物罪依次分别规定了较轻情节、一般情节以及情节特别严重等三级量刑幅度。《走私刑事案件解释》第九条规定，走私国家一、二级保护动物达到该解释附表中（二）规定的数量标准的，应当认定为"情节特别严重"。第十条规定，走私该解释附表中未规定的珍贵动物的，参照附表中规定的同属或者同科动物的数量标准执行。该司法解释附表中没有规定本案所涉黑池龟、印度泛棱背龟的数量情节，也没有规定与之相近的同属或者同科动物的数量标准，但规定了原产于我国的四爪陆龟、凹甲陆龟（均属陆龟科陆龟属）等两种乌龟的法定刑幅度的数量标准：走私四爪陆龟的 4 只（不含）以下的属于"情节较轻"情形，走私 4 只至 7 只的系"五年以上十年以下有期徒刑，并处

罚金"法定刑幅度情形，走私10只及以上的则属情节特别严重法定刑幅度情形；走私凹甲陆龟6只（不含）以下的属于情节较轻情形，走私6至9只的系"五年以上十年以下有期徒刑，并处罚金"的法定刑幅度情形，走私10只及以上数量的则属情节特别严重法定刑幅度情形。综上，涉案黑池龟、印度泛棱背龟系非原产于我国，与《走私刑事案件解释》附表中规定的四爪陆龟、凹甲陆龟在生物分类学上属于同目动物，但不同科、属动物。作为本案犯罪对象的两种乌龟没有与之相同科、属的动物。

有观点认为，因《走私刑事案件解释》没有对走私的黑池龟、印度泛棱背龟数量、情节予以规定，也没有司法解释要求的同科或同属动物最为量刑的参照依据，所以应就低适用较轻情节或一般情节的量刑幅度对其降档科处刑罚；有的观点认为应当依照走私珍贵动物罪定罪，但是依照其价值，参照一般走私罪的数额进行量刑。然而该两种量刑方法，只是机械地认为法律没有规定，即适用较低刑罚，会造成罪刑严重失衡，与罪责刑相适应的原则相悖，亦有可能导致放纵此类犯罪，削减刑法威慑力，容易引发社会公众产生"同案不同判"的质疑，法律效力、社会效果欠佳。

本案裁判要点明确，此情况下，应当坚持罪刑法定及罪责刑相适应原则，在走私列入《濒危野生动植物种国际贸易公约》附录的珍贵动物，没有可供参照的同属或者同科珍贵动物量刑数量标准时，应逐级参照同目、同纲或同门珍贵动物的量刑数量标准，认定犯罪情节轻重，确定法定刑幅度，综合走私数量、案值金额等情节作出裁判，实现罪责刑相适应的要求。

本案中，被告人卓某指使他人走私非原产于我国的黑池龟、印度泛棱背龟共计259只，价值人民币647.5万元，分别超过据以认定走私四爪陆龟、凹甲陆龟"情节特别严重"量刑最低标准的25倍、32倍有余，且涉案案值金额巨大。其行为相较于走私8只及以上四爪陆龟或者10只及以上凹甲陆龟的行为，社会危害后果、程度更为严重。

因此，本案对被告人卓文依法参照前述四爪陆龟、凹甲陆龟之量刑数量标准，认定卓某的行为属于《刑法》第一百五十一条第二款规定的"情节特别严重"并作出判决。

【裁判要点评析】

本案裁判要点明确，走私列入《濒危野生动植物种国际贸易公约》附录但没有列入《走私刑事案件解释》附录的野生动物，构成走私珍贵动物罪。在没有可供参照的同属或者同科珍贵动物量刑数量标准时，应逐级参照同目、同纲或同门珍贵动物的量刑标准，认定犯罪情节轻重，确定法定刑幅度，综合走私数量、案值金额等情节作出裁判，实现罪责刑相适应的要求。

一、走私珍贵动物行为及法律规定的复杂性

生物多样性是人类赖以生存和发展的必要条件。当前，全球物种灭绝速度不断加快，生物多样性丧失和生态系统退化对人类生存和发展构成重大风险。野生动植物种是生物多样性的重要组成部分，保护野生动植物是全人类的共同责任。本案系走私《濒危野生动植物种国际贸易公约》附录所列珍贵动物的犯罪案件，但是走私物种在《走私刑事案件解释》附表中没有规定，且没有与之参照的同属、同科的物种。对此类犯罪行为量刑是司法实践中的难点，规则并不完全一致。

《刑法》第一百五十一条第二款规定："走私国家禁止进出口的……珍贵动物及其制品的，处五年以上十年以下有期徒刑，并处罚金；情节特别严重的，处十年以上有期徒刑或者无期徒刑，并处没收财产；情节较轻的，处五年以下有期徒刑，并处罚金。"根据《走私刑事案件解释》第十条之规定，"珍贵动物"包括列入《国家重点保护野生动物名录》中的国家一、二级保护野生动物，《濒危野生动植物种国际贸易公约》附录一、附录二中的野生动物，以及驯养繁殖的上述动物。我国系《濒危野生动植物种国际贸易公约》的重要缔约国，非原产于我国的《濒危野生动植物种国际贸易公约》附录一、二所列陆生野生动物已依法被分别核准为我国一级、二级保护野生动物。根据上述法律、司法解释规定，应当认定没有列

入《走私刑事案件解释》附表，但属于《濒危野生动植物种国际贸易公约》附录中的野生动物，属于珍贵野生动物。走私该类野生动物的，属于走私珍贵野生动物的行为。

二、关于法定刑幅度的认定及量刑原则

《刑法》第一百五十一条第二款对走私珍贵动物罪依次分别规定了较轻情节、一般情节以及特别严重情节等三级量刑幅度。《走私刑事案件解释》第九条规定，走私国家一、二级保护动物达到该解释附表中（二）规定的数量标准的，应当认定为"情节特别严重"。第十条规定，走私该解释附表中未规定的珍贵动物的，参照附表中规定的同属或者同科动物的数量标准执行。该司法解释附表所列珍贵动物种类覆盖了常见的大部分珍贵动物种类。但是基于动物种类繁多和涉及珍贵动物犯罪事实的复杂性，作为包括走私珍贵动物犯罪在内的涉及珍贵动物犯罪的犯罪对象，仍有少数珍贵野生动物没有列入该解释附表，也没有相应的同属或同科动物作为数量参照依据。例如该司法解释附表中没有规定本案所涉黑池龟、印度泛棱背龟的数量情节，也与之相近的同属或者同科动物的规定。

本案遵循罪责刑相适应的刑法原则，综合考量走私数量、案值金额等情节，逐级参照同目、同纲或同门珍贵动物的量刑数量标准确定追诉标准，并衡量犯罪情节轻重。本案对被告人卓某依法参照前述四爪陆龟、凹甲陆龟之量刑数量标准，认定卓文的行为属于《刑法》第一百五十一条第二款规定的"情节特别严重"情形。在走私珍贵动物共同犯罪中，卓某起主要作用，系主犯，依法应当按照其所参与的或者组织、指挥的全部犯罪处罚。

【典型意义】

本案系走私《濒危野生动植物种国际贸易公约》附录所列珍贵动物的犯罪案件。我国作为《濒危野生动植物种国际贸易公约》的缔约国，积极履行公约规定的国际义务，严厉打击濒危物种走私违法犯罪行为。本案

中，被告人卓某违反国家法律及海关法规，逃避海关监管，指使他人非法携带国家禁止进出口的珍贵动物入境。人民法院依法认定其犯罪情节特别严重，判处刑罚，彰显了人民法院依法严厉打击和遏制破坏野生动植物资源犯罪的坚定决心。本案的审理和判决对于教育警示社会公众树立法律意识，自觉保护生态环境尤其是野生动植物资源，具有较好的示范作用。

广东省高级人民法院二审合议庭成员：吴铁城　邓敏波　石春燕
（编写人：邓敏波①）

---

① 广东省高级人民法院刑二庭审判员、三级高级法官。

（三）张某明、毛某明、张某故意损毁名胜古迹案

【关键词】

刑事/故意损毁名胜古迹罪/世界地质遗迹/打钉攀岩/严重损毁/专家意见

【裁判要点】

（1）风景名胜区的核心景区属于《刑法》第三百二十四条第二款规定的"国家保护的名胜古迹"。对核心景区内的世界自然遗产实施打岩钉等破坏活动，严重破坏自然遗产的自然性、原始性、完整性和稳定性的，综合考虑有关地质遗迹的特点、损坏程度等，可以认定为故意损毁国家保护的名胜古迹"情节严重"。

（2）对刑事案件中的专门性问题需要鉴定，但没有鉴定机构的，可以指派、聘请有专门知识的人就案件的专门性问题出具报告，相关报告在刑事诉讼中可以作为证据使用。

【基本案情】

2017年4月左右，被告人张某明、毛某明、张某三人通过微信联系，约定前往三清山风景名胜区攀爬"巨蟒出山"岩柱体（又称巨蟒峰）。2017年4月15日凌晨4时左右，张某明、毛某明、张某三人携带电钻、岩钉（即膨胀螺栓，不锈钢材质）、铁锤、绳索等工具到达巨蟒峰底部。被告人张某明首先攀爬，毛某明、张某在下面拉住绳索保护张某明的安

全。在攀爬过程中,张某明在有危险的地方打岩钉,使用电钻在巨蟒峰岩体上钻孔,再用铁锤将岩钉打入孔内,用扳手拧紧,然后在岩钉上布绳索。张某明通过这种方式于4月15日早上6时49分左右攀爬至巨蟒峰顶部。毛某明一直跟在张某明后面为张某明拉绳索做保护,并沿着张某明布好的绳索于4月15日早上7时左右攀爬到巨蟒峰顶部。在巨蟒峰顶部,张某明将多余的工具给毛某明,毛某明顺着绳索下降,将多余的工具带回宾馆,随后又返回巨蟒峰,攀爬时被三清山管委会工作人员发现后劝下并被民警控制。在张某明、毛某明攀爬开始时,张某为张某明拉绳索做保护,之后张某回宾馆拿无人机,再返回巨蟒峰,沿着张某明布好的绳索于4月15日早上7时30分左右攀爬至巨蟒峰顶部,在顶部使用无人机进行拍摄。在工作人员劝说下,张某、张某明先后于上午9时左右、9时40分左右下到巨蟒峰底部并被民警控制。经现场勘查,张某明在巨蟒峰上打入岩钉26个。经专家论证,三被告人的行为对巨蟒峰地质遗迹点造成了严重损毁。

【裁判结果】

江西省上饶市中级人民法院于2019年12月26日作出(2018)赣11刑初34号刑事判决:(1)被告人张某明犯故意损毁名胜古迹罪,判处有期徒刑一年,并处罚金人民币10万元。(2)被告人毛某明犯故意损毁名胜古迹罪,判处有期徒刑六个月,缓刑一年,并处罚金人民币5万元。(3)被告人张某犯故意损毁名胜古迹罪,免予刑事处罚。(4)对扣押在案的犯罪工具手机四部、无人机一台、对讲机二台、攀岩绳、铁锤、电钻、岩钉等予以没收。宣判后,张某明提出上诉。江西省高级人民法院于2020年5月18日作出(2020)赣刑终44号刑事裁定,驳回被告人张某明的上诉,维持原判。

【裁判理由】

法院生效裁判认为,本案主要有以下两个焦点问题。

一、关于本案的证据采信问题

本案中，三被告人打入 26 个岩钉的行为对巨蟒峰造成严重损毁的程度，目前全国没有法定司法鉴定机构可以进行鉴定，但是否构成严重损毁又是被告人是否构成犯罪的关键。《刑事诉讼法解释》第八十七条规定："对案件中的专门性问题需要鉴定，但没有法定司法鉴定机构，或者法律、司法解释规定可以进行检验的，可以指派、聘请有专门知识的人进行检验，检验报告可以作为定罪量刑的参考。……经人民法院通知，检验人拒不出庭作证的，检验报告不得作为定罪量刑的参考。"故对打入 26 个岩钉的行为是否对巨蟒峰造成严重损毁的这一事实，依法聘请有专门知识的人进行检验合情合理合法。本案四名地学专家长期从事地学领域研究，具有地学领域专业知识，具有对巨蟒峰受损情况这一地学领域专门问题进行评价的能力，属于"有专门知识的人"。四名专家出具专家意见系接受侦查机关的有权委托，依据自己的专业知识和现场实地勘查、证据查验，经充分讨论、分析，从专业的角度对打岩钉造成巨蟒峰的损毁情况给出了明确的专业意见，并共同签名。且经法院通知，四名专家中的两名专家以检验人的身份出庭，对专家意见的形成过程进行了详细的说明，并接受了控、辩双方及审判人员的质询。专家意见结论明确，程序合法，具有可信性。综上，本案中的专家意见从主体到程序均符合法定要求，该专家意见完全符合《刑事诉讼法》第一百九十七条的规定，以及《刑事诉讼法解释》第八十七条关于有专门知识的人出具检验报告的规定，可以作为定罪量刑的参考。

二、关于本案的损害结果问题

三清山于 1988 年经国务院批准列为国家重点风景名胜区，2008 年被列入世界自然遗产名录，2012 年被列入世界地质公园名录。巨蟒峰作为三清山核心标志性景观独一无二、弥足珍贵，其不仅是不可再生的珍稀自然资源型资产，也是可持续利用的自然资产，对于全人类而言具有重大科学价值、美学价值和经济价值。巨蟒峰是经由长期自然风化和重力崩解作用形成的巨型花岗岩体石柱，垂直高度128米，最细处直径仅7米。本案中，侦查机关依法聘请的四名专家经过现场勘查、证据查验、科学分析，对巨蟒峰地质遗迹点的价值、成因、结构特点及三被告人的行为给巨蟒峰柱体造成的损毁情况给出了专家意见。四名专家从地学专业角度，认为被告人的打岩钉攀爬行为对世界自然遗产的核心景观巨蟒峰造成了永久性的损害，破坏了自然遗产的基本属性即自然性、原始性、完整性，特别是在巨蟒峰柱体的脆弱段打入至少4个岩钉，加重了巨蟒峰柱体结构的脆弱性，即对巨蟒峰的稳定性产生了破坏，26个岩钉会直接诱发和加重物理、化学、生物风化，形成新的裂隙，加快花岗岩柱体的侵蚀进程，甚至造成崩解。根据《妨害文物管理刑事案件解释》第四条第二款第一项规定，结合专家意见，应当认定三被告人的行为造成了名胜古迹"严重损毁"，已触犯《刑法》第三百二十四条第二款的规定，构成故意损毁名胜古迹罪。

　　风景名胜区的核心景区是受我国《刑法》保护的名胜古迹。三清山风景名胜区列入世界自然遗产、世界地质公园名录，巨蟒峰地质遗迹点是其珍贵的标志性景观和最核心的部分，既是不可再生的珍稀自然资源性资产，也是可持续利用的自然资产，具有重大科学价值、美学价值和经济价值。被告人张某明、毛某明、张某违反社会管理秩序，采用破坏性攀爬方式攀爬巨蟒峰，在巨蟒峰花岗岩柱体上钻孔打入26个岩钉，对巨蟒峰造成严重损毁，情节严重，其行为已构成故意损毁名胜古迹罪，应依法惩处。本案对三被告人的入刑，不仅对其所实施行为的否定评价，更是对破坏名胜古迹行为的有力警示，引导社会公众树立正确的生态文明观念，保护人类赖以生存和发展的自然资源和生态环境。一审法院根据三被告人在共同犯罪中的地位、作用及量刑情节所判处的刑罚并无不当。张某明及其辩护人请求改判无罪等上诉意见不能成立，不予采纳。原审判决认定三被告人犯罪事实清楚，证据确实、充分，定罪准确，对三被告人的量刑适当，审判程序合法。

【裁判要点评析】

一、依法定程序作出的专家意见可以认定为检验报告，作为定罪量刑的参考

我国《刑法》第三百二十四条规定的故意损毁名胜古迹罪是情节犯，以"情节严重"为犯罪构成要件。2016年1月1日实施的《妨害文物管理刑事案件解释》第四条第二款规定："故意损毁国家保护的名胜古迹，具有下列情形之一的，应当认定为刑法第三百二十四条第二款规定的'情节严重'：（一）致使名胜古迹严重损毁或者灭失的；（二）多次损毁或者损毁多处名名胜古迹的；（三）其他情节严重的情形。"本案中，张某明等三人采用破坏性方式攀爬三清山风景名胜区、世界地质遗迹巨蟒峰并在峰柱体打入26个岩钉的行为，显然不属于造成名胜古迹灭失，也不属于多次损毁或者损毁多次名胜古迹的情形，因此应该考察其行为是否构成"严重损毁"。

《妨害文物管理刑事案件解释》未进一步明确"严重损毁"的客观表现，也少有能够对此进行鉴定的司法鉴定机构。本案侦查机关委托四名地学专家就巨蟒峰损毁的程度出具了专家意见，专家认为被告人的打岩钉攀爬行为对世界自然遗产的核心景观巨蟒峰造成了永久性的损害，破坏了自然遗产的基本属性即自然性、原始性、完整性，特别是在巨蟒峰柱体的脆弱段打入至少4个膨胀螺栓（岩钉），加重了巨蟒峰柱体结构的脆弱性，即对巨蟒峰的稳定性产生了破坏，26个膨胀螺栓会直接诱发和加重物理、化学、生物风化，形成新的裂隙，加快花岗岩柱体的侵蚀进程，甚至造成崩解。专家意见认定构成"严重损毁"。

《刑事诉讼法》规定的证据种类主要有物证、书证、证人证言、被告人陈述、犯罪嫌疑人、被告人的供述和辩解、鉴定意见和勘验、检查、辨认、侦查实验等笔录、试听资料、电子数据等。专家意见虽不是法定的证据种类，但在《刑事诉讼法》及相关司法解释相关条文中多处涉及，在刑

事证据中有四种表现形式：

一是勘验或检查笔录。《刑事诉讼法》第一百二十八条规定："侦查人员对于与犯罪有关的场所、物品、人身、尸体应当进行勘验或者检查。在必要的时候，可以指派或聘请具有专门知识的人，在侦查人员的主持下进行勘验、检查。"具有专门知识的人（即专家）在侦查人员主持下进行勘验、检查，并出具笔录。

二是鉴定意见。《刑事诉讼法》第一百四十六条规定："为了查明案情，需要解决案件中某些专门性问题的时候，应当指派、聘请有专门知识的人进行鉴定。"

三是法庭上的陈述。《刑事诉讼法》第一百九十七条第二款规定："公诉人、当事人和辩护人、诉讼代理人可以申请法庭通知有专门知识的人出庭，就鉴定人作出的鉴定意见提出意见。""有专门知识的人"在庭上对鉴定意见提出意见。

四是检验报告。《刑事诉讼法解释》第一百条规定："因无鉴定机构，或者根据法律、司法解释的规定，指派、聘请有专门知识的人就案件的专门性问题出具的报告，可以作为证据使用。对前款规定的报告的审查与认定，参照适用本节的有关规定。经人民法院通知，出具报告的人拒不出庭作证的，有关报告不得作为定案的根据。"

综上可见，这些有专门知识的人根据自己的专业知识出具的意见，尽管表现形式不一样，但是可以转换成法律规定的证据种类，作为定罪量刑的依据或参考。本案属于损毁名胜古迹中的自然遗迹刑事案件，对于自然遗迹的损毁程度客观上存在无法鉴定的困难，可以依法采信专家意见，作为定罪量刑的参考。

二审法院认为，本案四名专家长期从事地学领域研究，具有地学领域专业知识，具有对巨蟒峰受损情况这一地学领域专门问题进行评价的能力，属于有专门知识的人。四名专家出具专家意见系接受侦查机关的有权委托，依据自己的专业知识和现场实地勘查、证据查验，经充分讨论、分析，从地质学专业的角度对打岩钉造成巨蟒峰的损毁情况给出了明确的专业意见，并共同签名。同时专家以检验人身份出庭接受了控、辩双方及审判人员的质询。专家意见符合《刑事诉讼法解释》第一百条规定中"报告"的内涵。本案从程序到实质的审查确认专家意见属于有专门知识的人出具的报告，可以作为定罪量刑的参考。

二、司法实务中不同的意见

随着社会发展、科技进步，司法机关遇到的新类型案件也越来越多，特别是在环境污染、生态破坏等领域，面临着鉴定难的问题。一些案件没有相关的司法鉴定机构可以鉴定，或者鉴定需要的时间过长等，可以说目前法定的司法鉴定事项，出现了一定的滞后性。实践中，对于一些无法鉴定的事项，司法机关会邀请相关专家就专业问题发表意见。专家意见的法律地位如何确认，存在着不同的看法。一是认为专家意见不能作为证据采信。根据《刑事诉讼法》及相关司法解释，专家意见不属于法定证据种类。因此，法无明文规定的情况下，专家意见不能列入证据，作为定罪量刑的根据。二是认为专家意见属于证人证言。具有专门知识和经验的人提供的证言应当属于专家证言。虽然我国《刑事诉讼法》中并没有专家证言的证据种类，但是借鉴英美法系中对证人证言的采信方法，可以将专家意见视为一种特殊的证人证言，将其纳入证人证言范畴。三是认为专家意见直接可以作为定案的参考。对于自然遗迹的损毁程度客观上存在无法鉴定的困难，可以将专家意见直接作为定案的参考。四是认为专家意见属于检验报告。在司法实践中，司法机关征求专家意见时，专家往往会出具书面的检验报告或者意见，并上庭接受质询。对于检验条件完备、论证过程充分、结论足以让人信服、符合法定要求的检验报告，可以作为证据予以采信。

本案采用的是最后一种意见。张某明等三人攀爬巨蟒峰并打入26个岩钉的行为是否对巨蟒峰造成严重损毁，因没有法定鉴定机构可以进行鉴定，只有依据专家意见认定造成"严重损毁"。法院判决实际上将专家意见作为唯一的、独立的能够证明是否造成"严重损毁"事实的证据予以采信。专家提供的意见证据，即专家对案件中某一专门性问题作出的判断性意见对法官没有约束力，是否被采纳为定案的根据由法官决定。事实上，根据目前法律规定，专家意见不是法定证据种类，不能作为定案的依据。本案在没有法定司法鉴定机构进行鉴定的情况下，对具有专门知识的人出具的专家意见，依法认定为《刑事诉讼法解释》第一百条中的报告，予以采信作为定案的参考。

【典型意义】

本案为全国首例故意损毁名胜古迹入刑的案件。三清山系世界自然遗产地、世界地质公园、国家五A级风景名胜区，巨蟒峰属于三清山标志性景观和核心景区。本案当事人采用破坏性攀爬方式攀爬巨蟒峰，在巨蟒峰花岗岩柱体上钻孔打入26个岩钉，对其造成严重损毁。人民法院综合考虑地质遗迹的特点、损坏程度等，认定案涉行为属于故意损毁国家保护的名胜古迹"情节严重"情形，构成故意损毁名胜古迹罪。基于没有鉴定机构能够对名胜古迹损害程度做出鉴定的案件实际，采信有专门知识的人就本案专门性问题出具的报告，作为定罪量刑参考。本案通过依法惩处故意损毁名胜古迹罪，加大名胜古迹的保护力度，对于引导社会公众树立正确的生态文明观念，珍惜和善待人类赖以生存和发展的自然资源和生态环境具有重要的示范作用。

江西省高级人民法院二审合议庭成员：胡淑珠　黄训荣　王慧军

（编写人：胡淑珠[1]　王倩[2]）

---

[1] 江西省高级人民法院副院长、二级高级法官。
[2] 江西省高级人民法院环境资源审判庭一级法官助理。

（四）江西省上饶市人民检察院诉张某明等生态破坏民事公益诉讼案

【关键词】

民事/生态破坏公益诉讼/损失数额/条件价值法/归责原则

【裁判要点】

（1）对采取破坏性方式利用自然资源行为应当作出否定性评价，造成自然遗迹严重损毁风险的行为，可以认定为"具有损害社会公共利益重大风险"，法律规定的机关和有关组织可以向人民法院提起诉讼。

（2）对于生态破坏行为造成的损失，在没有法定鉴定机构鉴定的情况下，法院可以参考专家采用条件价值法得出的评估结论，综合考虑条件价值法的科学性及其不确定性，结合案件的法律、社会、经济等因素，酌情确定损失数额。

（3）对于行为人损毁自然遗迹的侵权行为，应当结合具体案情适用归责原则。攀岩作为一项体育活动，涉及对自然资源的合理利用，无过错原则对于个人过于苛刻，本案结合案情适用过错原则。

【基本案情】

公益诉讼起诉人上饶市人民检察院诉称，张某明、毛某明、张某三人以破坏性方式攀爬巨蟒峰，在世界自然遗产地、世界地质公园三清山风景名胜区的核心景区巨蟒峰上打入26个岩钉，造成严重损毁，构成对社会公共利益的严重损害。因此应判决确认三人连带赔偿巨蟒峰非使用价值造成损失的最低阈值 1190 万元；在全国性知名媒体公开赔礼道歉；依法连带承担起聘请专家所支出的评估费用 15 万元。

被告张某明、毛某明、张某辩称，本案不属于生态环境公益诉讼，检察院不能提起民事公益诉讼；张某明等人主观上没有过错，也没有造成巨蟒峰的严重损毁，风险不等于实际的损害结果，故不构成侵权；三位专家出具的评估报告不能采信。

法院经审理查明：2017 年 4 月 15 日凌晨 4 时左右，张某明、毛某明、张某三人携带电钻、岩钉（即膨胀螺栓，不锈钢材质）、铁锤、绳索等工具到达巨蟒峰底部。张某明首先攀爬，毛某明、张某在下面拉住绳索保护张某明的安全。在攀爬过程中，张某明在有危险的地方打岩钉，使用电钻在巨蟒峰岩体上钻孔，再用铁锤将岩钉打入孔内，用扳手拧紧，然后在岩钉上布绳索。张某明通过这种方式攀爬至巨蟒峰顶部。毛某明一直跟在后面为张某明拉绳索做保护，并沿着张某明布好的绳索攀爬到巨蟒峰顶部。在张某明、毛某明攀爬开始时，张某为张某明拉绳索做保护。之后，沿着张某明布好的绳索攀爬至巨蟒峰顶部，在顶部使用无人机进行拍摄。被发现后，张某明、张某、毛某明被带到公安局。经现场勘查，张某明在巨蟒峰上打入岩钉 26 个。经专家评估，此次"巨蟒峰案的价值损失评估值"不应低于该事件对巨蟒峰非使用价值造成损失的最低阈值，即 1190 万元。

【裁判结果】

江西省上饶市中级人民法院于 2019 年 12 月 27 日作出（2018）赣 11 民初 303 号民事判决，判决：张某明、张某、毛某明在判决生效后十日内在全国性媒体上刊登公告，向社会公众赔礼道歉，公告内容应由一审法院审定；张某明、张某、毛某明连带赔偿环境资源损失计人民币 600 万元，于判决生效后三十日内支付至一审法院指定的账户，用于公共生态环境保护和修复；张某明、张某、毛某明在判决生效后十日内赔偿公益诉讼起诉人江西省上饶市检察院支出的专家费 15 万元。宣判后，张某明、张某提出上诉，江西省高级人民法院于 2020 年 5 月 18 日作出（2020）赣民终 317 号判决，驳回上诉，维持原判。

【裁判理由】

法院生效裁判认为：巨蟒峰作为世界级地质遗迹是独一无二、不可再生的珍稀自然资源型资产，其所具有的重大科学价值、美学价值和经济价值不仅是当代人的共同财富，也是后代人应当有机会享有的环境资源。本案中，张某明等三人采取打岩钉破坏式方式攀爬对巨蟒峰的损害，超越了自然资源合理利用的范畴，侵害的是不特定社会公众的环境权益。而这种不特定的多数人享有的利益正是社会公共利益的内涵。就损害结果而言，本案专家意见认为，对巨蟒峰的自然性、原始性、完整性造成严重破坏；打入的岩钉会诱发和加重物理、化学、生物风化，加快巨蟒峰花岗岩柱体的侵蚀过程，甚至造成崩解；在巨蟒峰最细处，也是巨蟒峰最脆弱段打入 4 个岩钉加重了巨蟒峰花岗岩柱体的脆弱性。专家意见描述的第一项结果，是一种"已然"的结果，对巨蟒峰柱体的自然性、原始性和完整性的破坏是常人都能认知和感受到的损害。专家意见描述的第二项、第三项结果，是一种现实的危险状态。张某明等人打入的岩钉增大了危险发生的可能性，即危险概率的增加。这种危险概率的增加是一种"已然"结果，实际上增加了巨蟒峰损毁可能性，已经构成实质损害。因此，专家意见基于科学和专业知识对巨蟒峰描述的"加重""加快"和"甚至崩解"的风险，构成损害社会公共利益的重大风险。

本案中，三行为人对巨蟒峰造成的损失量化问题，目前全国没有鉴定机构可以鉴定。上饶市检察院委托江西财经大学专家组就本案所涉巨蟒峰损失进行价值评估，专家组采用条件价值法作出的《三清山巨蟒峰受损价值评估报告》（以下简称《评估报告》）认为："巨蟒峰案的价值损失评估值不应低于该事件对巨蟒峰非使用价值造成损失的最低阈值，即1190万元。"《评估报告》采取的条件价值法是一种国际上通行的评估办法，也是环保部推荐的环境价值评估方法之一，该技术特别适用于选择价值占较大比重的独特景观、文物古迹等生态系统服务价值评估，具有科学性。但同时，条件价值法是一种采用"偏好"的评估方案，通过调查技术直接询问人民的环境偏好，一定程度依赖调查、投票、询问，存在随机性和主观性均过强的情况，存在着不确定性。故《评估报告》具有科学性但又有不确定性。本案中，在目前没有更好的方法来衡量受损的价值时，基于该客观情况，依据《环境民事公益诉讼解释》第二十三条的规定"生态环境修复费用难以确定或者具体数额所需鉴定费用明显过高的，人民法院可以结合污染环境、破坏生态的范围和程度、生态环境的稀缺性、生态环境恢复的难易程度、防治污染设备的运行成本、被告因侵害行为所获得的利益以及过错程度等因素，并可以参考负有环保局保护监督管理职责的部门的意见、专家意见等，予以合理确定"予以确定本案中，法院综合考虑《评估报告》所采用的条件价值法所具有的科学性及不确定性，以及法律、社会、经济等因素，结合一审原告诉求、本案查明事实、当事人履行能力、当地经济发展水平等，对于《评估报告》所评估的损失价值的进行合理判断，依法酌定本案损失为600万元。

一般情形下，在环境污染案件中适用无过错责任，是考虑到加害人与受害人的实际地位上的不平等。对于破坏生态的行为，则宜按照具体情况区别适用归责原则。因为自然生态环境的所有者一般是国家，加害人在实际地位上并不具有优势，对其适用过错原则未免过于严苛。本案中行为人损毁自然遗迹的行为发生在攀岩活动中，结合具体案情适用过错原则更为公平合理。张某明等三人作为经常从事攀岩的人员，对于三清山风景名胜区标志性景观巨蟒峰的独一无二的价值是明知的，打入的26个岩钉既未经过专家论证，也未避开岩体的脆弱段，从下至上对岩体造成通体性的破坏，事实上即是对损害巨蟒峰存在放任的故意。故张某明、毛某明、张某三人对造成巨蟒峰的损害存在明显的过错，应当承担侵权责任。

张某明、毛某明、张某三人采用打岩钉方式攀爬行为给世界级地质自然遗迹巨蟒峰造成不可修复的永久性伤害，损害了社会公共利益，构成共同侵权。保护生态环境是全球面临的共同责任，只有实行最严格制度最严密法治，才能更好地保护生态环境。判决三人承担环境侵权赔偿责任，旨在引导我国社会公众树立正确的生态文明观念，共同保护人类赖以生存和发展的生态环境。

【裁判要点评析】

一、造成严重损毁风险也是一种确定的损害结果

本案对采取破坏性方式利用自然资源行为首先在法律上作出了否定性评价，同时对自然遗迹造成的严重损毁风险，本身就是一种损害结果，侵害了社会公众享有的环境权益，认定属于"具有损害社会公共利益重大风险"的行为，法律规定的机关和有关组织可以就此提起环境民事公益诉讼。

巨蟒峰作为世界级地质遗迹是独一无二、不可再生的珍稀自然资源型资产，其所具有的重大科学价值、美学价值和经济价值不仅是当代人的共同财富，也是后代人应当有机会享有的环境资源。本案中，张某明等三人采取打岩钉方式攀爬对巨蟒峰的损害，侵害的是不特定社会公众的环境权益。而这种不特定的多数人享有的利益正是社会公共利益的内涵。

张某明、张某上诉主张专家意见所描述的巨蟒峰损毁结果并非已然，一审法院将存在的重大风险直接等同为损害结果存在错误，只有当风险变成现实以后才会产生损害结果。法院认为，首先，专家意见所描述的巨蟒峰损毁结果存在已然的结果，即三人打岩钉攀爬巨蟒峰行为已经对巨蟒峰的自然性、原始性、完整性造成严重破坏。这种损害结果是已经客观存在的，对巨蟒峰打入岩钉本身对巨蟒峰柱体的自然性、原始性和完整性的破

坏是常人都能认知和感受到的损害。其次，打入岩钉会诱发和加重物理、化学、生物风化，加快巨蟒峰花岗岩柱体的侵蚀过程，甚至造成崩解。在巨蟒峰最细处、最脆弱段打入4个岩钉加重了巨蟒峰花岗岩柱体的脆弱性，是现实的危险状态。所谓风险，是指某种特定的危险事件（事故或意外事件）发生的可能性与其产生的后果的结合，可见风险是由两个因素共同作用组合而成的：一是该危险发生的可能性，即危险概率；二是该危险事件发生后所产生的后果。专家意见中描述的"风化、侵蚀、崩解"是危险事件发生后所产生的后果，而"诱发、加重、加快"是确定性描述，即增大了该危险发生的可能性。这种危险概率增加是一种已然结果，使得人们遭受巨蟒峰损毁危险后果的可能性实质性增加。专家意见基于科学和专业知识，认为巨蟒峰风险加重加快，甚至崩解，构成损害社会公共利益的重大风险。在环境民事公益诉讼中，法律亦规定对已经损害社会公共利益或者具有损害社会公共利益重大风险的污染环境、破坏生态的行为，有关机关可以根据《环境民事公益诉讼解释》第一条、第十八条规定依法提起民事公益诉讼并请求被告承担相应的民事责任。上述规定进一步加强了环境民事公益诉讼的预防功能的实现，从而更好地保护生态环境。本案对损害结果的认定，不仅是对造成、增加自然遗迹损毁风险行为人的惩戒，更是对社会成员的规范性指引，提醒人们珍惜和爱护环境资源。

二、在没有法定鉴定机构鉴定的情况下，对于生态破坏造成的损失，法院对专家采用条件价值法得出的评估结论，综合考虑案件各种因素，酌情确定损失数额

生态环境损害的救济以恢复原状为原则，即采取修复措施使生态环境恢复到损害没有发生的状态。但在本案中，张某明等三人对巨蟒峰造成的损害是不可逆的，已经打入的岩钉如被取出，还有可能造成二次损害。因此，实践中，对于无法恢复原状的生态破坏或环境污染行为，多采取的是判决其承担生态环境修复费用，即金钱赔偿的方式。

在确定存在生态环境损害需要进行或赔偿之后，涉及的就是损害量化的问题。损害量化是司法实践中的一大难题。为解决司法实践问题，根据《环境民事公益诉讼解释》第二十条、第二十一条的规定，生态环境损害可赔偿损失的范围包括修复费用、替代修复费用、鉴定评估费用和受损害环境恢复期间的服务功能损失等。在发生永久性损害时，应通过补充性恢复予以赔偿。本案被告人造成的生态环境损失系永久性损害且具有不可修复性，目前全国没有鉴定机构可以鉴定，上饶市检察院委托江西财经大学专家组就本案所涉巨蟒峰损失进行价值评估。该专家组成员具有环境经济、旅游管理、生态学方面的专业知识，采用国际上通行的条件价值法，对本案所涉损害进行了评估。《评估报告》认为："巨蟒峰案的价值损失评估值不应低于该事件对巨蟒峰非使用价值造成损失的最低阈值，即1190万元。"

本案中，在目前没有更好的方法来衡量受损的价值时，《评估报告》采取的条件价值法是一种国际上通行的评估办法，也是生态环境部推荐的环境价值评估方法之一，该技术特别适用于选择价值占较大比重的独特景观、文物古迹等生态系统服务价值评估，具有科学性。但同时，条件价值法是一种采用"偏好"的评估方案，通过调查技术直接询问人民的环境偏好，一定程度依赖调查、投票、询问，存在随机性、主观性、不确定性。基于该客观情况，一、二审法院依据《环境民事公益诉讼解释》第二十三条关于"生态环境修复费用难以确定或者具体数额所需鉴定费用明显过高的，人民法院可以结合污染环境、破坏生态的范围和程度、生态环境的稀缺性、生态环境恢复的难易程度、防治污染设备的运行成本、被告因侵害行为所获得的利益以及过错程度等因素，并可以参考负有环保局保护监督管理职责的部门的意见、专家意见等，予以合理确定"的规定，并综合考虑本案的法律、社会、经济等因素，结合了一审原告的诉求、本案查明的事实、当事人的履行能力、江西的经济发展水平等，对于《评估报告》所评估的损失价值的进行合理判断，依法酌定本案损失为600万元。

三、本案损毁自然遗迹行为应结合具体案情适用过错归责原则

一般情形下，在环境污染案件中适用无过错责任，是考虑到加害人与受害人实际地位上的不平等。对于破坏生态的行为，则宜按照具体情况区别适用无过错原则。现行法律和相关司法解释考虑在环境污染案件中，加害人往往是具有特殊经济地位、科技与信息能力及法律地位的工商企业，而受害人多为普通公众尤其是弱势群体，因此，环境污染侵权案件适用无过错原则，有利于维护人民群众生命财产安全和环境权益，体现实质的公平。且在本案中，三行为人目的是攀岩，而非故意损害，则其对自然资源的利用是否在合理范围内，对自然遗迹的损毁有无过错是衡量其应否承担侵权责任的关键。本案系公益诉讼，对侵权人适用无过错原则过于严苛，本案适用过错原则对行为人更为公允。

在本案中，张某明等三行为人是具有主观过错的。攀岩作为一项体育运动，主要分为徒手攀岩和借助器械攀岩。借助器械进行的攀岩，在一定程度上对自然环境的损害是显而易见的，关键在于该损害是否在合理范围内。张某明等三人作为经常从事攀岩的人员，对于三清山风景名胜区标志性景观巨蟒峰的独一无二的价值是明知的，打入的 26 个岩钉既未经过专家论证，也未避开岩体的脆弱段，从下至上对岩体造成通体性的破坏，事实上即是对损害巨蟒峰存在放任的故意。故张某明等三人对造成巨蟒峰的损害存在明显的过错，应当承担侵权责任。

【典型意义】

本案系故意损毁名胜古迹引发的生态破坏民事公益诉讼案。三清山风景名胜区是我国国家重点风景名胜区，并被列入世界自然遗产、世界地质公园名录。巨蟒峰地质遗迹点是其珍贵的标志性景观和最核心的部分，既是不可再生的珍稀自然资源性资产，也是可持续利用的自然资产，具有重

大科学价值、美学价值和经济价值。本案当事人采用破坏性攀爬方式攀爬巨蟒峰，造成严重损毁。人民法院在惩处其故意损毁名胜古迹罪的同时，依法审理本案生态破坏民事公益诉讼，结合案件实际情况和专家意见，判令行为人承担生态环境修复责任，对促进名胜古迹的保护和修复，引导社会公众树立正确的生态文明观，珍惜和善待人类赖以生存和发展的自然资源和生态环境具有重要的示范作用。本案与张某明、毛某明、张某故意损毁名胜古迹罪刑事案件展现了我国对生态环境的全方位保护，通过运用刑事责任与民事责任相统一的方式，既体现了刑法的惩罚功能，又体现了公益诉讼对被损坏自然资源的生态修复功能。

江西省高级人民法院二审合议庭成员：胡淑珠　黄训荣　王慧军

（编写人：王慧军[①]　王倩[②]）

---

① 江西省高级人民法院环境资源审判庭三级高级法官。
② 江西省高级人民法院环境资源审判庭一级法官助理。

（五）江西省九江市人民政府诉江西正鹏环保科技有限公司、杭州连新建材有限公司、李某等7人生态环境损害赔偿责任案

【关键词】

民事/生态环境损害赔偿诉讼/诉前磋商/赔偿责任认定

【裁判要点】

（1）生态环境损害赔偿诉讼之前，政府依法利用磋商机制，与部分赔偿义务人达成磋商协议后，可通过法院司法确认，促使部分赔偿义务人积极全面履行修复和赔偿义务，及时有效地保护社会公共利益。对于磋商不成的，政府可依法提起生态环境损害赔偿诉讼，实现诉前磋商与提起诉讼的有效衔接。

（2）经营者虽没有直接实施倾倒行为，但放任他人非法处置的，应认定经营者与他人构成主观上有意思联络的共同侵权，由经营者与非法处置人对被污染地块承担连带责任；数人以分工合作的方式非法转运、倾倒污泥，无法区分各侵权人倾倒污泥数量的，应认定各侵权人构成主观上有意思联络的共同侵权，由各侵权人对被污染地块承担连带责任。

（3）在生态环境损害赔偿诉讼案件中，侵权人侵权事实明确，证据充分，无须等待侵权人涉嫌环境污染犯罪刑事案件处理结果即可作出认定的，不属于必须适用"先刑后民"原则的情形，可根据生态环境损害赔偿诉讼案件中该侵权人侵权事实的认定情况判决其承担修复和赔偿责任。

【基本案情】

2017年至2018年间，江西正鹏环保科技有限公司（以下简称正鹏公司）与杭州塘栖热电有限公司（以下简称塘栖公司）等签署合同，运输、处置多家公司生产过程中产生的污泥，收取相应的污泥处理费用。正鹏公司实际负责人李某将从多处收购来的污泥直接倾倒、与江西省丰城市志合新材料有限公司（以下简称志合公司）合作倾倒或者交由不具有处置资质的张某良、舒某峰等人倾倒至九江市区多处地块，杭州连新建材有限公司（以下简称连新公司）明知张某良从事非法转运污泥，仍放任其持有加盖公司公章的空白合同处置污泥。经鉴定，上述被倾倒的污泥共计1.48万吨，造成土壤、水及空气污染，所需修复费用1446.29万元。案发后，江西省九江市浔阳区人民检察院依法对被告人舒某峰等6人提起刑事诉讼，九江市中级人民法院二审判处被告人舒某峰等6人犯污染环境罪，有期徒刑十个月至有期徒刑二年二个月不等，并处罚金5万元至10万元不等。江西省九江市人民政府依据相关规定开展磋商，并与塘栖公司达成赔偿协议。因未与正鹏公司、连新公司、李某等7人达成赔偿协议，江西省九江市人民政府提起本案诉讼，要求各被告履行修复生态环境义务，支付生态环境修复费用、公开赔礼道歉并承担律师费和诉讼费用。

【裁判结果】

江西省九江市中级人民法院于2019年11月4日作出（2019）赣04民初201号民事判决：（1）被告正鹏公司、李某、黄某、舒某峰、陈某水于本判决生效后三个月内对九江市经济技术开发区沙阎路附近山坳地块（3号地块）污泥共同承担生态修复义务，如未履行该修复义务，则上述各被告应于期限届满之日起十日内共同赔偿生态修复费用2803396元（被告舒某峰已自愿缴纳10万元生态修复金至法院账户）；（2）被告正鹏公司、连新公司、张某良、李某、黄某、舒某峰、夏某萍、陈某水于本判决生效后三个月内对江西省九江市经济技术开发区沙阎路伍丰村郑家湾地块（4号地块）污泥共同承担生态修复义务，如未履行该修复义务，则上述各被告应于期限届满之日起十日内共同赔偿生态修复费用201.8515万元（被告连新公司已自愿缴纳100万元生态修复金至法院账户）；（3）被告正鹏公司、张某良、李某、夏某萍、马某兴于本判决生效后三个月内对江西省九江市永修县九颂山河珑园周边地块（5号地块）污泥共同承担生态修复义务，如未履行该修复义务，则上述各被告应于期限届满之日起十日内共同赔偿生态修复费用4489181元；（4）各被告应于本判决生效后十日内共同支付环评报告编制费20万元，风险评估方案10万元及律师代理费4万元；（5）各被告于本判决生效后十日内，在省级或以上媒体向社会公开赔礼道歉；（6）驳回原告江西省九江市人民政府的其他诉讼请求。

【裁判理由】

法院生效裁判认为：正鹏公司、连新公司、张某良、李某、舒某峰、黄某、夏某萍、陈某水、马某兴以分工合作的方式非法转运、倾倒污泥造成生态环境污染，损害了社会公共利益，应当承担相应的生态环境损害赔偿责任。因各被告倾倒的每一地块污泥已混同，同一地块的污泥无法分开进行修复，依据环境共同侵权的责任承担原则，应由相关被告承担同一地块的共同修复责任。3号地块污泥系李某从长江江面多家公司接手，由黄某、舒某峰、陈某水分工合作倾倒，该地块修复费用2803396元，应由上述各被告共同承担。陈某水辩解其系李某雇员且在非法倾倒行为中非法所得较少及作用较小，应由雇主李某承担赔偿责任或由其承担较小赔偿责任。因环境共同侵权并非以非法所得或作用大小来计算修复责任大小，该案无证据可证明陈某水系李某雇员，陈某水与其他被告系以分工合作的方式非法倾倒污泥，应承担共同侵权连带环境修复责任。4号地块部分污泥来源于连新公司（系张某良以连新公司名义获得），由李某、黄某、舒某峰、陈某水分工合作进行倾倒，该地块剩余修复费用2018515元，应由上述各被告共同承担。连新公司辩称来源于张某良的污泥并不等同于来源于连新公司，连新公司不应承担赔偿责任。依据审理查明的事实可知，连新公司是在处理污泥能力有限的情况下，将公司的公章、空白合同交由张某良处理污泥，其对张某良处理污泥的过程未按照法律规定的流程进行追踪，存在明显监管过失，且张某良、证人黄某高证言证实4号地块的部分污泥来源于连新公司。因而，连新公司该辩解不能予以支持。5号地块污泥来源于张某良，由李某、马某兴分工合作进行倾倒，该地块修复费用4489181元，应由上述各被告共同承担。李某作为正鹏公司的实际控制人，在正鹏公司无处理污泥资质及能力的情况下，以正鹏公司的名义参与污泥的非法倾倒，李某应与正鹏公司共同承担生态环境修复责任。环境损害鉴定报告中评估报告编制费20万元、风险评估方案10万元以及律师代理费4万元，均属本案诉讼的合理支出费用，原告主张的上述费用应予以支持。生态环境损害赔偿案件承担责任的方式包括赔礼道歉，江西省九江市人民政府要求被告在省级或以上媒体向社会公开道歉的诉讼请求于法有据，应予以支持。

夏某萍辩称其不明知被告正鹏公司非法倾倒污泥的行为，不应承担生态环境损害修复责任，其本人涉嫌环境污染刑事犯罪正在公诉，刑案应优先于本案审理。正鹏公司与志合公司（实际负责人为夏某萍）的合作协议、银行流水记录及李某、夏某萍、张某良的供述、证人王某伟的证言、志合公司转运联单等证据足以证明志合公司与正鹏公司于2017年9月14日合作后，双方共同参与了涉案污泥倾倒，夏某萍取得倾倒污泥的利润分成，夏某萍应当承担所涉污泥倾倒环境损害赔偿责任。刑事案件审理并非一律优先于民事案件审理，本案的认定有相关证据予以支撑，并不需要以相关刑事案件审理结果为依据，先行审理并无不妥。

【裁判要点评析】

一、生态环境损害赔偿磋商协议的司法确认

（一）生态环境损害赔偿诉前磋商达成协议后应当进行司法确认

根据《生态环境损害赔偿规定》，省级、市地级人民政府及其指定的相关部门，可与造成生态环境损害的自然人、法人或者其他组织经磋商达成生态环境损害赔偿协议。磋商机制的确立，使生态环境损害赔偿有了新的解决途径，但实践证明，诉前磋商作为一种非诉纠纷解决方式，不具有司法裁判的强制力，协议达成后一旦出现反悔，会严重浪费有限的行政资源和司法资源。《生态环境损害赔偿规定》规定，生态环境损害赔偿协议经由司法确认的，具有强制执行力。司法确认制度的目的，是为了弥补当事人在诉讼外调解解决纠纷中效力上的不足。因此，磋商协议的生效虽不以司法确认为前提，但司法确认赋予强制执行力，可使磋商协议产生公法上的效力，当一方当事人拒绝履行或未全部履行时，权利人可申请法院强制执行。司法确认制度，既可避免赔偿权利人对协议履行的过度担忧，也可解除赔偿义务人对环保机关过严处罚的担忧，使诉前磋商进入"快车道"，有利于提高磋商的效率和公信力，促使赔偿义务人对磋商协议的全面及时履行，使受损的生态环境得到切实有效地修复，实现共赢价值追求。本案中，江西省九江市人民政府与塘栖公司自行磋商达成协议后，申请了司法确认。法院将该协议内容经公告后，作出司法确认裁定。塘栖公司即主动按协议全部履行到位，及时有效地保护了社会公共利益，以最少的司法投入获得了最佳的社会效果。

（二）司法确认前，磋商协议应当予以公告

生态环境损害赔偿与公益诉讼的目的都是保护生态环境公共利益且有

共同的法益，因此，参照公益诉讼的诉前公告程序，生态环境损害赔偿诉前磋商达成协议申请司法确认的，亦应当予以公告，公告期满之后法院对生态环境损害赔偿协议的合法性进行审查并作出裁定。生态环境损害赔偿诉讼案件涉及环境损害后果严重，环境修复赔偿金额巨大，确认磋商协议的目的是保障公众的环境利益，确保生态环境得到及时修复，在整个磋商的过程中，及时进行信息公告，是为了使赔偿权利人行使生态环境损害赔偿的处分权接受公众监督，从而保障公众的生态环境修复利益，同时满足社会公众尤其是被污染地块附近公众的知情权和监督权。

（三）磋商协议司法确认的审查

司法审查是司法确认的必经程序。对磋商协议进行司法审查，首先，应当审查磋商的自愿性。司法确认的前提是，磋商协议的达成应当以自愿为基础，即应当审查作为赔偿权利人的公权力机关，是否利用行政权力胁迫（如以关闭、高额罚款等方式施加压力等）磋商。其次，要适度审查。形式审查与实质审查均存在局限性，法官若拘泥于形式而忽视实质，司法将无法担当起环境把关之职责。[1] 也就是说，在审查磋商协议时，为防止审判权对行政执法领域的"越界"，而偏离审查的本质，法院在进行审查时宜形式审查为主，有限的实质审查为辅。最后，应重点审查磋商协议的合法性、公益性和可行性。一要审查磋商协议的合法性，不应存在导致协议无效的情形。二要审查磋商协议是否符合社会公众的环境利益诉求。生态环境损害赔偿权利人的性质为公益代表人，并非真正的权益主体。在磋商过程中赔偿权利人具有的处分权应当是有限的，即赔偿权利人对赔偿义务人进行的权利让渡应该是有限让渡，以保障公众的生态环境修复利益为最大原则。三要审查磋商协议的可行性。环境修复具有专业性，因而对于磋商协议约定的修复方式应进行可行性审查。若磋商协议约定的是具体修复方案，则应有环境专家指导或参与，磋商协议经环境专家指导或参与达

---

[1] 参见吴芝仪：《在形式与实质之间：环境影响评价审查机制的反思与构建》，载《司法体制综合配套改革中重大风险防范与化解》，人民法院出版社 2020 年版，第 1248 页。

成的，法院认定具有可行性，否则法院应要求申请人进行可行性说明，并邀请环境专家提供专业意见。

二、非法转运、倾倒固体废物行为造成了生态环境污染，损害了社会公共利益，应当依法承担生态环境损害赔偿责任

《固体废物污染环境防治法》第二十二条规定，转移固体废物出省、自治区、直辖市行政区域贮存、处置的，应当向固体废物移出地的省、自治区、直辖市人民政府生态环境主管部门提出申请。移出地的省、自治区、直辖市人民政府生态环境主管部门应当及时商经接受地的省、自治区、直辖市人民政府生态环境主管部门同意后，在规定期限内批准转移该固体废物出省、自治区、直辖市行政区域。未经批准的，不得转移。塘栖公司、正鹏公司、连新公司、张某良、李某、舒某峰等人转运、倾倒污泥未经批准，属于非法转运、倾倒固体废物。经江西省环境保护科学研究院鉴定，本案非法倾倒污泥地块造成"相关区域空气、地表水、沉积物、土壤、地下水等环境介质中特征污染物浓度超过基线20%以上"的环境损害事实，修复工程总费用为14462880元，各侵权人应当承担相应的生态环境损害赔偿责任。

（一）数人以分工合作的方式非法转运、倾倒固体废物，在无法区分各侵权人倾倒数量，且被污染地无法分开修复的，属共同侵权，应当共同承担侵权责任

《侵权责任法》第六十七条（现为《民法典》第一千二百三十一条）虽规定两个以上污染者污染环境，污染者承担责任的大小，根据污染物的种类、排放量等因素确定。但实践中，非法转运、倾倒污泥、医疗垃圾、工业垃圾、生活垃圾等固体废物，往往是由多人或多个企业从多处收集而成后，数百吨、数千吨、甚至上万吨的整车、整船历经多人运送倾倒。各侵权行为人具体倾倒数量客观上往往难以区分，每个侵权主体对所污染环境的具体份额也难以计量，且此类环境污染同一被污染地也无法分开进行

修复。但是，倾倒固体废物的侵权行为是共同实施的，环境污染的客观后果是由各主体的侵权行为总和导致的，环境污染的客观形成与每个侵权主体的行为都密切相关。即各主体的侵权行为是有意思联络的分工合作式环境共同侵权。① 因而，数人以分工合作方式非法转运、倾倒固体废物，在无法区分各侵权人倾倒数量且被污染地无法分开修复情况下，应当适用《侵权责任法》第八条（现为《民法典》第一千一百六十八条）规定，认定各侵权人构成共同侵权，承担连带责任。如本案中，正鹏公司、连新公司、张某良、李某、舒某峰等人分工合作转运、倾倒污泥未经批准，污泥倾倒后已混同无法分开进行修复，属于主观上有意思联络的共同侵权，应当依据《侵权责任法》第八条（现为《民法典》第一千一百六十八条）规定认定各侵权人构成环境共同侵权，由相关被告承担同一污染地块的共同修复和赔偿责任。

（二）经营者虽没有直接实施倾倒行为，但放任他人非法处置，应由经营者与非法处置人共同承担侵权责任

本案中，连新公司辩称来源于张某良的污泥并不等同于来源于连新公司，连新公司不应承担生态环境损害赔偿责任。法院经审理查明，连新公司是在自身处理污泥能力有限的情况下，将公司的公章、空白合同交由张某良处理污泥。根据最高人民法院相关裁判案例，加盖公章的空白合同持有人足以使交易相对人相信其具有代理权的，在空白合同上添加的合同条款效力及于公司。② 也就是说，加盖了公章的空白合同实际上就是公章所属单位的授权委托书，委托单位应当对合同签订人签订、履行合同所带来的后果承担责任。本案中，张某良持有的加盖了连新公司公章的空白合同实际上就是连新公司授权张某良处理污泥的委托书，连新公司对张某良签

---

① 参见林韵嘉：《数人环境污染侵权的责任承担——评〈侵权责任法〉第67条》，载《北京化工大学学报（社会科学版）》2019年第1期。

② 参见贺小荣主编：《最高人民法院民事审判第二庭法官会议纪要——追寻裁判背后的法理》，人民法院出版社2019年版，第308页。

订的合同及其履行所带来的后果应担责。事实上，张某良非法处置污泥的方式，就是利用连新公司公章和空白合同以连新公司名义与正鹏公司等签订合同处理案涉污泥。因而，连新公司作为经营者虽没有直接实施倾倒污泥的行为，但张某良以连新公司名义与正鹏公司等签订合同处理污泥的行为构成有权代理，连新公司对张某良持空白盖章合同处理污泥的过程未按照法律规定的流程进行追踪，存在明显监管过失，主观上明知并放任侵权行为发生，连新公司与张某良属于主观上有意思联络的共同侵权，连新公司理应对张永良污染的地块承担连带修复和赔偿责任。

（三）公司实际控制人决定实施环境侵权行为或在公司实施环境侵权行为中取得了利润分成，应与公司共同承担生态环境损害赔偿责任

公司实际控制人有权决定公司的行为，实际控制人以公司名义从事法律行为的效果归属，适用表见代理制度。① 在公司无相应资质及能力的情况下，公司实际控制人决定实施环境侵权行为或在公司实施环境侵权行为中取得了利润分成，应当与公司共同承担生态环境修复责任。本案中，李某作为正鹏公司的实际控制人，在正鹏公司无处理污泥资质及能力的情况下，以正鹏公司的名义参与污泥的非法倾倒，李某应与正鹏公司共同承担生态环境损害修复责任。志合公司与正鹏公司合作倾倒污泥，参与了环境侵权，夏某萍作为志合公司实际负责人取得了环境侵权利润分成，应当与公司共同承担污染损害赔偿责任。

（四）责任承担方式不能依据非法所得多少或作用大小来认定

本案中，陈某水辩称其在非法倾倒行为中非法所得较少且作用较小，应承担较小赔偿责任。陈某水与其他侵权人以分工合作的方式非法转运、倾倒固体废物，属于主观上有意思联络的共同侵权，陈某水应对共同侵权

---

① 参见王飞鸿、王晓明：《实际控制人代表公司签订合同的法律效果》，载360doc个人图书馆网，http：//www.360doc.cn/article/238966_ 869787580.html，访问时间：2020年8月31日。

造成的全部损害结果与其他侵权人承担连带责任。其责任承担方式不能依据非法所得多少或作用大小来认定。

三、生态环境损害赔偿诉讼涉及刑事犯罪的并非一律适用"先刑后民"原则

本案中，夏某萍辩称其涉嫌环境污染刑事犯罪，应当适用"先刑后民"原则。"先刑后民"原则指在民事诉讼活动中，发现涉嫌刑事犯罪的，应当在侦查机关对涉嫌刑事犯罪的事实查清后，由法院先对刑事犯罪进行审理，后就涉及的民事责任进行审理，或者由法院在审理刑事犯罪的同时，附带审理民事责任部分。[①]"先刑后民"这一原则是基于强调公权优于私权及效率优先而提出的。但实践中，生态环境损害赔偿权利人并非真正的权益主体，其所充当的角色是社会公众环境利益的代表，如果机械遵守"先刑后民"原则，在刑事追责不能及时启动时，生态环境损害修复必将延迟，对被污染的环境会造成二次伤害。事实上，侵权责任人涉嫌环境污染犯罪的个人行为与承担生态环境损害赔偿责任案件之间并非同一法律关系，无论侵权责任人涉嫌犯罪的行为结果如何，均不影响生态环境损害赔偿诉讼案件中各侵权行为人应承担的侵权损害赔偿责任。也就是说，生态环境损害赔偿诉讼案件的审理结果并不以刑事案件的处理结果为依据。因而，生态环境损害赔偿诉讼并非一律适用"先刑后民"原则。如本案中，环境侵权证据确实充分，环境侵权认定不以刑事案件的处理结果为依据，无须适用"先刑后民"原则。

【典型意义】

本案系在长江经济带区域内跨省倾倒工业污泥导致生态环境严重污染引发的生态环境损害赔偿案件。在依法追究被告公司及各被告人刑事责任的基础上，江西省九江市人民政府充分发挥磋商作用，促使部分赔

---

① 参见江伟、范跃如：《刑民交叉案件处理机制研究》，载《法商研究》2005 年第 4 期。

偿义务人达成协议并积极履行修复和赔偿义务；对于磋商不成的，则依法提起生态环境损害赔偿诉讼，实现了诉前磋商与提起诉讼的有效衔接。本案判决不仅明确了经营者虽没有直接实施倾倒行为，但放任他人非法处置的，应由经营者与非法处置人共同承担责任的规则；还明确了数人以分工合作的方式非法转运、倾倒污泥，在无法区分各侵权人倾倒污泥数量的情况下，应当共同承担责任的规则，有效落实了最严格的生态环境保护法律制度。

江西省九江市中级人民法院一审合议庭成员：鄢清员　沈双武　施龙西

（编写人：沈双武[①]）

[①] 江西省九江市中级人民法院审委会委员、环境资源审判庭庭长、四级高级法官。

（六）陕西省三原县人民检察院诉陕西省三原县某某镇人民政府未履行环境保护和污染防治法定职责行政公益诉讼案

【关键词】

行政/环境行政公益诉讼/损害社会公共利益/重大风险

【裁判要点】

环境行政公益诉讼案件中，行政机关对本辖区内环境保护和污染防治具有法定的履行职责，需要全方位的对本辖区进行管控治理，防止本辖区造成环境污染，避免对生态环境造成损害或者产生造成生态环境损害的重大风险。当确定行政机关存在不履行法定职责后，依法判处其履行职责时，判决内容不应仅仅是对其怠于履职行为的确认违法，还应在充分调查论证的基础上，确定行政机关履职的期限及具体内容，确保公益诉讼目的有效实现，达到良好的政治效果、社会效果和法律效果。

【基本案情】

2012年，被告某某镇政府为解决某某镇东部四个行政村和七家企业的污水排放，对20世纪60年代修建的某某镇大程村南部排往清河的排污水沟，埋设排水管网集中排放。2012年被告为优化镇区环境解决污水直排问题，先后向陕西省三原县发展和改革局、陕西省三原县环境保护局、陕西省三原县国土资源局、陕西省三原县住房和城乡建设局申报关于"建设某某镇污水处理厂及污水管网工程"项目，并获得批准。之后，被告某某镇政府完成了污水处理厂的征地工作及污水处理厂围墙圈建，但污水处理厂及污水管网工程一直未予建设，排污状态依然持续。2016年4月15日，陕西省三原县人民检察院向被告某某镇政府发出了《检察建议书》，建议其"依法履行改善环境质量职责，建设污水处理设施及配套管网，保证排入清河的污水符合国家有关排放标准"。被告某某镇政府收到《检察建议书》后未在规定时间内予以回复，亦未启动污水处理厂及污水管网工程建设。后陕西省三原县人民检察院委托西安市宇驰检测技术有限公司对涉案的排污口排出的污水进行检测，经2016年6月20日、6月22日、7月4日三次不定期检测，发现污水中BOD5、CODcr、氨氮、悬浮物均不同程度超过黄河流域（陕西段）污水综合排放标准和国家《污水综合排放标准》（GB 8978—1996）规定的一级标准，污水排放问题依然存在。2016年10月24日，陕西省三原县人民检察院向陕西省三原县人民法院提起公益诉讼，诉请法院判令确认陕西省三原县某某镇人民政府在某某镇大程村南部排污问题上未依法履行环境保护和污染防治职责的行为违法；陕西省三原县某某镇人民政府继续依法履行法定职责，建设污水处理设施及配套管网，保证排入清河的污水符合相关标准。

被告某某镇政府辩称，其已向陕西省三原县发展和改革局、陕西省三原县环境保护局、陕西省三原县国土资源局、陕西省三原县住房和城乡建设局申报并批准，污水处理厂征地工作已基本完成，即将启动建设。同时2016年初其申报了国家重点"三年滚动计划项目"，该项目报建程序已基本完成。其在陕西省三原县人民检察院2016年4月15日提出检察建议之前正在依法履行职责。其认为公益诉讼起诉人的第二项诉请不明，同时提出了作为上的诉求和结果上的诉求。

被告某某镇政府申报建设"某某镇污水处理厂及污水管网工程项目"的可行性研究报告中，注明该项目的建设工期为25个月。

【裁判结果】

陕西省三原县人民法院于2017年4月11日作出（2016）陕0422行初

21号民事判决：（1）确认被告陕西省三原县某某镇人民政府对陕西省三原县某某镇大程村南部排污口超标准排放污水的行为，未完全履行法定环境保护和污染防治职责的行为违法。（2）限被告陕西省三原县某某镇人民政府于本判决生效后25个月内，建设完成陕西省三原县某某镇公共污水管网和污水集中处理设施，保证排入清河的污水符合排放标准。

【裁判理由】

法院生效裁判认为：陕西省三原县某某镇人民政府所辖区域，位于渭河支流清河的北部沿岸，其具有地方法规《陕西省渭河流域管理条例》明确规定的"建设农村公共污水管网和污水集中处理设施"的法定职责。但其早在2012年就优化镇区环境向相关部门报请，其关于"建设某某镇污水处理厂及污水管网工程"已获得陕西省三原县发展和改革局、陕西省三原县环境保护局、陕西省三原县国土资源局、陕西省三原县住房和城乡建设局四部门同意，取得了该项目建设批复、环境影响批复、用地审批，确定了建设项目选址，但长达四年多时间未予建设。这致使涉及陕西省三原县某某镇东部四个行政村和七个企业污水长期未经集中处理，经陕西省三原县某某镇大程村南部排污口，超标准直接排入清河，给附近居民的生产、生活和环境质量带来影响。公益诉讼起诉人发出《检察建议书》后，其仍未有效的解决某某镇大程村南部排污口的污水排放问题，社会公共利益一直处于受损害状态，已构成怠于履行法定职责的行政不作为。

某某镇政府仅完成污水处理厂的征地工作，其他污水处理设施及污水管网工程均未开工建设。其作为某某镇辖区范围内，建设农村公共污水管网和污水集中处理设施，实施农村生态环境保护工作的法定行政部门，其应当依法继续履行建设污水处理设施及污水管网的法定实施职责，通过具体有效的工作，保证某某镇辖区范围内的污水排放符合相关标准。鉴于该工程涉及范围广、工程量大，其亦在申报建设"某某镇污水处理厂及污水管网工程项目"的可行性研究报告中，经过论证，确定该项目的建设工期为25个月，建设工期相对客观，可以参照该可行性研报告的建设工期予以执行。最终陕西省三原县人民法院确认陕西省三原县某某镇人民政府的行为违法，责成其于判决生效后 25 个月内履行职责。本案一审判决后，双方未上诉。

【裁判要点评析】

一、行政公益诉讼判项中明确行政机关履职期限及内容的必要性

本案确定陕西省三原县某某镇人民政府存在不履行法定职责后，陕西省三原县人民法院在参考专业书面意见的前提下确定合理的履职期限，行政机关可根据该期限，合理规划方案，有条不紊安排履职步骤，最终确保判决内容的完全履行，达到良好的法律效果和社会效果。如果被告机关怠于履行判决义务，则公益诉讼人可在生效判决确定的履职期限届满后依法具备向人民法院提出强制执行申请的权利；人民法院也同时具备了依法强制被告行政机关履职的执行权，通过各种强制措施和手段促使被告行政机关依法履职，使人民法院作出的裁判文书具备了具体的执行力和可操作性。人民法院依法对行政机关履职的期限及内容予以明确，有效避免了行政公益诉讼判决书的宣誓意义大于解决实际问题的现实意义，防止行政公益诉讼的程序空转。

二、行政公益诉讼判项中确定行政机关履职期限及内容的科学性

《行政诉讼法解释》明确了专业证人制度，目的就是为法院作出科学合理的裁判提供参考。本案中，对于判项中被告履职的具体时间，创新引入专业机构作为专家证人，出具专业的书面意见，确定被告履行法律责任的期限，最终将履行期限确定为判决生效后 25 个月之内。该判项突破了传统行政诉讼仅要求被告继续履职的范围，同时作出了具体、明确的时间的限制，具有指向精准、操作性强的特点，增加了行政机关履职的科学性。对于环境行政公益诉讼的裁判，具有一定的借鉴意义。

三、精准施策，科学下判，确保黄河流域生态环境治理保护高质高效

黄河流域生态保护和高质量发展，必须突出行政机关、检察机关、审判机关的协调联动，共同抓好大保护，协同推进大治理。本案检察机关依法提起公益诉讼，审判机关科学确定履行期限，行政机关积极履行了判决内容，确保排放污水能在较短的时间内得到治理，实现了政治效果、法律效果和社会效果的有机统一。

【典型意义】

本案系黄河流域农村污水集中处理设施及污水管网建设引发的行政公益诉讼案件。农村污水处理设施及管网建设是打好水污染防治攻坚战的重要方面，也是推进农村人居环境整治、建设美丽乡村的应有之责。某某镇政府怠于履行法定职责，案涉工程在批准后一直未动工建设，导致污水长期超标准直接排入清河。受案法院依法判决支持检察机关的诉请，并在判决生效后和检察机关共同派员前往项目施工现场持续进行监督，促使案涉工程按期建成并投入使用，展现了人民法院和人民检察院以维护社会公共利益为目标导向，充分发挥司法职能，监督支持依法行政，有效解决农村环境突出问题，保障实施乡村振兴战略。

陕西省三原县人民法院一审合议庭成员：权军喜　王景峰　孙房房

（编写人：崔喜[①]　文涛[②]）

[①] 陕西省高级人民法院环境资源审判庭庭长、三级高级法官。
[②] 陕西省高级人民法院环境资源审判庭二级法官助理。

下篇

环境资源典型案例

一、环境污染防治类案件

（一）田某某等人污染环境案
——认罪认罚等从轻处罚情节的认定及从业禁止令的适用

【裁判摘要】

被告人自愿认罪认罚，签署认罪认罚具结书，并且已就造成的环境损害达成调解协议，赔偿各项损失费用，附带民事公益诉讼部分诉讼请求已全部实现，在量刑上可将其作为从轻情节考虑，被告人从事环境保护、废旧物资回收的经营活动，故需对其发出从业禁止令，以免再次对生态环境造成危害。

【案件基本信息】

1. 诉讼当事人

公诉机关（附带民事公益诉讼起诉人）：贵州省贵阳市花溪区人民检察院。

被告人（附带民事公益诉讼被告）：田某某；

被告人（附带民事公益诉讼被告）：阮某某；

被告人（附带民事公益诉讼被告）：吴某某。

附带民事公益诉讼被告：贵州省六盘水双元铝业有限责任公司（以下简称双元铝业公司）；

附带民事公益诉讼被告：洪某。

2. 案件索引及裁判日期

一审：贵州省清镇市人民法院（2019）黔0181刑初58号判决、裁定（2019年3月20日）。

3. 案由

污染环境罪

【简要案情】

2017年9月，被告人田某某将其任职环保科长的双元铝业公司存放的一批固体工业废物（内含废阴极炭块、钢棒、铝块、砖块等）交由被告人阮某某私下进行处置，被告人阮某某随即将该批固体废物转卖给从事废旧物资回收经营的被告人吴某某，随后被告人阮某某将该批固体废物从六盘水市运至贵阳市花溪区的一停车场内堆放。数日后，被告人吴某某以不能赚取利润为由要求被告人阮某某退货。后被告人阮某某又将该批固体废物再次转卖给洪某，被告人阮某某应洪某要求将该批固体废物运至贵阳市修文县，被告人吴某某雇人将遗留在停车场内的剩余固体废物进行倾倒、掩埋，贵阳市修文县接收该批固体废物的人将无用的石块等倾倒在贵阳市修文县某厂周边倒土场。经贵阳市花溪区环境监测站检测，花溪区董家堰村塘边寨固体废物堆放地地表水洼水体内氟化物严重超标，已对周边环境造成污染。为消除对生态环境的影响，贵阳市花溪区生态文明建设局、贵阳市修文县生态文明建设局分别委托第三方公司对贵阳市花溪区和修文县留存的危险废物进行处置。经鉴定评估，涉及本案的生态环境损害费用共计379.6万元。

贵阳市生态环境局就本案造成的环境损害向贵阳市中级人民法院提起生态损害赔偿诉讼，并已达成调解协议，由双元铝业公司和被告人田某某、阮某某共计赔偿各项损失费用合计人民币420.77万元，现已支付255.02万元，余款将于签收调解书之日付清。附带民事公益诉讼起诉人贵阳市花溪区人民检察院以其诉讼请求已全部实现为由，提出撤回附带民事公益起诉申请。

在公诉机关审查起诉阶段，被告人田某某、阮某某、吴某某自愿认罪认罚，并签署认罪认罚具结书，公诉机关分别对其三人提出适用缓刑的量刑建议。

【案件焦点】

认罪认罚和赔偿生态环境损害在量刑时的考量以及刑事从业禁止令的适用。

【裁判结果】

贵州省清镇市人民法院经审理认为，生态环境作为重要的公共利益应受到严格保护，任何单位和个人均应按照国家的规定排放、倾倒或者处置危险废物等有毒有害物质，以免对环境造成污染，维护全社会共同生存的环境。被告人田某某、阮某某、吴某某任意处置含有危险废物的工业废物1000余吨，严重污染环境，造成生态环境损害达379.6万元的特别严重后果，其行为已构成污染环境罪。鉴于被告人田某某、阮某某、吴某某归案后均能如实供述，自愿认罪认罚，均可依法从轻处罚；被告人吴某某系从犯，依法应当从轻或减轻处罚，结合本案其犯罪情节，决定对其减轻处罚；被告人田某某、阮某某案发后积极支付生态环境损害费用以减轻犯罪后果，亦可酌情从轻处罚；加之被告人田某某、阮某某、吴某某均系初犯，亦无再犯罪的危险，故决定对三被告人适用缓刑。因被告人田某某、阮某某分别系在从事环境保护、废旧物资回收经营的活动中实施严重污染环境的犯罪行为，未恪守职业道德，亦未珍惜生态环境这一重大社会公共利益，故决定依法禁止二被告人在缓刑考验期内再从事环境保护、废旧物资回收经营的相关活动，以免再次对生态环境安全造成危害。

贵州省清镇市人民法院依照《刑法》第二十五条第一款、第二十七条、第六十七条第三款、第七十二条、第三百三十八条以及《环境污染刑事案件解释》第三条第二项、第五项、第六条第一款、第十七条第四款之规定作出一审判决，被告人田某某、阮某某、吴某某犯污染环境罪，判处二年至三年不等的有期徒刑，适用缓刑，并处罚金，禁止被告人田某某、阮某某在缓刑考验期内从事与环境保护、废旧物资回收相关的经营活动。

贵州省清镇市人民法院经审理认为，附带民事公益诉讼起诉人贵阳市花溪区人民检察院的撤诉申请合法，且不损害社会公共利益，应当准许，故依照《民事诉讼法》第一百四十五条第一款、《检察公益诉讼案件解释》第十九条之规定，作出裁定准许附带民事公益诉讼起诉人贵阳市花溪区人民检察院撤回附带民事公益起诉。

【裁判摘要评析】

2018年10月26日，新修正的《刑事诉讼法》公布施行，其中第十五条规定："犯罪嫌疑人、被告人自愿如实供述自己的罪行，承认指控的犯罪事实，愿意接受处罚的，可以依法从轻处理。"认罪认罚从宽制度正式写入法律规定。本案是认罪认罚从宽制度全面实施以来，贵州省清镇市人民法院环境保护法庭受理的首例被告人签署认罪认罚具结书的案件。在检察机关审查起诉阶段，本案被告人田某某三人均认罪认罚，其本人及家属主动筹措资金要求对污染环境行为造成的环境损害进行修复和赔偿，并在检察院签署了认罪认罚具结书。在本院审理阶段，被告人田某某三人也认罪认罚，依法可以对其三人从轻处罚。且被告人田某某、阮某某在与贵阳市生态环境局达成调解协议后积极支付生态环境损害费用，减轻其犯罪后果，在量刑上可作为酌定从轻情节考虑。公诉机关对三被告人均提出适用缓刑的量刑建议，本案审理时适用宽严相济的刑事司法政策，综合考虑具体法律规定以及三被告人的犯罪情节等因素，认为三被告人均可从宽处理、适用缓刑。

因被告人田某某、阮某某分别是在从事环境保护、废旧物资回收经营的活动中实施污染环境的犯罪行为，根据《刑法》第七十二条第二款的规定，本案依法发出刑事从业禁止令，禁止二被告人在缓刑考验期内再从事环境保护、废旧物资回收经营的相关活动，以免再次对生态环境安全造成危害。

在本案的审理过程中，贵阳市生态环境局已就该案造成的环境损害向贵阳市中级人民法院提起生态损害赔偿诉讼，双方达成调解协议，由双元铝业公司和被告人田某某、阮某某共计赔偿各项损失费用合计 420.77 万元。附带民事公益诉讼起诉人贵阳市花溪区人民检察院以其诉讼请求已全部实现为由，庭前提出撤回附带民事公益起诉申请。法院经审查后认为检察院的撤诉申请合法，且不损害社会公共利益，遂当庭准予其撤回附带民事公益起诉。

贵州省清镇市人民法院一审合议庭成员：刘海英　季林　汪海杰
（编写人：刘海英[①]　苏桂兰[②]）

[①] 贵州省清镇市人民法院环境保护法庭副庭长、四级高级法官。
[②] 贵州省清镇市人民法院环境保护法庭法官助理。

（二） 董某某等污染环境案
——危险废物处理者的行为与被害人死亡具有刑法上的因果关系

【裁判摘要】

非法排放污染物行为导致被害人死亡，具有刑法上的因果关系。

【案件基本信息】

1. 诉讼当事人

上诉人（原审附带民事诉讼原告人）：代某；

上诉人（原审附带民事诉讼原告人）：李某甲；

上诉人（原审附带民事诉讼原告人）：李某乙；

上诉人（原审被告人）：张甲；

上诉人（原审被告人）：段某某；

上诉人（原审被告人）：王某甲；

上诉人（原审被告人）：王某乙；

上诉人（原审被告人）：刘某甲；

上诉人（原审被告人）：刘某乙；

上诉人（原审被告人）：娄某；

上诉人（原审被告人）：董某某；

上诉人（原审被告人）：高某某；

上诉人（原审被告人）：敖某某；

上诉人（原审被告人）：张某某；

上诉人（原审被告人）：刘某丙；

上诉人（原审被告人）：李某丙；

上诉人（原审被告人）：冯某某；

上诉人（原审被告人）：李某丁；

上诉人（原审被告人）：提某；

上诉人（原审被告人）：张乙。

原审附带民事诉讼原告人：李某戊。

原审被告人：石某某；

原审被告人：张丙。

2. 案件索引及裁判日期

一审：河北省蠡县人民法院（2016）冀0635刑初38号刑事附带民事判决（2017年1月18日）；

二审：河北省保定市中级人民法院（2017）冀06刑终202号刑事附带民事判决（2018年4月26日）。

3. 案由

污染环境

【简要案情】

2015年2月，被告人董某某以其开办的黄骅市津东化工有限公司（以下简称津东化工公司）的名义与北京燕山石化公司（以下简称燕山石化公司）签订了废碱液处置协议，约定燕山石化公司将废碱液交由董某某按规定路线运至津东化工公司处置，每吨给付其处置费600元。董某某未按要求处置，而是交由没有处置资质的被告人刘某乙处置，并承诺每吨付给刘某乙120元报酬，刘某乙联系了没有处置资质的被告人刘某甲，刘某甲租用被告人李某丙的忠义停车场场地，挖设了隐蔽排污管道，连接到河北省蠡县城市下水管网，用于排放废碱液，刘某乙承诺每排放一吨付给刘某甲

40元。自2015年2月26日至2015年5月17日，董某某雇佣钮某某（中止审理）、石某某的罐车，由钮某某、刘某丙、石某某多次将燕山石化公司的共2816.84吨废碱液运输至河北省蠡县，直接排放到忠义停车场内挖设的排污管道内，废碱液全部经暗道流入河北省蠡县城市下水管网。其间，刘某乙雇佣被告人敖某某在河北省蠡县忠义停车场盯着排放并记载排放的废碱液吨数。

被告人高某某、李某丁、提某系盐酸经销商，购买好盐酸销售给使用盐酸的企业，并将企业的废盐酸拉回。自2015年3月起，三人明知被告人娄某无废盐酸处置资质，将废盐酸交由娄某处理，娄某将废盐酸交由无处置资质的被告人张甲、张丙、张乙用罐车拉走处置，并承诺三人每吨给付处置费150元。2015年3月份左右，张甲联系被告人王某乙到河北省蠡县排放废盐酸，王某乙将排放废盐酸的事情介绍给被告人王某甲，王某甲又找来被告人段某某，二人合伙排放张甲、张丙、张乙、张某某、冯某某运至河北省蠡县的废盐酸，王某甲、段某某在河北省蠡县各地多次非法排放，排放一车废盐酸二人收取1400元。

2015年5月，段某某找到李某丙，商议好在刘某甲挖设的隐蔽暗道排放废盐酸，每排放一车给李某丙300元。

2015年5月16日、17日，石某某、刘某丙将100余吨废碱液从燕山石化公司运至河北省蠡县东环忠义停车场，经暗道排放至城市下水管网。2015年5月18日上午11时许，张甲、张某某、冯某某经娄某联系，驾驶张某的罐车从高某某处运出30余吨废盐酸，经王某甲、段某某接应运至河北省蠡县东环忠义停车场，并通过刘某甲偷设的暗道进行排放。5月18日下午1时许，停车场及周边下水道大量废水外溢，并产生大量硫化氢气体，停车场西侧全天大饼驴肉店老板李某被熏倒，段某某、王某某驾罐车逃离。5月19日凌晨1时许，段某某、王某甲将罐车内剩余的废盐酸偷排至河北省蠡县百尺镇南许村村东南农田大坑内。

被害人李某于2015年5月19日经抢救无效死亡，经法医尸体检验鉴定，李某符合硫化氢中毒死亡。河北省沧州科技事务司法鉴定中心鉴定，本案废碱液与废盐酸结合会产生硫化氢。

【案件焦点】

本案非法排放污染物行为与被害人死亡，是否具有刑法上的因果关系。

【裁判结果】

一审法院认定，被告人张甲犯污染环境罪，判处有期徒刑七年，并处罚金人民币16万元；被告人段某某犯污染环境罪，判处有期徒刑七年，并处罚金人民币11万元；被告人王某甲犯污染环境罪，判处有期徒刑六年十个月，并处罚金人民币10万元；被告人王某乙犯污染环境罪，判处有期徒刑六年十个月，并处罚金人民币10万元；被告人刘某甲犯污染环境罪，判处有期徒刑六年六个月，并处罚金人民币10万元；被告人刘某乙犯污染环境罪，判处有期徒刑六年六个月，并处罚金人民币10万元；被告人娄某犯污染环境罪，判处有期徒刑六年六个月，并处罚金人民币15万元；被告人董某某犯污染环境罪，判处有期徒刑六年三个月，并处罚金人民币14万元；被告人高某某犯污染环境罪，判处有期徒刑五年八个月，并处罚金人民币13万元；被告人敖某某犯污染环境罪，判处有期徒刑五年二个月，并处罚金人民币5万元；被告人张某某犯污染环境罪，判处有期徒刑五年，并处罚金人民币5万元；被告人刘某丙犯污染环境罪，判处有期徒刑四年七个月，并处罚金人民币4万元；被告人李某丙犯污染环境罪，判处有期徒刑四年六个月，并处罚金人民币6万元；被告人石某某犯污染环境罪，判处有期徒刑四年六个月，并处罚金人民币6万元；被告人冯某某犯污染环境罪，判处有期徒刑四年六个月，并处罚金人民币5万元；被告人李某丁犯污染环境罪，判处有期徒刑三年，并处罚金人民币12万元；被告人提某犯污染环境罪，判处有期徒刑三年，并处罚金人民币12万元；

被告人张丙犯污染环境罪,判处有期徒刑二年六个月,并处罚金人民币7万元;被告人张乙犯污染环境罪,判处有期徒刑二年,并处罚金人民币4万元。

二审法院认定,驳回被告人上诉,部分维持原判。

【裁判摘要评析】

河北省蠡县公安局物证鉴定室公(冀蠡)鉴(法医)字(2015)35070号法医学尸体检验意见书及补充说明、鉴定人出庭接受的质询,证实被害人李某被送往医院抢救时昏迷、口周有血、小便失禁、躁动不安、抽搐,河北省蠡县医院X线显示其肺感染。经尸体解剖及河北医科大学法医鉴定中心法医病理检验,诊断被害人有弥漫性肺水肿、片状肺出血、细支气管黏膜上皮脱失;心肌纤维断裂,心肌间质水肿;大脑、小脑、脑干水肿等,与重度硫化氢中毒后肺水肿、肺炎、脑水肿、躁动、不安、昏迷、谵妄等一系列症状相一致。保定市公安局公(保)鉴(理化)字(2015)143号刑事技术检验报告排除了被害人李某死于其他原因的可能性。上述证据,能够证实李某系硫化氢中毒死亡。河北省蠡县公安局物证鉴定室公(冀蠡)鉴(法医)字(2015)35070号法医学尸体检验意见书及补充说明,程序合法,客观真实,法庭予以确认。沧科司鉴(2016)环字第9号司法鉴定意见书、鉴定人出庭接受的质询,证实原油中含有硫,会以硫化物的形式出现,用氢氧化钠来吸收生产过程中产生的含硫的废气,便产生了氢氧化钠和硫化钠的混合液。工业上除锈都使用盐酸,在盐酸酸洗过程中,二价铁离子不断产生,盐酸浓度不断下降,最终形成含有高浓度金属离子及残酸的废液。只要是在酸性环境中硫化物就会分解产生硫化氢。2015年5月16日、5月17日,涉案人员在城市地下管网中排放了大量的废碱液,此液体在地下管网中扩散缓慢,尤其不是雨季,5月18日,涉案人员又在城市地下管网中排放了大量的废盐酸,两种液体发生化学反应产生硫化氢,硫化氢在水中溶解度极低,达到一定程度后以气体形式溢出。城市地下管网中是周围居民排放的生活废水，不会对此化学反应造成影响。公安部公物证鉴字（2016）491号物证检验报告证实，对现场提取的液体进行检验，检出大量氯离子和少量硫酸根离子成分。此两份鉴定相互印证。且有在案发现场附近居住的居民出具的证实案发时有刺激性臭味气体的证言、沈某海在现场吸入难闻的气体后晕倒的证言相佐证。故沧科司鉴（2016）环字第9号司法鉴定意见书得出"河北省蠡县东环忠义停车场污染案中废碱液与废盐酸结合会产生硫化氢"的这一结论，程序合法，客观真实，法庭予以确认。现场勘验笔录证实李某经营饭店的排水口没有S型防止反气装置，存在能够使硫化氢从地下管网溢到狭小空间的环境。综合以上证据，公诉机关指控涉案废碱液与废盐酸结合会产生硫化氢，李某吸入硫化氢中毒是其致死原因的事实成立。

刑法上的因果关系是指危害行为与具体的危害结果之间的一种引起与被引起的关系。两个及以上相互独立的行为，单独不能导致结果的发生，但合并在一起造成了结果时，单独的行为分别对最终的结果起到决定性作用，应当肯定各单独行为都是结果的原因，即存在刑法上的因果关系。本案中吸入硫化氢中毒是李某的死亡原因，排放废碱液或者排放废盐酸两种行为中的任何一种行为单独均不会产生硫化氢气体，只有当两种液体结合在一起发生化学反应，才会产生硫化氢。董某某等人非法排放废碱液，与娄某等人非法排放废盐酸均对被害人李某硫化氢中毒死亡这一结果的发生起到了决定性的作用，应当肯定二种行为都是结果的原因。被告人董某某、刘某乙、刘某甲、刘某丙、石某某、敖某某、李某丙、娄某、张甲、张某某、冯某某、王某甲、段某某、王某乙、高某某均应对李某的死亡承担刑事责任。被告人张某某、冯某某均证实案发当天的废盐酸是在高某某的公司中运出，高某某及其辩护人辩称导致被害人死亡的废盐酸不是在高某某的公司运出的意见，理据不足，不予支持。以上被告人及其辩护人均辩称与死亡结果没有因果关系的意见，理据不足，不予支持。本案中被告人供述能够证实，致被害人死亡的废盐酸不是出自李某丁、提某，张丙、张乙没有参与案发当天的排放行为,此四名被告人与被害人的死亡没有因果关系,不应对死亡结果承担刑事责任。公诉机关及辩护人称此四被告人不应对死亡结果承担刑事责任的意见,予以采纳。

河北省保定市中级人民法院二审合议庭成员:李莉　王冠　王兴雷
(编写人:王冠[①]　李莉[②])

---

① 河北省保定市中级人民法院老干部处副处长。
② 河北省保定市中级人民法院环保庭庭长、四级高级法官。

（三）吴某某诉中铁某局（集团）有限公司等噪声污染责任案
——专家意见在环境案件中的运用

【裁判摘要】

环境案件中，在没有监督机构、鉴定费用过高或鉴定周期过长等情况下，对于因果关系、损害后果等，可以参考专家意见合理确定。

【案件基本信息】

1. 诉讼当事人

原告（上诉人）：吴某某。

被告（上诉人）：中铁某局（集团）有限公司（以下简称中铁某局）；

被告（上诉人）：中铁某局集团路桥工程有限责任公司（以下简称中铁某局路桥公司）；

被告：贵州某监理咨询有限公司。

第三人：贵州某新区管理委员会。

2. 案件索引及裁判日期

一审：贵州省清镇市人民法院（2014）清环保民初字第14号判决（2015年4月27日）；

二审：贵州省贵阳市中级人民法院（2015）筑环保民终字第2号判决（2015年10月22日）。

3. 案由

噪声污染责任纠纷

【简要案情】

原告吴某某于2010年在贵阳市花溪区麦坪开办了鑫鑫源养殖场,进行蛋鸡养殖。原告分别于2013年4月16日、6月20日、9月16日分三批购买了品种为新罗曼粉的鸡苗进行养殖。

2013年7月20日,被告中铁某局通过招投标,中标贵州贵安建设投资有限公司的某新区金马路道路工程土建施工第2标段,并与发包人贵州贵安建设投资有限公司签订了施工合同,后由被告中铁某局路桥公司从2013年10月开始施工,至2014年5月10日施工基本完成。

在被告中铁某局、中铁某局路桥公司施工期间曾造成原告10只鸡死亡和3个鸡笼损坏,中铁某局金马路2标段项目部于2013年11月15日向原告赔偿了2300元。随后,原告养殖场出现蛋鸡大量死亡、产生软蛋、畸形蛋等情况,原告便于2014年3月1日聘请贵州省农委动物疫病防治中心退休研究员乐某某、贵州大学动物医学教授汤某某、贵阳市兽疫防治站高级兽医师白某等三位专家到养殖场进行探查,得出蛋鸡是在突然炮声或长期噪声下,受到惊吓后卵子进入腹腔内而导致的腹膜炎,蛋鸡不是因为疫病死亡的结论。原告认为蛋鸡大量死亡、产生软蛋、畸形蛋等情况是由被告施工所造成的,为维护合法权益,特向本院提起诉讼,请求:判令被告赔偿原告损失暂定共计为1537250元;诉讼费及其他费用由被告承担。

被告中铁某局、中铁某局路桥公司对于施工中产生的噪声造成原告损失的事实不持异议,表示愿意承担赔偿责任,但对于原告所提150多万元的赔偿数额不予认可。

【案件焦点】

本案已经不具备鉴定条件,如何合理确定原告损失是本案难点。

【裁判结果】

一审法院经审理认为:本案被告中铁某局作为工程的承包人,被告中铁某局路桥公司作为工程的具体实施人，在道路施工中产生了噪声，原告养殖场距离被告的施工地点较近，且原告所聘请专家的证言通过庭审质证确认蛋鸡是在突然炮声或长期噪声下，受到惊吓后而死亡的，蛋鸡不是因为疫病死亡的。法院聘请的专家也证实噪声对蛋鸡的影响一是造成惊吓后死亡，二是导致产蛋率下降。由此，法院认为原告养殖场蛋鸡的损失与被告施工产生的噪声之间具有因果关系，二被告应承担相应的侵权责任。二被告在庭审中也予以认可，表示愿意赔偿原告的损失，只是不同意原告所提的赔偿数额。对于如何确定原告养殖场因噪声而导致的损失，法院认为，从原告所提供的证据来看，不能准确计算出具体损失数额的结果，但仅以证据不完全驳回原告诉请未免有失公正。法院以公平公正的原则为指导，同时依据养殖手册等专业书籍、专家辅助人所提供的较为科学的基础数据，从蛋鸡的总数、蛋鸡死亡的数量、蛋鸡的自然死亡率、饲养蛋鸡至180天（开始产蛋）的成本、产蛋下降率、产蛋量、蛋鸡市场价格、淘汰蛋鸡价格等方面综合计算损失基础数据，并构建损失数额＝每批蛋鸡死亡的损失＋每批蛋鸡产蛋率下降的损失，即从饲养至死亡时投入的成本＋（本应产蛋的价值×10%产蛋下降率）的计算模型，最终计算出三批蛋鸡的损失为355940.68元，故判决被告中铁某局、中铁某局路桥公司连带赔偿给原告，驳回原告吴某某的其他诉讼请求。

二审法院根据专家辅助人的意见确定了计算模型：损失数额＝蛋鸡死亡损失＋蛋鸡产蛋率下降损失。其中：蛋鸡死亡损失＝噪声造成蛋鸡死亡数量×（每只蛋鸡育成成本40元＋每只蛋鸡饲养利润25元）；蛋鸡产蛋率下降损失＝存活蛋鸡数量×每只蛋鸡本应产蛋价值×产蛋下降率（1%－30%），即蛋鸡产蛋率下降损失＝存活蛋鸡数量×〔（280枚÷12个月×产蛋影响时间）×（240元/件÷360枚/件）〕×产蛋下降率（1%－30%）。二审法院根据上诉各方提出的意见，对基础数据再次从蛋鸡的总数、蛋鸡死亡数量、蛋鸡自然死亡率、育成成本、产蛋下降率、产蛋量、鸡蛋价格等方面进行计算，得出三批蛋鸡损失共计458756元。故变更一审判决为二被告于本判决生效之日起十日内连带赔偿吴某某458756元；驳回上诉人吴某某的其他诉讼请求。

【裁判摘要评析】

　　环境污染案件往往涉及因果关系的认定及损坏后果的确定，通常情况需要专业机构、专业人员进行鉴定。但我国专门从事环境损害鉴定机构较少，且存在鉴定费用高、周期长等问题。本案就是损害后果不能鉴定的情形。从举证责任分配角度而言，原告就被告排污与损害结果之间存在初步关联进行了举证，其举证责任已完成。是否为被告排污造成原告损害，需由被告承担证明责任，即发生举证责任倒置。但是，损害后果大小的证明责任，应当由原告证明。实务中，由于受污染者证据保全意识不强，对损害结果未进行保全，往往难以证明受到损失的大小，本案就是这种情况。虽然原告自己请的专家及法院请的专家均证明噪声会造成鸡的死亡及产蛋率下降，即因果关系是明确的，但原告仅提供了一些死鸡照片及软壳蛋照片，其主张的150余万元的损失明显证据不充分。然而，其损失又是客观存在的，如果仅以原告举证不充分驳回其诉讼请求，显然不符合公平正义的司法理念。贵州省清镇市人民法院环保法庭自2007年成立以来，在审理环境案件过程中，逐步探索利用专家意见辅助法官办案，取得较好效果。具体到本案而言，二被告对于施工中产生的噪声造成原告损失的事实不持异议，表示愿意承担赔偿责任，但对于原告所提150多万元的赔偿数额不予认可。如何认定损失数额成为处理本案的关键问题，一审法官以公平公正的原则为指导，依据养殖手册等专业书籍及专家辅助人所提供的较为科学的基础数据，通过确定基础数据和建立计算模型两个步骤来解决本案的损失数额认定问题。一审法官从蛋鸡的总数、蛋鸡死亡的数量、蛋鸡的自然死亡率、饲养蛋鸡至开始产蛋的成本、产蛋下降率、产蛋量、鸡蛋的市场价格、淘汰蛋鸡价格八个方面综合确定基础数据；通过分析养殖批次、噪音影响时段等因素，得出"损失数额＝每批蛋鸡死亡的损失＋每批蛋鸡产蛋率下降的损失，即从饲养至死亡时投入的成本＋（本应产蛋的价值×10%产蛋下降率）"的计算模型，最终计算出具体损失数额，从而解决了本案的关键问题。二审法院延续了一审法院的审判思路，但在损失计算模型及部分基础数据上，根据专家意见进行了修正，最终根据专家提出的计算模型进行计算并作出判决。二审宣判后，二被告履行了判决。本案的审理，针对环境案件中鉴定不能、鉴定费用过高、周期过长等问题，引入专家意见辅助法官办案，为环境资源案件审理提供了有益借鉴和参考。

贵州省贵阳市中级人民法院二审合议庭成员：刘益　唐玉平　李树萍

（编写人：罗光黔①）

---

① 贵州省清镇市人民法院环境保护法庭庭长、四级高级法官。

(四) 倪某某诉丹东海洋红风力发电有限责任公司噪声污染责任纠纷案

——环境污染侵权一方就排除因果关系举证不充分的民事责任认定

【裁判摘要】

环境污染案件司法鉴定结论，如果鉴定的因素不是可能导致损害的唯一污染因素，或者可能存在其他多种可能导致污染损害的因素未进行鉴定，则由此得出的鉴定结论不能作为定案的依据。应当认定环境污染侵权一方就排除因果关系举证不充分并应当承担民事责任。

【案件基本信息】

1. 诉讼当事人

再审申请人（一审原告、二审上诉人）：倪某某。

被申请人（一审被告、二审被上诉人）：丹东海洋红风力发电有限责任公司（以下简称海洋红公司）。

2. 案件索引及裁判日期

一审：辽宁省东港市人民法院（2010）东民初字第 2946 号判决（2010 年 7 月 5 日）；

二审：辽宁省丹东市中级人民法院（2010）丹民二终字第 00489 号判决（2010 年 11 月 2 日）；

再审：辽宁省高级人民法院（2013）辽审三民提字第 45 号判决

(2014年8月21日)。

3. 案由

噪声污染侵权纠纷

【简要案情】

原告倪某某系辽宁省东港市菩萨庙镇常胜村村民，1993年秋建立一座温室甲鱼养殖场，养殖中华鳖（俗称甲鱼）。2000年3月，被告海洋红公司在倪某某的养殖场附近安装了大规模风力发电机组。其中两组发电机分别位于养殖场东南约100米处和养殖场西北400米至500米处。2000年9月后，养殖场的甲鱼大量死亡，甲鱼养殖处于停滞状态。2001年7月25日，倪某某委托辽宁省淡水渔业环境监督监测站就发电机组对甲鱼养殖的影响进行了论证，结论为：养殖用水源和养殖池中水质的各项指标符合国家渔业水质标准，能够满足甲鱼生长要求，饲料各项指标正常；风力发电机叶轮转动投影及噪声扰乱改变了温室大棚中甲鱼所需的安静生活环境。这种惊扰正值四、五月的甲鱼繁殖、发育和生长期，导致了一系列不良后果。倪某某在起诉前委托丹东国信资产评估有限责任公司就损失情况进行了评估鉴定。意见为：倪某某水产养殖经营损失价值为1508400元，养殖经营场所迁移费用为129566元，总计为1637966元。后倪某某向辽宁省东港市人民法院提起诉讼。在一审诉讼过程中，2003年6月26日，应海洋红公司申请，由丹东市中级人民法院委托农业部黄渤海区渔业生态环境监测中心（以下简称渔业生态监测中心）针对"海洋红公司风力发电厂对室内养殖中华鳖生长影响"进行现场实验鉴定，意见为：实验现场的噪声、电磁辐射以及转动的阴影，不会对中华鳖的存活和生长造成影响。对此，倪某某提交并出示的农业部渔业局资源环保处出具的证明材料证明："渔业生态监测中心关于风车的噪声、电磁辐射、转动阴影等因素对中华鳖的存活和生活影响的实验鉴定已超出该局核发的《渔业污染事故调查鉴定资格证书》的业务范围。"并当庭提供农村读物出版社出版的《养鳖问答》一书，证明"中华鳖属于对噪声及光影敏感生物"。辽宁省东港市人民法院于 2007 年 4 月 20 日向《渔业污染事故调查鉴定资质证书》的颁发部门农业部渔业局致函提出：（1）渔业生态监测中心是否有鉴定"渔业污染事故调查鉴定"资质资格；（2）渔业生态监测中心是否有鉴定室内养殖"中华鳖"死亡资质。农业部渔业局复函为："依据农业部《渔业污染事故调查鉴定资格管理办法》，渔业生态监测中心持有我局颁发的《渔业污染事故调查鉴定资格证书》（甲级），具有渔业污染事故调查资格。"对其他问题未作答复。

【案件焦点】

本案海洋红公司实施的风力发电行为是否构成环境污染侵权。

【裁判结果】

一审法院认为，因环境污染引起的损害赔偿诉讼，由加害人就法律规定的免责事由及行为与损害结果之间不存在因果关系承担举证责任。渔业生态监测中心作出的鉴定报告意见为："实验现场的噪声、电磁辐射以及转动的阴影，不会对中华鳖的存活和生长造成影响。"倪某某虽对此提出异议，但农业部渔业局已复函证实渔业生态监测中心具有渔业污染事故调查资格，故对该鉴定报告内容予以采信。据此，判决驳回倪某某的诉讼请求。

二审法院认为，本案将渔业生态环境监测中心作出的鉴定报告作为定案依据是正确的。倪某某上诉主张无事实和法律依据。故判决驳回上诉，维持原判。

再审法院认为，根据《民事诉讼证据规定》第四条，因环境污染引起的损害赔偿诉讼，由加害人就法律规定的免责事由及行为与损害结果之间不存在因果关系承担举证责任。本案存在发生损害的事实，且海洋红公司客观上实施风力发电所产生的噪声、光影及电磁可能会形成环境污染，海洋红公司应当就倪某某饲养的中华鳖死亡与其实施的风力发电行为之间不存在因果关系承担举证责任。渔业生态监测中心虽作出鉴定意见认为现场的噪声、电磁辐射以及转动的阴影，不会对中华鳖的存活和生长造成影响。但农业部渔业局资源环保处答复认为，渔业生态监测中心"关于风车的噪声、电磁辐射、转动阴影等因素对中华鳖的存活和生活影响的实验鉴定"已经超出核发的《渔业污染事故调查鉴定资格证书》的业务范围。农业部渔业局虽答复称，渔业生态监测中心具有渔业污染事故鉴定资质，但并未对本案噪声、电磁辐射、转动阴影等因素对中华鳖的影响是否系渔业生态监测中心的鉴定范围作出实质性答复。本案应当认定渔业生态监测中心不具有涉及本案环境污染因素的鉴定资质。案涉环境污染损害纠纷，是基于风力发电产生的噪声、光影及电磁造成的新类型环境污染，不属于一般意义上的渔业水域污染，仅具有渔业污染鉴定资质的机构所出具的鉴定结论不能作为定案的依据。中华鳖属于对噪声及光影敏感的生物，而本案中风力发电机最近一组机组距离养殖场仅 100 米，不符合相关规范要求。《辽宁省风力发电厂生态建设管理暂行办法》可以印证中华鳖死亡与风力发电机所产生的噪声、转动阴影、电磁辐射等因素具有一定因果关系。本案海洋红公司未完成中华鳖死亡与其实施的风力发电行为之间不存在因果关系的举证证明责任，应承担相应的民事责任。辽宁省高级人民法院再审判决撤销一审、二审判决，改判海洋红公司承担本案损失的 80%民事责任，赔偿倪旭龙经济损失 1310327.8 元。

【裁判摘要评析】

针对环境污染损害的复杂性、复合型、潜在性、积累性等特征，为充分保护受害者合法权益，实行举证责任倒置。但不排除受害者的举证责任，即受害者要对污染行为与损害结果之间的因果关系可能性承担初步的举证责任。具备这种可能性之后，针对已经发生的损害，可能对环境污染损害承担责任的一方必须举证证明其已经实施的行为与损害结果之间不存在因果关系，如果不能充分举证证明，应当推定其行为与损害结果之间具有因果关系。

一、证明污染事实可能存在原告的初步举证责任

首先可能造成环境损害的一方所实施的行为应当有造成环境污染的可能性。环境污染指自然的或人为的向环境中添加某种物质，超过环境自净能力而产生的危害行为。按照环境污染的要素可以划分为大气污染、土壤污染和水体污染，按照属性分可以划分为显性污染和隐性污染，按照造成污染的性质来源可以划分为化学污染、生物污染、物理污染等，而物理污染又可以划分为噪声污染、放射性污染、电磁波污染等。本案存在可能造成环境污染的因素，即风力发电过程中所发生的电磁波污染以及噪声污染因素。噪声是由经过叶片的气流和风轮产生的尾流所形成，一般认为，噪声是风电场不良影响中较显著的一个。对于电磁波污染，由于风力发电的原理即在于利用风力使叶片带动磁场转动，由磁场能量转化为电能，在此过程中会产生磁场或电磁波的负面影响，是已知的可能污染源。对于光影的影响，虽没有明确收录到一般环境污染的分类当中，但现实中存在的光污染与此类似。相关研究表明，风电场的光影随太阳每天的东升西落和一年四季的南北移动，随风向的不断变化都会造成投影的规律性变化，对居民产生影响，也可能对敏感生物产生影响，是可致污染的重要因素。

对于可能性的证据要求，一般采可能性的靠近原则，即在不存在可能致害因素的情况下，受害一方处于正常状态。而当可能存在的致害因素介入时，损害结果发生，此时可以推定可能具有一定因果关系。本案中，中华鳖的养殖一直处于正常状态，而当风力发电项目介入之后，中华鳖出现大量死亡。尚无证据表明存在第三方致害因素，在风力发电存在可能的环境污染因素的前提下，不排除与中华鳖死亡的损害后果存在因果关系。应认定原告方的初步举证责任已经完成。

二、被告方对因果关系进行否定的举证责任

损害结果与可能的污染事实之间是否具有因果关系的判断具有较强的专业性，鉴定意见是认定事实及因果关系的重要依据。而对于要鉴定的事

项则由当事人申请，法院甄别后向鉴定机构提出。对于鉴定机构的选择，依照一定的鉴定程序规则由法院在具备鉴定资质的鉴定机构范围内确定。首先对于有资质的鉴定机构的选择是前提，所谓有资质，也是针对要鉴定的因素而言，具备鉴定能力和鉴定的条件，并具有国家允许的可以进行鉴定并出具鉴定结论的资质。如果选择了对于可能鉴定的因素不具有鉴定资质的鉴定机构，作出的鉴定意见不能作为定案依据。无论是确定鉴定机构还是委托具体的鉴定事项，都应当先确定鉴定的因素。就本案而言，就是确定可能导致污染的因素，针对这些因素确定鉴定事项，委托具备鉴定资质的鉴定机构。而实践中，委托不具有对特定环境污染因素进行鉴定的机构较为普遍，这样得出的鉴定意见不准确。如果鉴定的因素不是可能导致损害的唯一污染因素，或者可能存在其他多种可能导致污染损害的因素未进行鉴定，则由此得出的鉴定结论也不能作为定案的依据。

本案当中，根据《渔业水域污染事故调查处理程序规定》的定义，渔业水域污染事故是指由于单位和个人将某种物质和能量引入渔业水域，损坏渔业水体使用功能，影响渔业水域内的生物繁殖、生长或造成该生物死亡、数量减少，以及造成该生物有毒有害物质积累、质量下降等，对渔业资源和渔业生产造成损害的事实。但是，本案中的环境污染是基于风力发电产生的噪声、光影及电磁造成的新类型环境污染，并非一定通过其生存的水域产生，可能会直接作用于生物体本身，不属于一般意义上的渔业水域污染。因此，所选定鉴定机构的鉴定资质与本案环境污染性质不符，得出的鉴定意见无法采信。本案还出现了关于渔业生态环境监测中心鉴定资质的争议。农业部渔业局第一次的答复为超出鉴定范围，第二次针对法院的答复为鉴定机构具有渔业水域污染鉴定资质，未否定第一次答复的内容，但回避了对本案可致污染因素是否具有鉴定资质的问题。综合分析上述两个答复后，可以认定第一次的答复有效，鉴定机构虽具有渔业水域污染鉴定资质，但与本案环境污染性质不符，可以认定鉴定机构的资质存在问题。

三、关于判决赔偿的具体数额的考量

一般情况下，环境侵权纠纷的损害赔偿应以司法鉴定的结果为依据，且该司法鉴定意见一般应当是诉讼当中经法院委托的鉴定机构作出。对于本案所发生的具体损失数额，因一、二审法院以渔业生态监测中心的鉴定意见作为定案依据，认定本案不具有因果关系，未对损失数额委托鉴定机构做进一步司法鉴定，具有一定客观原因。同时，案涉中华鳖的死亡已经时隔多年，已经不具备再次鉴定的客观条件。实施污染的一方亦认可本案不具备重新鉴定的条件，也不申请重新鉴定。在再审法院确定实施污染一方否定因果关系的依据不足的情况下，本案应当确定民事责任和赔偿数额。而可参照的只有受害一方自行委托损失鉴定结论，可以在一定条件下采纳。由于受害方自行委托作出的损失鉴定意见系有鉴定资质的鉴定机构做出，且依据《民事诉讼证据规定》第二十九条、第五十九条、第六十条的规定，鉴定人员接受了法院询问，鉴定人员回答了海洋红公司对鉴定意见提出的疑问，该鉴定意见亦经过了庭审质证。虽然诉讼中法院委托作出的损失鉴定数额可信度更高，但根据《民事诉讼证据规定》第二十八条规定，案涉鉴定意见并非不可采信，可根据客观情况酌情部分予以支持。因此，环境侵权损害纠纷中，在出现原审未对原告诉求予以支持而导致损失金额未进行司法鉴定的情况下，当案件不具备再次鉴定条件且原告自行委托的具有资质的鉴定人接受了法院及被告询问，法院应结合案件整体情况在一定程度上认可原告委托作出的损失鉴定意见。

辽宁省高级人民法院再审合议庭成员：李云波　席铁斌　吴玉生

（编写人：李云波[1]）

---

[1] 辽宁省高级人民法院审判监督第一庭副庭长。

（五）李某诉华润置地（重庆）有限公司环境污染责任纠纷案
—— 光污染损害的认定

【裁判摘要】

人民法院在认定是否构成光污染损害时，可以依据国家标准、地方标准、行业标准，是否干扰他人正常生活、工作和学习，以及是否超出公众可容忍度等进行综合判断。对于公众可容忍度，可以根据周边居民的反映情况、现场的实际感受及专家意见等予以认定。

【案件基本信息】

1. 诉讼当事人

一审原告：李某。

一审被告：华润置地（重庆）有限公司（以下简称华润置地公司）。

2. 案件索引及裁判日期

一审：重庆市江津区人民法院（2018）渝0116民初6093号判决（2018年12月28日）。

3. 案由

光污染责任纠纷

【简要案情】

李某购买的住宅位于重庆市九龙坡区谢家湾正街×小区×幢×号，并从

2005年入住至今。华润置地公司开发建设的万象城购物中心与李某住宅相隔一条双向六车道的公路,双向六车道中间为轻轨线路。万象城购物中心与李某住宅之间无其他遮挡物。在正对李某住宅的万象城购物中心外墙上安装有一块LED显示屏用于播放广告等,该LED显示屏广告位从2014年建成后开始投入运营,每天播放宣传资料及视频广告,产生强光直射入李某住宅房间,给李某的正常生活造成影响。

2014年5月,李某所在小区的业主就万象城光污染向市政府公开信箱投诉。2014年9月,李某所在小区周边的黄杨路某小区居民向市政府公开信箱投诉。2018年2月,李某所在小区的住户向市政府公开信箱再次投诉。对市民的该次投诉,重庆市城市管理委员会在办理情况中载明,经过协调华润置地公司决定采取整改措施。

本案审理过程中,法院组织双方于2018年8月11日晚到现场进行了查看,正对李某住宅的一块LED显示屏正在播放广告视频,产生的光线较强,可直射入李某住宅居室,当晚该LED显示屏播放广告视频至20:58关闭。华润置地公司员工称该LED显示屏面积为160平方米。

审理中,法院就案涉光污染问题是否能进行环境监测的问题向重庆市九龙坡区生态环境监测站负责人进行了咨询,该负责人表示,当前国家与重庆市均无光污染环境监测方面的规范及技术指标,监测站无法对光污染问题开展环境监测。

【案件焦点】

本案中被告的行为是否构成光污染侵权。

【裁判结果】

重庆市江津区人民法院经审理认为,本案系环境污染责任纠纷,环境污染侵权责任属特殊侵权责任,其构成要件包括以下三个方面:一是污染者有污染环境的行为;二是被侵权人有损害后果;三是污染者污染环境的行为与被侵权人的损害之间有因果关系。华润置地公司作为万象城购物中心的建设方和经营管理方，其在正对李某住宅的购物中心外墙上设置 LED 显示屏播放广告、宣传资料等，产生的强光直射进入原告的住宅居室。根据李某提供的照片、视频资料等证据，以及法院组织双方当事人到现场查看的情况，可以认定华润置地公司使用 LED 显示屏播放广告、宣传资料等会产生强光。根据大众认知和感受，该强光会严重影响相邻人群的正常工作和学习，干扰周围居民正常生活和休息。参考本案专家意见，光污染对人的影响除了能够感知的对视觉影响外，太强的光辐射会造成人生物钟紊乱。根据日常生活经验法则，华润置地公司运行 LED 显示屏产生的光污染势必会给李某等人的身心健康造成损害，这也为公众普遍认可。华润置地公司运行 LED 显示屏产生的强光造成的光污染致使李某等人身心健康受到损害可推定属实。本案中，华润置地公司一直使用 LED 显示屏播放广告、宣传资料等，其产生的强光明显超出了一般人可容忍的程度，构成光污染，华润置地公司应承担责任。考虑到夜间人们需要休息，如果在夜间仍有亮光持续照射，势必会影响人们的正常休息，损害身心健康，因此被告不得在夜间使用 LED 显示屏实施光污染行为。按照一般规律，在 19：00 后，人们逐渐开始进入夜晚休息时段，外界自然环境也逐渐变暗，夜晚人们更习惯在暗光环境下休息，将 LED 显示屏亮度调低，有利于减少 LED 显示屏光线对居住在对面的原告等人的影响，更容易为一般大众所容忍。关于 LED 显示屏亮度具体限值，本案所涉 LED 显示屏位于商业区，参考照明专家意见，考虑到 LED 显示屏光与直射的照明灯光有所不同，综合本案具体情况，在 19：00 后的亮度限值确定为《LED 显示屏干扰光评价要求》（GB/T 36101—2018）所要求的 600 坎每平方米。据此，判决华润置地公司立即停止其在运行重庆市九龙坡区谢家湾正街万象城购物中心正对李某位于重庆市九龙坡区谢家湾正街 98 号某小区某幢住宅外墙上的一块 LED 显示屏时对李某的光污染侵害：（1）前述 LED 显示屏在每年 5 月 1 日至 9 月 30 日期间开启时间应在 8：30 之后，关闭时间应在 22：00 之前；

在每年 10 月 1 日至 4 月 30 日期间开启时间应在 8：30 之后，关闭时间应在 21：50 之前。（2）前述 LED 显示屏在每日 19：00 后的亮度值不得高于 600 坎每平方米。

【裁判摘要评析】

一、光污染及光污染责任纠纷的特点

什么是光污染，目前学术界并没有给出清晰、统一的定义。有学者定义为："光对人类及自然环境造成的负面影响，大部分来自低效率、非必要的人造光源。"有学者定义为："来源于人类生存环境中日光，灯光或其他反射，折射光源所造成的各种余量的或不协调的光辐射。"《上海城市环境（装饰）照明规范》中，将光污染定义为："由外溢光或杂散光的不利影响造成的不良照明环境，狭义地讲，即为障害光的消极影响。"国际反光污染组织则将其定义为："由人造光造成的任何不良反应，包括令天空发红、发亮、灯光滋扰、光丛、降低晚上的能见度及能源浪费。"笔者认为，光污染是指违反国家光环境标准的照明设备或建筑材料，通过过量的光辐射或者其折射光造成人体生理或心理健康损害，或动植物和周围环境不良影响。

有学者根据污染源的性质，将环境污染分为化学性污染、物理性污染和生物性污染。化学性污染和生物性污染属于物质污染，即污染者向环境介质中排放的有毒有害化学物质或病原微生物；物理性污染则是污染者排放的无形能量流。物质污染的过程，首先体现为污染者在生产、经营、适用、消费的过程中所排放的化学物质或者病原微生物对环境介质造成了实质性的损害，进而对暴露于其中的动植物或者人群产生损害。而能量引起的物理性污染，由于环境介质只是一种传输媒介，并未产生实质性的损

害。① 光污染属于物理性污染。

二、光污染案件的审理难点

司法实践中的难点问题是光污染的损害事实判断以及责任的承担。就事实判断问题，第一，需要判定是否构成了光污染，这涉及光污染的标准应如何确定的问题；第二，需要判断损害后果的大小；第三，需要判断损害后果与光污染之间是否具有因果关系。

法官要完成以上三项判断是非常困难的，造成这一难题的原因主要归为以下两点：一是光污染缺乏立法规定和技术规范。对本案涉及的户外LED显示屏干扰光问题，地方法律法规较少，只有北京、沈阳等地出台了规范文件进行限定。本案中适用的《LED显示屏干扰光评价要求》（GB/T 36101—2018）规范对象仅为"LED显示屏"，规范内容也只涉及亮度、照度等，对运行时间等并未进行规范。对LED显示屏之外的其他光源，实践中普遍参照的《城市夜景照明设计规范》（JGJ/T 163—2008）仅为行业标准，仅适用城市夜景照明设计，光污染部分的规范内容也不全面。二是光辐射的监测较为困难。本案中，法院多次向生态环境监测机构进行咨询，但始终未寻找到合适的监测机构。实践中，大部分生态环境监测站主要针对水、土壤、噪声污染等常见污染种类，未具备光辐射的监测能力。作为《LED显示屏干扰光现场测量方法》（GB/T 34973—2017）起草单位之一的广州赛西标准检测研究院有限公司，虽具有监测光辐射的技术能力，但未取得相应司法鉴定资质。

三、光污染损害事实的判断方式

与含传染病病原体、有毒物质等化学性、生物性污染不同，光污染中的光本身属于一种能量，而且是自然界中不可或缺的。物质污染中被侵权

---

① 参见张宝：《环境侵权的解释论》，中国政法大学出版社2015年版，第80~85页。

人的环境权益损害,往往可以通过已产生的人身、财产损害、生态环境本身的损害等表现出来。而光污染损害事实的具体表现,则需要结合个体的污染感知度判断。

本案中,基于原告提供的照片及视频、法官走访现场的实际感受并参考专家意见,考虑到原告客观上难以证明显示屏的技术参数、具备司法鉴定资质的机构匮乏,加之被告拒绝提供证据证明其设置显示屏的相关参数符合《LED 显示屏干扰光评价要求》相应规范等因素,法院最终认定被告使用 LED 显示屏播放广告、宣传资料等所产生的强光已经超出了一般公众普遍可容忍的范围,对原告的工作、学习造成干扰,认定被告设置的 LED 显示屏对原告造成了损害事实。

在这一过程中,法院将是否超出一般公众普遍可容忍的范围作为判断是否构成光污染的标准。就是否超出这一范围和程度,要针对被侵害利益的种类、性质、被侵害程度、加害行为样态、受害方具体情况和加害方具体情况,并结合不动产利用的先后关系、污染者所从事行为的社会价值和必要性,进行综合衡量及判断。这一判断过程,是一个复杂的、动态的利益衡量过程,并非简单地将《LED 显示屏干扰光评价要求》这一技术标准作为唯一的判断依据。

四、光污染责任纠纷的责任承担方式

保护环境的目的是人类社会的进步和可持续发展。在环境污染责任纠纷案件,尤其是光污染等不可量物污染责任纠纷案件的裁判过程中,需要注重通过裁判实现环境保护与经济发展的平衡。光污染等不可量物污染程度的感知存在个体差异性,在客观技术标准欠缺或者不完善的情况下,借助"容忍限度"适当减轻排污者责任,并将其作为平衡纠纷双方权益冲突的方法,是较好的选择。与化学性污染、生物性污染案件往往需要判决被告停止生产不同,光污染责任纠纷案件在实践中应优先考虑"部分排除危害"的方式,也即对排污行为附条件的禁止。

本案中，法院并未简单判决拆除 LED 电子显示屏，而是参照相关技术规范、专家意见，结合普通人对光的正常感知度及作息情况，通过规范被告开启 LED 显示屏运行时间、亮度值的方式将光污染对原告生活产生的负面影响降低到正常人的忍受限度之内，以达到停止侵害的目的，同时也维护了企业的正当合法权益。

重庆市江津区人民法院一审合议庭成员：姜玲　罗静　张志贵
（编写人：黄成[1]　罗静[2]）

---

[1] 重庆市高级人民法院环境资源审判庭四级高级法官。
[2] 重庆市江津区人民法院研究室主任。

(六) 中国生物多样性与绿色发展基金会诉深圳市速美环保有限公司等大气污染民事公益诉讼案
——网店售卖"年检神器"环境公益侵权责任的认定

【裁判摘要】

网店售卖"年检神器"帮助尾气不合格的车辆规避年度检测，构成以弄虚作假的方式教唆或协助机动车主实施大气污染行为，应当与环境侵权行为实施人机动车车主承担连带侵权责任。网络平台服务未违反"通知—删除"义务或者不具有显而易见违法情形的，可排除网络平台服务提供者连带责任的适用。

【案件基本信息】

1. 诉讼当事人

原告（系上诉人）：中国生物多样性与绿色发展基金会（以下简称中国绿发会）。

被告（系被上诉人）：浙江淘宝网络有限公司（以下简称淘宝公司）；

被告：深圳市速美环保有限公司（以下简称速美公司）。

2. 案件索引及裁判日期

一审：杭州市中级人民法院（2016）浙01民初1269号判决（2019年6月13日）；

二审：浙江省高级人民法院（2019）浙民终 863 号判决（2019 年 10 月 14 日）。

3. 案由

大气污染民事公益诉讼

【简要案情】

中国绿发会起诉称，速美公司在淘宝网开办网上商铺，销售使得机动车尾气年检得以蒙混过关的所谓"年检神器"系列产品，以弄虚作假的方式帮助尾气不合格的车辆规避汽车尾气年度检测，使得原本尾气超标的车辆得以蒙混过关继续上路，对我国大气污染防控工作造成了严重影响，对广大人民群众身体健康及社会公共利益造成了严重损害和持续的环境风险。淘宝公司作为网络交易平台经营者，未能按照有关法律法规的规定建立或执行有效的检查监控制度，导致速美公司通过淘宝公司所设立的第三方交易平台将大量非法产品销入市场。综上，请求法院判令：（1）两被告在全国性媒体上向社会公众赔礼道歉；（2）速美公司停止生产三元催化器火莲花金属软载体汽车尾气超标治理净化器、年检包过通用改装小三元催化器金属软载体汽车尾气超标治理净化器、年检包过柴油车三元催化器汽车尾气净化器 DPF 颗粒捕集器等非法产品；（3）淘宝公司对速美公司停止提供第三方交易平台服务；（4）两被告以连带责任方式承担生态环境修复费用 151765000 元；（5）两被告承担本案诉讼费、原告为此支出的必要费用交通住宿费、律师费等共计 160 万元。

速美公司答辩称：其并非本案适格被告。根据原告起诉状提及的《大气污染防治法》第五十五条规定的责任主体，并未包括作为销售者的速美公司。原告也并非行政主体，无权代表国家行政机关直接向速美公司作出行政处罚。从实体上看，原告以我方产品为非法产品提起本案诉讼，但根据鉴定机构发函内容，证明案涉产品不属于非法产品。且没有任何事实或行政处罚证实有相关单位使用案涉产品受到行政处罚或有增加大气污染的事实。原告至今没有提交证据，证明被告存在大气污染的侵权事实、侵权后果、侵权行为和后果之间的因果关系，原告应当承担举证不能的法律后果。原告没有提供支出律师费的发票、合同及支付凭证等，不应当得到支持。综上，请求法院在主体上驳回原告的起诉，在实体上驳回原告的诉讼请求。

淘宝公司答辩称：关于本案淘宝平台上的商家速美公司是否存在原告主张的环境侵权行为，同意速美公司的答辩意见。淘宝网仅是提供信息发布平台的服务提供商，并不参与会员用户的交易行为，已尽到身份审查、事前提醒等审查义务。本案涉及的并非法定的明显违法信息，在原告起诉后，淘宝网及时采取删除措施，因而不存在原告主张的帮助侵权行为，无须承担相应的法律责任。原告主张淘宝网停止对速美公司提供平台服务违反合同的相对性原则，要求淘宝网承担连带赔偿责任没有事实和法律依据。综上，请求法院驳回原告对淘宝公司提出的全部诉讼请求。

一审法院经审理查明，速美公司于2015年9月起在淘宝网开办网上商铺，销售汽车尾气治理、净化产品以及汽车保险杠等各类汽车用品。其中主要销售的产品为使机动车尾气年检得以蒙混过关的所谓"年检神器"系列产品，具体包括：三元催化器火莲花金属软载体汽车尾气超标治理净化器、年检包过通用改装小三元催化器金属软载体汽车尾气超标治理净化器、年检包过柴油车三元催化器汽年尾气净化器DPF颗粒捕集器等。上述产品在速美公司商铺产品宣传："更换三元催化器成本高，金属软载体辅助或替代三元催化器治理尾气，可重复使用3次左右，单次过检成本低至15元，超高性价比""安装在三元催化器前面，热车5分钟即可上线检测，省时省力""欢迎各大汽修厂、年检代办机构、检测站加盟合作，量大价优""金属软载体工作原理与三元催化器原理一样，运用于汽油车，简单易用，有效公里数在50公里左右""检测站、修理厂、年检代办机构合作单位超过1000家""本品专门用于柴油车过年检的DPF催化器，修理厂或年检代办机构可将本品装在柴油车排气管上，过完年检再拆下用于下一辆车，反复使用"。上述三种产品已售出3万余件，销售金额约300余万元，其中部分买家收货地址为汽车修理厂。

淘宝网系由淘宝公司开办和负责运行的网络交易平台,在淘宝网上注册为用户均需同意淘宝公司制定的服务协议。服务协议有如下约定,淘宝仅向用户提供淘宝平台服务,淘宝平台上的信息系由用户自行发布,且可能存在风险和瑕疵。鉴于淘宝平台具备存在海量信息及信息网络环境下信息与实物相分离的特点,淘宝无法逐一审查商品及(或)服务的信息,无法逐一审查交易所涉及的商品及/或服务的质量、安全以及合法性、真实性、准确性,对此用户应谨慎判断。淘宝网仅是提供信息发布平台的服务商,并不参与会员用户的交易行为,已尽到身份审查、事前提醒等审查义务。淘宝公司在收到本案诉状后,已下架"年检神器"系列产品,停止对速美公司提供平台服务。

【案件焦点】

(1)速美公司是否应承担环境污染侵权责任;
(2)淘宝公司是否应当与速美公司承担连带责任;
(3)本案环境污染危害结果是否存在、环境污染程度以及修复费用如何计算。

【裁判结果】

杭州市中级人民法院经审理认为,速美公司行为构成通过弄虚作假的方式教唆或协助机动车主规避机动车年检的环境侵权行为,根据《侵权责任法》第九条(现为《民法典》第一千一百六十九条)的规定,速美公司应与机动车所有人承担连带责任。而依据《民法总则》第一百七十八条(现为《民法典》第一百七十八条)之规定,原告有权请求部分连带责任人即速美公司承担全部赔偿责任。淘宝公司已经尽到身份审查、事前提醒等审查义务,并在收到本案诉状后及时采取删除措施,无法认定其帮助速美公司实施了侵权行为,对于原告要求淘宝公司与速美公司共同承担连带责任的诉请,不予支持。一审判决如下:(1)速美公司在本判决生效之日起十五日内,在国家级媒体上向社会公众道歉;(2)速美公司在本判决生效之日起十五日内，向中国绿发会支付律师费、差旅费、相关工作人员必要开支等 15 万元；（3）速美公司在本判决生效之日起十五日内赔偿大气污染环境修复费用 350 万元（款项专用于我国大气污染环境治理）；四、驳回中国绿发会的其他诉讼请求。

一审宣判后，中国绿发会以淘宝公司应当承担连带责任为由提起上诉。浙江省高级人民法院经审理认为，本案淘宝公司接到起诉状后，下架了"年检神器"相关产品、停止对速美公司提供平台服务，未违反《侵权责任法》第三十六条第二款（现为《民法典》第一千一百九十五条）规定的"通知—删除"义务；本案淘宝公司提供的网络服务也难以认定为具有显而易见违法情形的，中国绿发会诉请淘宝公司承担连带责任缺乏事实和法律依据，不予支持，驳回上诉，维持原判。

【裁判摘要评析】

本案广受社会各界各关注，曾入选"2019 年中国十大影响性诉讼"。本案涉及大气污染环境公益诉讼的侵权损害事实、因果关系以及网络共同侵权责任的认定等法律适用问题，笔者作以下评析。

一、网店售卖"年检神器"行为的性质认定

虽然本案速美公司售卖"年检神器"的行为事实清楚，但售卖"年检神器"本身并不直接造成大气污染损害，直接造成大气污染损害的是购买"年检神器"并实际使用该产品的机动车使用人或汽车修理厂家。这些"年检神器"购买者和使用者的行为违法性显而易见，《大气污染防治法》第五十五条规定："禁止机动车所有人以临时更换机动车污染控制装置等弄虚作假的方式通过机动车排放检验。禁止机动车维修单位提供该类维修服务。禁止破坏机动车车载排放诊断系统。"第一百二十五条规定："排放大气污染物造成损害的，应当依法承担侵权责任。"故应当承担直接环境侵权责任的是"年检神器"购买并实际使用者。本案速美公司通过研发、生产、销售违法的临时性机动车污染控制装置，并且在有关网页上以低成

本为诱饵招揽客户，以广泛散布临时更换污染控制装置的手法等方式，教唆意志薄弱的机动车所有人以弄虚作假方式应付机动车尾气年检，其行为构成通过弄虚作假的方式教唆或协助机动车主规避机动车年检的环境侵权行为。根据《侵权责任法》第九条（现为《民法典》第一千一百六十九条）的规定，速美公司应与前述机动车所有人承担连带责任。依据《民法总则》第一百七十八条（现为《民法典》第一百七十八条）之规定，原告有权请求部分连带责任人即速美公司承担全部赔偿责任。本案速美公司售卖"年检神器"的行为构成环境侵权，应当承担相应的环境侵权责任。

二、大气污染环境侵权责任承担方式的适用

（一）预防性责任的适用

《环境民事公益诉讼解释》第十八条就规定了停止侵害、排除妨碍、消除危险等预防性责任方式。停止侵害的作用在于及时制止环境污染侵害行为，防止扩大损害后果，属于侵权责任的主要承担方式。这种责任方式以侵权行为正在进行中或仍在延续为适用条件，对尚未发生或者已经终止的侵权行为无须适用。本案中，由于淘宝公司在知晓中国绿发会提起本案诉讼后，及时将案涉产品下架，停止了相关平台服务，本案原告关于停止侵害的诉讼请求事实上已经得到履行，故法院可以不再裁判。

（二）恢复性责任的适用

环境公益诉讼的目标不仅在于解决当事人之间的民事权益争议，更重要的是恢复生态环境的状态和功能。在生态环境已经产生现实损害的情况下，由被告承担治理污染和修复生态环境的责任体现了损害担责原则。《环境民事公益诉讼解释》第十八条明确规定了"恢复原状"的责任方式。[①] 对于环境污染的情形，落实恢复原状的责任应当主要以清理行为人

[①] 《环境民事公益诉讼解释》已于 2020 年 12 月 23 日修正，其中第十八条删除了"恢复原状"修改为"修复生态环境"。

不当添加的污染物为主；对于生态破坏的情形，恢复原状主要是行为人应将其消减的生态资源价值加以补偿。① 对于因污染大气、水等具有自净功能的环境介质导致生态环境损害，原地修复已无可能或者没有必要的，可以采用支付生态环境修复费用、采用区域环境治理、劳务代偿等替代性修复方式。本案中，速美公司在淘宝网上销售年检神器的事实清楚，案涉产品造成不特定地区大气污染物的增加导致环境污染的事实客观存在，故中国绿发会要求速美公司承担生态环境修复费用的诉请于法有据。至于修复费用的确定，经依法委托鉴定，由于无法对本案大气污染损害程度进行替代性修复的经济成本作出科学判定，根据《环境民事公益诉讼解释》第二十三条的规定和本案实际，参考速美公司的销售金额、环境保护监督管理职责部门和专家意见等，法院酌情确定速美公司支付生态环境修复费用为350万元，并明确款项专门用于大气环境污染治理，具有相应的事实和法律依据。

（三）赔偿性责任的适用

《环境民事公益诉讼解释》第二十二条规定，原告请求被告承担合理的律师费以及为诉讼支出的其他合理费用的，人民法院可以依法予以支持。法院可以综合考虑原告工作人员所办理的必要事项，以及案件的性质、办理难度、工作方式、交通距离、交通方式等，合理确定环境民事公益诉讼原告主张的律师费以及必要费用等。中国绿发会主张160万元律师费，显然过高，结合原告提交的差旅费等发票，法院酌情确定律师费、住宿费以及相关工作人员必要开支等共计15万元，合法有据。

三、网络平台服务提供者的责任界定

《侵权责任法》第三十六条第二款（现为《民法典》第一千一百九十五条）为网络服务提供者设立了"避风港"和责任限制。所谓"避风港"

---

① 参见最高人民法院环境资源审判庭编著：《最高人民法院关于环境民事公益诉讼解释理解与适用》，人民法院出版社2015年版，第298页。

是指被侵权人如果发现网络用户利用网络服务侵害其合法权益的，有权向网络服务提供者发出通知，要求其采取必要措施。如果网络服务提供者采取了必要措施，则不承担侵权责任。责任限制体现在，如果网络服务提供者在收到被侵权人的通知之后未采取必要措施，或者采取的措施不合理，造成损害结果的扩大的，网络服务提供者只对因此造成的损害的扩大部分与实施直接侵权行为的网络用户承担连带责任。《侵权责任法》第三十六条第三款（现为《民法典》第一千一百九十七条）规定了提供信息接入或者信息平台服务的网络服务提供者的间接侵权责任，即网络服务提供者认识（或者知道）到网络用户利用其网络服务侵害他人民事权益，则负有采取必要措施制止侵权行为的保护义务。如未采取必要措施，实际上是放任了侵害结果的发生，应与实施直接侵权的网络用户承担连带责任。这里的关键是如何理解"知道"这一主观要件？司法实践中，除了有明确的证据表明网络服务提供者确实已经知道之外，一般通过间接证据"推定知道"或者"有理由知道"。① 比如直接侵害者的行为持续处于众所周知的违法状态之中，明显违反了法律的禁止性规定等。在知识产权司法保护领域，在适用避风港原则的同时发展出了"红旗规则"，即违法事实显而易见，就像红旗一样飘扬，网络服务提供者不能装作看不见，或者以不知道侵权的理由来推脱责任，可以推定网络服务提供者是知道的，应当承担相应的侵权责任。

  对于提供网络接入或平台服务的网络服务提供者，向公众提供平台或信息服务时应当履行的注意义务，主要涉及《电子商务法》第三十八条、国务院公布的《互联网信息服务管理办法》第十三条和第十五条、原国家工商行政管理总局公布的《网络交易管理办法》第二十六条等的规定。归纳起来，主要分为事前、事中、事后三个阶段的义务：事前或事中主要包括应当审核平台内经营者的合法资质，确保所提供的信息内容合法，应审查售卖产品是否属于《互联网信息服务管理办法》第十五条规定的禁售范

---

① 参见最高人民法院侵权责任法研究小组编著：《〈中华人民共和国侵权责任法〉条文理解与适用》，人民法院出版社 2016 年版，第 265 页。

围,以及全过程的安全保障义务。事后主要包括"发现有违反工商行政管理法律、法规、规章的行为的,……及时采取措施制止,必要时可以停止对其提供第三方交易平台服务"。本案中淘宝公司在商家进驻之前会进行身份审查,对于毒品、枪支等明显属于违禁物品名称的信息,淘宝平台通过设置相应关键词对商品名称进行筛查,在卖家发布商品信息前进行拦截。收到本案起诉状后,已经将案涉产品下架,停止了相关平台服务,符合《侵权责任法》第三十六条第二款(现为《民法典》第一千一百九十五条)的规定,可以适用避风港原则下的责任豁免。

当然,正如二审判决指出的,淘宝公司对于卖家在其平台销售的类似本案本身不属于禁售品,但产品可能用于违法目的的行为,应建立行之有效的检索及监管制度,加强网络平台信息管理,有效履行网络运营服务商的法定职责,为守护好蓝天碧水肩负起更多的社会责任。

浙江省高级人民法院二审合议庭成员:沈妙 夏祖银 董东
(编写人:钱建军[1] 夏祖银[2])

---

[1] 浙江省高级人民法院环境资源审判庭副庭长、三级高级法官。
[2] 浙江省高级人民法院环境资源审判庭四级高级法官。

（七）北京市朝阳区自然之友环境研究所诉现代汽车（中国）投资有限公司大气污染责任纠纷案
——探索环境污染损害赔偿金的管理方式与替代性环境修复方式

【裁判摘要】

引入信托机制管理环境损害赔偿金，探索修建充电桩等方式完善替代性环境修复措施。

【案件基本信息】

1. 诉讼当事人

原告：北京市朝阳区自然之友环境研究所（以下简称自然之友）。

被告：现代汽车（中国）投资有限公司（以下简称现代汽车公司）。

2. 案件索引及裁判日期

一审：北京市第四中级人民法院（2016）京04民初73号调解（2019年5月21日）。

3. 案由

大气污染责任纠纷

【简要案情】

北京市环境保护局经抽检，认定现代汽车公司自2013年3月1日至

2014年1月20日进口中国并在北京地区销售的全新胜达3.0车辆的排气污染数值排放超过京V标准的限值，并据此作出行政处罚决定。自然之友以上述行政处罚决定为依据，向北京市第四中级人民法院提起环境民事公益诉讼。案件审理中，人民法院委托鉴定机构对涉案车辆超标排放大气污染物对环境造成的影响以及环境修复方式、费用进行了鉴定。

【案件焦点】

汽车超标排放污染物是否构成环境污染侵权。

【裁判结果】

经北京市第四中级人民法院主持，双方达成如下调解协议：现代汽车公司已经停止在北京地区销售不符合排放标准的全新胜达3.0车辆，已经通过技术改进等方式对所有在北京地区销售的不符合排放标准的全新胜达3.0车辆进行维修并达到排放标准。现代汽车公司向信托受托人长安国际信托股份有限公司交付信托资金120万元，用于保护、修复大气环境、防治大气污染，支持环境公益事业。现代汽车公司就案件所涉及销售车辆不符合排放标准一事向社会公众致歉，并承诺支持环境公益事业等。上述调解协议已经依法公示、确认。

【裁判摘要评析】

完善环境公益诉讼制度，不仅要建立科学合理的裁判规则体系，落实环境责任承担，还要在现有体制机制框架内，探赔偿资金管理模式，以发挥赔偿资金用于生态环境保护和修复的应有作用。关于赔偿资金的管理和使用，人民法院进行了不断的探索与尝试，也在已有经验的基础上扩展了新渠道。根据《信托法》和《慈善法》规定，环境公益可纳入《信托法》《慈善法》规定的公益信托范围。在此基础上，北京市第四中级人民法院结合案件审理的实际情况，创新性地进行了有益尝试，将信托机制纳入专业公益资金使用渠道。在经调解结案的自然之友与现代汽车公司环境公益诉讼案件中，北京市第四中级人民法院在全国范围内首次引入公益信托机制，依靠公益信托的设立、信托财产的管理、专业委员会的设立、信托监察人的设置以及信托事务处理情况及财产状况报告、公告、清算报告、违法起诉等制度，对赔偿资金进行合理监管和使用。该信托机制有以下特点：

第一，通过民事审判建立环境基金平台，发挥信托制度优势。信托制度不仅完全契合赔偿资金在使用上所要求的公益性、独立性、透明性，而且还有公益事业管理机构的监管，是管理公益诉讼赔偿资金的最佳机制选择。信托公司作为的专业金融机构，经过多年的发展积累，已经拥有了大量专业化管理人才和丰富的管理经验，在制度规范性、监管有效性、运行流畅性方面均具有优势，使公益信托能够成为环境公益诉讼赔偿资金管理和使用的最佳选择。

第二，拓宽赔偿资金使用渠道，长期发挥生态环境保护和修复作用。公益信托不仅为赔偿资金提供了适当的使用渠道，也使赔偿资金最大限度地发挥了效用。本案中，当事人经协商同意采用设立长安慈——大气环境保护慈善信托的方式修复生态环境，信托资金为120万元，信托期限为10年，信托目的为保护、修复大气环境，支持环境公益事业，信托受益人为大气保护项目执行区域的公众。该基金的设立对环境保护和修复区域的生态环境以及赔偿资金的长时间管理提供了支持，充分发挥了人民法院在审判执行之外对生态环境保护的优势作用。

第三，人民法院主持引入信托机构，由信托机构承担资金管理责任。为保证信托设立的公正性，以及将环境审判的功能优势最大化发挥，人民法院在主持调解的过程中将信托公司纳入程序，并要求自然之友和现代汽车公司全程参与信托设立和运行。为起到良好的监督引导作用，人民法院依法审查信托合同文本和信托事项，积极提出修改意见。在人民法院的主持和推动下，长安慈信托顺利设立，现代汽车公司按时支付120万元信托资金，信托机构承担资金管理责任。

第四，根据公益信托的设立目的，建立专业决策委员会。为实现信托目的,通过信托方式"保护、修复大气环境,防治大气污染,支持环境公益事业",在长安慈信托设立后,由公益组织代表、环境专家、法学专家等作为委员会成员,成立了专门的决策委员会。

  第五,建立公益监察人制度和公益资金使用报告监督制度。长安慈公益基金设立后,为监督赔偿资金的合理使用,由律师事务所作为信托监察人,建立了公益监察人制度,对信托事项进行全程法律监察。与此同时,信托公司就案件所涉信托事项每年定期向公益组织、人民法院提交报告,由人民法院监督信托执行,具体包括信托机构履行信托义务、决策委员会召开会议、信托资金的管理和使用、披露信息、监察人履职等。

北京市第四中级人民法院一审合议庭成员:马军　王翔
(编写人:马军[①]　马志文[②])

[①] 北京市第四中级人民法院民事审判庭庭长、三级高级法官。
[②] 北京市第四中级人民法院民事审判庭法官助理。

(八) 中国生物多样性保护与绿色发展基金会诉北京市朝阳区刘诗昆万象新天幼儿园公益诉讼环境污染责任纠纷案
——以调解促进环境民事公益诉讼的实际功效和社会效果

【裁判摘要】

以调解结案促使当事人尽快履行环境修复义务，通过专项捐助实现款项的环保用途，并以环境民事公益诉讼促进社会多主体提高环境保护意识，消除破坏环境的不良影响。

【案件基本信息】

1. 诉讼当事人

原告：中国生物多样性保护与绿色发展基金会。

被告：北京市朝阳区刘诗昆万象新天幼儿园。

2. 案件索引及裁判日期

一审：北京市第四中级人民法院（2016）京04民初93号调解（2017年4月10日）。

3. 案由

环境污染责任纠纷

【简要案情】

2016年3月26日至4月1日，北京市朝阳区刘诗昆万象新天幼儿园铺设塑胶跑道。同年4月份该塑胶跑道投入使用，并持续向外散发刺激性气味。中国生物多样性保护与绿色发展基金会以北京市朝阳区刘诗昆万象新天幼儿园破坏大气和土壤环境，对社会公共利益造成侵害为由向北京市第四中级人民法院提起环境民事公益诉讼，请求该幼儿园拆除园内塑胶跑道，承担对已经受到污染的土壤和大气环境进行修复或替代性修复等法律责任。

【案件焦点】

铺设"毒跑道"是否构成环境污染侵权。

【裁判结果】

经北京市第四中级人民法院主持，双方达成如下调解协议：北京市朝阳区刘诗昆万象新天幼儿园拆除在该园内铺设的塑胶跑道（操场），并铺上草坪；北京市朝阳区刘诗昆万象新天幼儿园以保护生态环境为目的向中华社会救助基金会捐助10万元。上述调解协议已经履行完毕。

【裁判摘要评析】

本案为人民法院通过调解方式解决具有社会影响的全国首例"毒跑道"引发的公益诉讼案件，不仅达到了及时保护、恢复生态环境的社会效果，还丰富和创新公益诉讼责任承担方式。具有以下特点：一是在司法裁判中为有效实现生态环境保护、完善环境责任承担方式规则，人民法院积极探索运用各种符合城市生态环境保护的方法。通过调解扩大保护范围，发挥生态环境审判对生态环境损害的预防性功能，在调解范围上未局限于就案办案，而是通过调解推动多家案件以外幼儿园同时拆除塑胶跑道，以一案解决数案，降低诉讼成本，及时保护环境，维护未成年人权利。二是在内容上具有全面、及时和执行到位的特点，通过拆除塑胶跑道和铺草坪的方式对受污染的土壤和大气环境进行修复或替代性修复，实现了对生态环境的及时保护。通过调解全面及时地将污染源拆除并将生态环境恢复原状，在案件进行调解的同时，执行已经完成。三是在生态环境损害修复资金的管理和使用制度尚未建立时，污染者应当承担的服务功能损失费、替代性修复赔偿资金没有合适的使用、监管渠道，在一定程度上制约了环境公益诉讼功能的有效发挥。一审法院在校园环境公益诉讼，即"毒跑道"案件在尝试及时修复环境、保护未成年健康的同时，污染者以保护生态环境为目向中华社会救助基金会支付资金。在责任上通过公益捐款的创新形式承担社会责任，代替过去仅限于被污染环境的治理，使具有公益性的捐款、承担更多社会责任的款项以及惩罚性的款项能够有专门的途径，为生态环境的整体治理发挥更大公益功能，在公益诉讼中丰富了承担环境责任的方式。本案为北京市首例以调解方式审结的社会组织提起的公益诉讼案件。通过调解方式化解纠纷，承担社会公益责任，取得了良好的社会效果。一审法院向行政部门的告知也收到回函，北京市相关部门及时出台相关文件，排查整改环境，停止使用有异味的塑胶操场，推动制定学校操场标准，保障校园环境。

北京市第四中级人民法院一审合议庭成员：马军　温志军　冀东

(编写人：马军[1]　马志文[2])

---

[1] 北京市第四中级人民法院民事审判庭庭长、三级高级法官。
[2] 北京市第四中级人民法院民事审判庭法官助理。

（九）重庆市绿色志愿者联合会诉恩施自治州建始磺厂坪矿业有限责任公司环境污染责任纠纷案
——"停止侵害"在环境民事公益诉讼中的适用

【裁判摘要】

环境民事公益诉讼中，人民法院判令污染者停止侵害的，在污染者需要重新进行环境影响评价时，可以禁止其在环境影响评价文件经审查批准及配套建设的环境保护设施验收合格之前恢复生产。

【案件基本信息】

1. 诉讼当事人

一审原告：重庆市绿色志愿者联合会（以下简称绿联会）。

一审被告：恩施自治州建始磺厂坪矿业有限责任公司（以下简称建始磺厂坪矿业公司）。

2. 案件索引及裁判日期

一审：重庆市万州区人民法院（2014）万法环公初字第00001号（2016年1月14日）；

二审：重庆市第二中级人民法院（2016）渝02民终77号（2016年9月13日）。

3. 案由

环境污染民事公益诉讼

【简要案情】

千丈岩水库位于重庆市巫山县、重庆市奉节县和湖北省建始县交界地带，距离长江25公里。2013年12月6日，该水库被重庆市人民政府确认为集中式饮用水源保护区，保障周边红椿乡、庙宇镇、铜鼓镇、长安乡居民5万余人的生活饮用和生产。

建始磺厂坪矿业公司距离巫山县千丈岩水库直线距离约2.6公里，该地区属喀斯特地貌的山区，地下裂缝纵横，暗河较多。该项目于2009年编制可行性研究报告，2010年7月开展环境影响评价工作，2011年5月16日取得环境影响评价批复。2012年开工建设，2014年6月基本完成，但水污染防治设施等未建成。建始磺厂坪矿业公司选矿厂硫铁矿生产中因有废水和尾矿排放，属于排放污染物的建设项目。其项目建设可行性报告中明确指出尾矿库库区为自然成库的岩溶洼地，库区岩溶表现为岩溶裂隙和溶洞。同时，尾矿库工程安全预评价报告载明："建议评价报告做下列修改和补充：（1）对库区渗漏分单元进行评价，提出对策措施；（2）对尾矿库运行后可能存在的排洪排水问题进行补充评价。"但建始磺厂坪矿业公司实际并未履行修改和补充措施。

2014年8月10日，建始磺厂坪矿业公司选矿厂进行违法生产，产生的废水、尾矿未经处理就排入临近有溶洞漏斗发育的自然洼地。2014年8月12日，千丈岩水库饮用水源取水口水质出现异常。重庆市相关部门将污染水体封存在水库内，对受污染水体实施药物净化等应急措施。监测结果表明，被污染水体无重金属毒性，但具有有机物毒性，COD（化学需氧量）、Fe（铁）超标。

千丈岩水库水污染事件发生后，环境保护部明确该起事件已构成重大突发环境事件。湖北省环保厅于2014年9月4日作出行政处罚决定，认定建始磺厂坪矿业公司硫铁矿选矿项目水污染防治设施未建成，擅自投入生产；非法将生产产生的废水和尾矿排放、倾倒至厂房下方的洼地内，造成废水和废渣经洼地底部裂隙渗漏，导致重庆市巫山县千丈岩水库水体污染。建始磺厂坪矿业公司缴纳了罚款，但并未按照行政处罚决定采取污染治理措施。

一审法院认为，本案硫铁矿建设项目环境影响评价未考量千丈岩水库饮用水源保护区，客观现实已经造成跨行政区域的不良环境影响，其原有的环境影响评价依据发生情势变化，须重新作出，并履行法定审批程序。一审判令建始磺厂坪矿业公司重新进行环境影响评价，未经批复和环境保护设施未经验收，不得生产。

建始磺厂坪矿业公司不服，提起上诉。建始磺厂坪矿业公司认为其在绿联会起诉之前就已停止生产，法院不应判决停止侵害，同时"重新进行环境影响评价，未经批复和环境保护设施未经验收，不得生产"属于行政权范畴，不是民事责任的承担方式。

【案件焦点】

法院在判决侵权人承担"停止侵害"的责任时，是否可以判决被告重新进行环境影响评价，并在禁止侵权人在环境影响评价经批复和环境保护设施经验收前恢复生产。

【裁判结果】

重庆市第二中级人民法院经审理认为，建始磺厂坪矿业公司只是暂时停止了生产行为，其环保设施未建成等违法情形并未实际消除，随时可能恢复违法生产。考虑到上诉人的违法情形尚未消除、项目所处区域地质地理条件复杂特殊，在不能确保恢复生产不会再次造成环境污染的前提下，应当禁止其恢复生产，才能有效避免当地生态环境再次遭受污染破坏，亦可避免在今后发现上诉人重新恢复违法生产后需另行诉讼的风险。判令建始磺厂坪矿业公司重新进行环境影响评价，未经批复和环境保护设施未经验收，不得生产是对建始磺厂坪矿业公司重新恢复生产作出的一种约束，是对停止侵害具体履行方式的明确、细化，不违反相关法律规定。千丈岩水库长期以来担负着周边乡镇5万余人的生活生产保障、防洪蓄水、梯级发电等任务，并被重庆市人民政府确定为集中式饮用水水源一级保护区，对当地群众的生存发展具有重大意义，也与三峡库区的生态涵养息息相关，对于周边建设项目，均应将其作为重点环境保护目标纳入建设项目的环境影响评价。由于千丈岩水库与建始磺厂坪矿业公司分处不同省级行政区域，导致当时的环境影响评价并未涉及千丈岩水库，可见该次环境影响评价是不全面且有着明显不足的。出于对重点环境保护目标的保护及公共利益的维护，责令上诉人在考虑对千丈岩水库的环境影响基础，重新对项目进行环境影响评价并履行法定审批手续，显然是必要且合理的。

【裁判摘要评析】

该案例涉及环境侵权责任的承担方式中"停止侵害"在环境民事公益诉讼中的具体化。

一、是否应当停止侵害

停止侵害，是指侵权人实施的侵权行为仍在继续进行中，受害人有权依法请求法院责令侵权人停止其侵害行为。根据《环境保护法》第四十一条规定，建设项目中防治污染的设施，应当与主体工程同时设计、同时施工、同时投产使用。防治污染的设施应当符合经批准的环境影响评价文件的要求，不得擅自拆除或者闲置。本案中，建始磺厂坪矿业公司没有严格执行"三同时"规定，水污染防治设施尚未建成就擅自投入生产。建始磺厂坪矿业公司在污染防治设施没有建成的情况下，就将生产产生的废水和尾矿非法排放、倾倒至厂房下方的洼地内，造成废水和废渣经洼地底部裂隙渗漏污染了千丈岩水库的水体。因污染环境和破坏生态造成损害的，应当依照《侵权责任法》（现为《民法典》侵权责任编）的有关规定承担侵权责任。停止侵害是《侵权责任法》（现为《民法典》侵权责任编）规定的重要的民事责任承担方式。《环境民事公益诉讼解释》第十八条也规定，对污染环境、破坏生态，已经损害社会公共利益或者具有损害社会公共利益重大风险的行为，原告可以请求被告承担停止侵害的民事责任。因此，本案中人民法院根据《侵权责任法》（现为《民法典》侵权责任编）和《环境民事公益诉讼解释》的规定，判决建始磺厂坪矿业公司承担停止侵害的民事责任。

二、如何停止侵害

《民事诉讼法解释》① 第四百六十三条规定："当事人申请人民法院执行的生效法律文书应当具备下列条件：（一）权利义务主体明确；（二）给付内容明确。法律文书确定继续履行合同的，应当明确继续履行的具体内容。"可见，人民法院强制执行的生效裁判，其裁判内容应具有可执行性。公益诉讼的裁判不仅要确定被告应承担的责任类型，还要确定其履行责任的方式、程序、标准和时限等，唯有如此，才能更有效地维护社会公共利益。在本案中，人民法院的裁判不宜仅判决建始磺厂坪矿业公司停止侵害，还应当明确该公司如何具体承担停止侵害的责任。

人民法院在审判中需要妥善处理环境保护与经济发展的关系，要促进经济社会发展与环境保护相协调，在司法过程中要体现保护优先、预防为主的环境保护基本原则。对于违反国家规定，排放污染物造成环境污染、生态破坏的企业，人民法院在决定是否完全禁止被告生产经营活动时，应当特别慎重，应将相关因素纳入考量的范围，进行利益衡平：（1）被告所在地是否在国家和省级主体功能区规划中划定的重点生态功能区、禁止开发区，是否在生态红线范围内；（2）禁止被告生产经营活动所可能带来的后果；（3）是否有其他替代方案能够让被告合法生产经营的同时，对生态环境造成损害降到最低。本案中，由于建始磺厂坪矿业公司与千丈岩水库分别位于不同的省级行政区划内，千丈岩水库在该公司开工建设后才被确定为集中式饮用水源，建始磺厂坪矿业公司本身不在饮用水源保护区范围内，所处位置不在限制开发区，不在生态保护红线范围内。如果完全禁止该公司生产经营，其此前的所有投入付诸东流，招聘的工人也面临失业的

---

① 《民事诉讼法解释》已于 2022 年 3 月 22 日第二次修正，自 2022 年 4 月 10 日起施行。

风险。主观上看，在环境影响评价时没有将千丈岩水库作为环境敏感保护目标上，建始磺厂坪矿业公司不存在过错。

建始磺厂坪矿业公司应重新进行环境影响评价并报经审批。环境影响评价是指对规划和建设项目实施后可能造成的环境影响进行分析、预测和评估，提出预防或者减轻不良环境影响的对策和措施，进行跟踪监测的方法与制度。环境影响评价主要针对人类重要规划决策和开发建设活动，从可能对环境产生物理性、化学性或生物性的作用及其造成的环境变化和对人类健康福利的可能影响，进行系统分析评估，并提出减少影响的对策措施。

根据《环境影响评价法》和《建设项目环境保护管理条例》的规定，建设项目对环境可能造成重大影响的，应当编制环境影响报告书，对建设项目产生的污染和对环境的影响进行全面、详细的评价。根据《建设项目环境保护管理条例》第十二条的规定，建设项目环境影响评价文件经批准后，建设项目的性质、规模、地点或者采用的生产工艺或者防治污染、防止生态破坏的措施发生重大变动的，建设单位应当重新报批建设项目环境影响评价文件。建设项目环境影响评价文件自批准之日起满5年，建设项目方开工建设的，其环境影响评价文件应当报原审批机关重新审核。这就是环境影响评价重新审批。该制度设立的目的在于确保环境影响评价文件中所确定的环境保护措施能够切实发挥作用，预防或者减轻建设项目所产生的不良环境影响。由于建设项目周围所处的区域环境敏感目标发生重大变化，是否需要重新进行环境影响评价并报相关部门审批，《环境影响评价法》没有明确规定。一般情况下建设项目周围环境是不会发生变化的，但是，建设项目周围所处的区域环境敏感目标有的时候则会发生变化。环境敏感保护目标，包括所有重要的、值得保护或需要保护的目标，其中最主要的是法律法规已明确其保护地位的目标。比如《环境保护法》中明确规定的具有代表性的各种类型的自然生态系统区域，珍稀、濒危的野生动植物自然分布区域，重要的水源涵养区域，具有重大科学文化价值的地质构造和化石分布区、冰川、火山、温泉等自然遗迹，以及人文遗迹等等，这些都属于环境敏感保护目标。如果在规划建设项目时就知道这些环境敏感保护目标，那么环境影响评价应当将其作为重要考量因素。但这些环境敏感保护目标往往是在建设项目启动后，才确定或者被发现的，比如在建设项目施工过程中，发现人文遗迹、化石等。此时，由于此前开展的环境影响评价并没有将其作为考量因素，就不可能有针对性地采取环境保护措施。因此，此种情形可以纳入"采用的防治污染、防止生态破坏的措施发生重大变动"。在此时，只要建设项目还没有正式投入生产使用，甚至环境保护设施还没有经过验收，就应当重新进行环境影响评价并重新审批，只有这样，环境敏感保护目标才能得到有效保护。本案中，由于千丈岩水库与建始磺厂坪矿业公司分处不同省级行政区域，建始磺厂坪矿业公司进行环境影响评价时，千丈岩水库尚未被重庆市正式确定为集中式饮用水源保护区，原有的环境影响评价就没有考虑到对集中式饮用水源的保护问题。案涉污染源处于喀斯特地貌的山区，地下裂缝纵横，暗河较多，而其中的暗河水源正是千丈岩水库的聚水来源，污染源的地理位置高于千丈岩水库，必然导致千丈岩水库遭受污染的风险系数急剧上升。出于公共利益考虑，责令建始磺厂坪矿业公司在对千丈岩水库环境影响基础上重新对项目进行环境影响评价并履行审批手续，符合《环境影响评价法》的立法精神。

在环境司法领域，"停止侵害"并不等于只能是消极不作为、不实施某种行为，往往可能表现为需要积极从事某种行为。法院要求侵权人重新进行环境影响评价，并判令侵权人在环境影响评价经批复和环境保护设施经验收前不得恢复生产，实际上系带有条件的禁止令。侵权人只有在满足相应条件后，才能解除禁止令，否则就应一直受到禁止令约束，不得恢复生产。

重庆市第二中级人民法院二审合议庭成员：王剑波　杨超　沈平
（编写人：黄成[①]）

[①] 重庆市高级人民法院环境资源审判庭四级高级法官。

（十）江苏省镇江市生态环境公益保护协会诉江苏优立光学眼镜有限公司固体废物污染民事公益诉讼案

——以"三合一"审判实现行业环境治理与可持续发展

【裁判摘要】

环境污染案件的审理，应当尊重科学，查明真相，充分运用刑事、民事、行政的三维视野，不仅依法审理个案，还可以通过司法建议等措施实现行业环境治理，促进经济社会可持续发展。

【案件基本信息】

1. 诉讼当事人

原告：江苏省镇江市生态环境公益保护协会（以下简称公益协会）。

被告：江苏优立光学眼镜有限公司（以下简称优立公司）。

2. 案件索引及裁判日期

一审：江苏省镇江市中级人民法院（2015）镇民公初字第3号判决（2016年6月3日）。

3. 案由

固体废物污染责任纠纷

【简要案情】

优立公司是丹阳市一家从事树脂眼镜镜片生产的企业。本案污染物是树脂镜片磨边、修边工段产生的树脂玻璃质粉末。至2015年江苏省丹阳市各眼镜生产企业的该类废物均被环评认定为危险废物HW13，应交由危险废物处置单位焚烧，处置成本3300—5000元/吨。2014年，优立公司将约5.5吨该类废物交给3名货车司机，3名货车司机将上述废物倾倒于丹阳市一拆迁空地，造成环境污染。优立公司未审查该3名货车司机有无该类废物处置能力，未审查废物流向，也未将上述废物的数量、流向、贮存、处置等信息向江苏省丹阳市环境保护局申报。事发后，江苏省丹阳市环境保护局组织对污染场地进行初步清理，将该废物连同被污染的土壤挖掘并运送至江苏省镇江市某保管，共约28吨。公益协会于2014年12月30日向江苏省镇江市中级人民法院提起环境民事公益诉讼，请求判令优立公司采取措施消除环境污染，承担固体废物暂存、前期清理以及验收合格的费用，或赔偿因其环境污染所需的相关费用合计人民币234400元。

【案件焦点】

优立公司等眼镜企业反映案涉废物虽然被环评认定为危险废物，但是没有危险特性，如果按照环评作为危险废物处理，不仅费用高昂，而且由于危险废物处置能力有限，会造成大量废物无法处理。本案审理不应满足于28吨废物的处理，更应厘清该类废物的真实属性；要落实企业环境污染主体责任，明确该类废物的环境监管规则。

【裁判结果】

法院对本案采取个案调解与司法建议双管齐下的裁判思路。即为避免长期鉴定拖延废物处置，增加环境风险，通过个案调解及时处理有关废物；同时通过司法建议督促主管机关、眼镜商会查明案涉废物的属性，完善该类废物的处置体系。

一、个案调解

经一审法院调解，公益协会与优立公司于 2015 年 9 月自愿达成如下调解协议：优立公司自愿将暂存的所有树脂粉末混合物交由危险废物处置单位处置，优立公司自愿承担相关废物暂存费用 5 万元、前期处置费用 18000 元。该协议经法院公告，未收到异议。2015 年 11 月初，经江苏省丹阳市环境保护局同意并监督，优立公司已将相关废物初步分离，并将其中 5 吨树脂眼镜镜片修边粉末废物送交某危险废物处置公司处置，处置费用 5000 元每吨，剩余废物约 23 吨为土壤与少量树脂粉末的混合物。优立公司已自愿支付暂存费用 5 万元，前期处置费用 18000 元。公益协会于 2016 年 5 月向法院申请撤回关于前期清理费用、暂存费用、验收合格费用、处置 28 吨废物中的 5 吨树脂粉末的诉讼请求。

二、废物属性的查明

为查明案涉废物属性，经江苏省丹阳市环境监测站委托，对该类废物倾倒地被污染的土壤进行检测，未发现挥发性有机物、半挥发性有机物；经法院委托鉴定，鉴定机构回函称案涉废物未列入 2008 版国家危险废物名录，且无代表性指标进行检测；经法院调取，"上海依视路光学有限公司三期工程调整项目"环境影响评价报告表载明，自 1995 年上海依视路光学有限公司一期项目开始，该类废物被环境评价作为一般工业固体废物交第三方综合利用。

鉴于对案涉废物的属性确定和管理，将影响丹阳眼镜产业数百家企业的安全清洁生产模式、生产成本、产业竞争格局以及区域危险废物处置产能的调整，为规范丹阳眼镜产业的固体废物管理，法院于 2015 年 11 月依法向江苏省丹阳市环境保护局、江苏省丹阳市眼镜商会发出（2015）镇中法建字第 7 号《司法建议书》，建议依法重新评定该类废物的属性、准确定性并依法移送涉嫌犯罪的环境污染案件、科学制订废物防治及回收利用方案、强化企业污染防治的主体责任。

接司法建议后，丹阳市眼镜商会委托专业机构对案涉废物进行危险特性专项评价。经专业评价认定树脂镜片磨边、修边废屑不具有危险特性；建议采用"交由第三方综合利用"或"无害化焚烧"等方式进行处置；参照固废相关环保管理要求，采取"转移五联单"的办法管理，妥善进行固废的转移运输、处置工作，明确固体废物转移去向等。专家函审认可该报告，江苏省丹阳市环境保护局同意备案。

三、行业环境治理体系的重建

为解决眼镜企业普遍反映的案涉废物处置能力饱和、处置渠道受限、处置成本过高、大量废物去向不明的问题，法院建议丹阳眼镜商会重建案涉废物的处置体系。2016年1月，丹阳眼镜商会协同各会员企业，与有关废物处置企业联系，进行科学试验，在江苏省丹阳市政府、江苏省丹阳市环境保护局的指导和监督下，建立以五联单管理为核心的案涉废物集中收集处置体系，集中收集送交焚烧发电处置，平均成本950元每吨，有效解决案涉废物的处置难题。

四、改采判决方式

虽然当事人已自愿达成调解协议，同意对案涉废物按照危险废物处置，但本案涉及江苏省丹阳市树脂镜片产业的安全清洁生产和环境监管模式，在案涉废物的属性已经科学认定的情况下，依据《环境民事公益诉讼解释》第二十五条第二款的规定，本案应改采判决方式。优立公司已按照调解协议主动履行相关责任，相关诉讼请求已经实现，因此公益协会撤回相关诉讼请求，不损害公共利益，予以准许。优立公司暂存的约23吨剩余废物，无危险性，应按照一般废物依法处置。法院于2016年6月3日判决：优立公司应在丹阳市环境保护局监督下按照一般固体废物依法处置剩余的约 23 吨固体废物。双方当事人均未上诉，该一审判决已经生效。

【裁判摘要评析】

本案审理高度尊重科学，努力探求真相，采取环境资源民事、刑事、行政案件"三合一"审判思路，充分运用调解、司法建议、审判等多种途径，通过个案审理实现行业环境治理，促进眼镜产业的可持续发展。

一是崇尚科学，查明废物属性。虽然法院已协调当事人达成调解协议，本可回避废物属性的争议，但法院意识到对案涉废物的属性确定和管理，将影响丹阳眼镜产业数百家企业的安全清洁生产模式、生产成本、产业竞争格局以及区域危险废物处置产能的调整，坚持探求真相，调查取证、咨询专家、委托鉴定，穷尽一切手段，只为准确界定废物属性。最终依据证据确认案涉废物不具有危险属性，为科学选择治理方案奠定了基础，凸显了环境司法的科学属性。

二是重塑行业环境治理，促进可持续发展。本案虽是只涉及 23 万余元赔偿金的"小案"，但是人民法院不仅通过依法处理个案中的环境污染纠纷，还通过司法建议科学纠正了丹阳眼镜行业树脂眼镜磨边、修边粉末长达十余年的错误环评，更针对处置能力有限、处置成本高昂、大量废物去向不明的情况，推动建立了案涉废物集中收集处置体系，既破解了制约眼镜行业环境治理的瓶颈，又大幅降低了该类废物处置成本，促进丹阳眼镜产业的可持续发展，是环境保护和经济可持续发展协调统一的一个典范。

三是"三合一"审理是环境司法必由之路。审判必须遵循法定的程序，但是环境案件往往同时涉及刑事、民事、行政法律关系，要求法官兼具多维视角。本案是民事案件，但涉及废物属性的认定，如果认定为危险废物，非法处置 3 吨以上将涉嫌污染环境罪，同时还涉及环境评价和行政监管。因此，该案是复合了刑事、民事、行政三维法律关系的公益诉讼案件。法院通过司法建议，指出行政监管的问题，建议行政机关完善行政监管机制。本案为环境司法"三合一"增加了新的内涵：即在单一环境案件中同时进行刑事、民事、行政三维法律思考，并借助司法建议或联动机制，综合采用刑事、民事、行政法律措施，实现预防为主、综合治理的法定原则。

江苏省镇江市中级人民法院一审合议庭成员：肖雄　曹英　陈小娟

（编写人：肖雄[①]）

[①] 江苏省镇江市中级人民法院行政审判庭庭长、四级高级法官。

（十一）福建省清流县人民检察院诉清流县环境保护局行政行为违法案

——环境保护行政主管部门对危险废物是否尽到监管职责的审查认定

【裁判摘要】

环境保护行政主管部门在扣押、保管电子垃圾等危险废物的过程中，仅将危险废物自行转移至不具有危险废物经营许可证资质的企业贮存，而未及时将危险废物交由有资质的企业处置，其行为应认定为未依法履行法定职责。

【案件基本信息】

1. 诉讼当事人

原告：福建省清流县人民检察院。

被告：福建省清流县环境保护局（以下简称福建省清流县环保局）。

2. 案件索引及裁判日期

一审：福建省明溪县人民法院（2015）明行初字第22号（2016年3月1日）。

3. 案由

确认行政行为违法

【简要案情】

刘某未经审批,焚烧属于危险废物的废电子电器产品、废弃的印刷电路板等,熔炼金属锭。福建省清流县环保局于 2014 年 7 月 31 日责令刘某立即停止生产,并查扣现场堆放的电子垃圾 28580 千克。福建省清流县环保局将该电子垃圾先后存放于附近的养猪场、东莹公司仓库,再于 2015 年 5 月 12 日租用没有危险废物经营许可证资质的九利公司仓库将该批电子垃圾予以转移贮存。福建省清流县人民检察院于 2015 年 7 月 9 日向福建省清流县环保局发出检察建议,督促其对扣押的电子垃圾严格按照法律规定进行处置并对焚烧电子垃圾残留物进行无害化处置。但清流县环保局并未按要求对扣押的电子垃圾及焚烧现场进行无害化处置,只是对废弃电子垃圾进行了转移贮存。福建省清流县人民检察院提起行政公益诉讼,请求确认福建省清流县环保局行政行为违法。

【案件焦点】

福建省清流县环保局仅对扣押的废弃电子垃圾进行了转移贮存而未进行无害化处理的行为是否合法。

【裁判结果】

福建省明溪县人民法院认为,依据《国家危险废物名录》的规定,本案的电子垃圾属于危险废物。福建省清流县环保局作为地方环境保护主管部门,具有对本行政区域环境保护及固体废物污染环境防治工作实施统一监督管理及依法处置的职责。福建省清流县环保局在明知案涉电子垃圾属于危险废物,具有毒性,理应依法管理并及时处置的情形下,既没有依法处置危险废物,也没有联系有资质的企业代为处置,而是将危险废物自行转移且租用不具有危险废物经营许可证资质的企业贮存。福建省清流县人民检察院向福建省清流县环保局送达检察建议书后,福建省清流县环保局依然拖延履行职责，未及时将危险废物交由有资质的企业处置，福建省清流县环保局的上述行为已构成违法。遂判决确认福建省清流县环保局未依法处置危险废物的行为违法。

【裁判摘要评析】

　　本案系全国首批行政公益诉讼案件之一。通过司法审判，对环境保护行政主管部门在扣押、保管电子垃圾等危险废物过程中，未进行无害化处理的行为是否违法进行了明确。

　　"电子废弃物"又称"电子垃圾"，指废弃不用的电器或电子设备，既包括大件的冰箱、彩电、洗衣机等，也包括电脑、手机、手表等产品。电子废弃物中含有镉、砷、铬、铅、锌、镍等重金属和有害物质，处理不当会对土壤、水源和大气造成严重的环境污染，并可能对人体健康产生极大危害。环境保护行政主管部门对电子废弃物的监管事关民生福祉，其监管行为必须符合法律规定。本案中，根据《国家危险废物名录》的规定，案涉电子垃圾属于危险废物，危险特性为毒性。福建省清流县环保局在处置涉案危险废物过程中，发现刘某涉嫌犯污染环境罪并将案件移送公安机关，随案移送过磅单、现场照片等证据。自2014年7月31日起，案涉被扣押的28580千克危险废物由福建省清流县环保局管理，但其未将危险废物移交公安机关，该危险废物始终由其负责管理。福建省清流县环保局管理危险废物的行为，属于履行监管职责的行为。作为管理人，其对危险废物的管理，必须符合法律规定。根据《环境保护法》第十条"县级以上人民政府有关部门和军队环境保护部门，依照有关法律的规定对资源保护和污染防治等环境保护工作实施监督管理。"和《固体废物污染环境防治法》①第十条第二款"县级以上地方人民政府环境保护行政主管部门对本行政区域内固体废物污染环境的防治工作实施统一监督管理"的规定，福建省清流县环保局作为地方环境保护主管部门，具有对本行政区域环境保

---

① 《固体废物污染环境防治法》已于2020年4月29日第二次修订，自2020年9月1日起施行。

护及固体废物污染环境防治工作实施统一监督管理及依法处置的职责。同时，清流县环保局在管理危险废物的过程中，知道或者应当知道处置危险废物的程序、方式。其必须按照《固体废物污染环境防治法》第十七条第一款"收集、贮存、运输、利用、处置固体废物的单位和个人，必须采取防扬散、防流失、防渗漏或者其他防止污染环境的措施；不得擅自倾倒、堆放、丢弃、遗撒固体废物"、第五十二条"对危险废物的容器和包装物以及收集、贮存、运输、处置危险废物的设施、场所，必须设置危险废物识别标志"之规定处置危险废物。然而，作为环境保护主管部门的福建省清流县环保局在明知涉案电子垃圾属于危险废物，具有毒性，理应依法管理并及时处置的情形下，并没有寻找符合贮存条件的场所进行贮存，而是将危险废物从扣押现场转移至附近的养猪场，后转至没有危险废物经营许可证资质的公司，后再租用同样不具资质的公司仓库中贮存，且未设置危险废物识别标志。另外，根据《行政诉讼法》第四十七条第一款"公民、法人或者其他组织申请行政机关履行保护其人身权、财产权等合法权益的法定职责，行政机关在接到申请之日起两个月内不履行的，公民、法人或者其他组织可以向人民法院提起诉讼。法律、法规对行政机关履行职责的期限另有规定的，从其规定"的规定，福建省清流县检察院于2015年7月9日向福建省清流县环保局发出检察建议书，福建省清流县环保局于7月22日回函反馈称其将对扣押的危险废物移交由有处置危废资质的单位处置。实际上，福建省清流县环保局自收到检察建议书开始，在长达半年的时间里只是将危险废物进行贮存保管却没有依法处置，直到2015年年底才开始联系处置危险废物的相关事宜，经依法报批后，于2016年1月23日交由福建德晟环保技术有限公司处置。福建省清流县环保局对危险废物的处置已经明显超过两个月的法定履行期限，其没有正确履行处置行为，构成事实上的不作为。即使当地当时尚未建成危险废物集中处置设施场所，但作为危险废物监管部门其理应积极主动向政府及上级主管部门汇报，联系有资质的企业处置危险废物，依法履行职责、维护环境公共利益。行政机关应当严格按照环保法律法规的规定履行对大气、水、土地等自然资源和生活生态环境的监督管理职责。本案判决明确对于电子垃圾这种具有毒性、污染环境的危险废物应当依法妥善处置，推动公众、企业、政府共同参与到有效防范和依法处置危险废物、保护生态环境的行动。

福建省明溪县人民法院一审合议庭成员：陈旭明　吴荣清　陈长峰

（编写人：林广伦[①]）

[①] 福建省三明市中级人民法院生态审判庭副庭长、一级法官。

(十二) 吉林省白山市人民检察院诉白山市江源区卫生和计划生育局等环境行政附带民事公益诉讼案
——检察环境公益诉讼案件行政附带民事审判方式

【裁判摘要】

本案采取行政公益诉讼与民事公益诉讼分别立案,由同一审判组织一并审理、分别裁判的方式,对于妥善协调同一污染行为引发的行政责任和民事责任具有示范意义。

【案件基本信息】

1. 诉讼当事人

公益诉讼人:吉林省白山市人民检察院(以下简称白山市检察院)。

行政公益诉讼被告:吉林省白山市江源区卫生和计划生育局(以下简称江源卫计局)。

行政公益诉讼第三人(附带民事公益诉讼被告):吉林省白山市江源区中医院(以下简称江源中医院)。

2. 案件索引及裁判日期

一审:吉林省白山市中级人民法院(2016)吉06行初4号判决(2016年7月15日)。

3. 案由

环境行政附带民事公益诉讼

【简要案情】

江源中医院新建综合楼时，未建设符合环保要求的污水处理设施及投入使用。白山市检察院发现该线索后，进行了调查，发现江源中医院通过渗井、渗坑排放医疗污水。经对其排放的医疗污水及渗井周边土壤取样检验，化学需氧量、五日生化需氧量、悬浮物、总余氯等均超过国家标准。还发现江源卫计局在江源中医院未提交环境影响评价合格报告的情况下，对其《医疗机构执业许可证》校验为合格，且对其违法排放医疗污水的行为未及时制止。检察机关诉至法院，请求：（1）确认被告江源卫计局于2015年5月18日为第三人江源中医院校验《医疗机构执业许可证》的行为违法；（2）判令江源卫计局履行法定监管职责，责令江源卫计局限期对江源中医院的医疗污水净化处理设施进行整改；（3）判令江源中医院立即停止违法排放医疗污水。

【案件焦点】

（1）江源卫计局于2015年5月18日对江源中医院《医疗机构执业许可证》校验的行为是否合法；

（2）江源卫计局是否履行了对江源中医院的监管职责；

（3）江源中医院排放的污水是否超标，对周边环境是否构成地下水污染的重大隐患。

【裁判结果】

行政公益诉讼部分：一审法院经审理认为，江源卫计局在江源中医院未提交环境影响评价合格报告的情况下，对其《医疗机构执业许可证》校验合格，该行政行为违反相关法规、规章和规范性文件的规定。江源中医院违法排放医疗污水，导致周边地下水及土壤存在重大污染风险。江源卫计局作为卫生行政主管部门，未及时制止，其怠于履行监管职责的行为违法。故判决：（1）确认被告江源卫计局于 2015 年 5 月 18 日对第三人江源中医院《医疗机构执业许可证》校验合格的行政行为违法；（2）责令被告江源卫计局履行监管职责，监督第三人江源中医院在三个月内完成医疗污水处理设施的整改。

民事公益诉讼部分：一审法院经审理认为，江源中医院实施了排放的医疗污水的行为，周边地下水及土壤存在重大环境污染风险的损害结果，排污行为与损害结果存在因果关系。故判决江源中医院立即停止违法排放医疗污水。

一审宣判后，各方均未上诉，判决已经发生法律效力。

【裁判摘要评析】

《行政诉讼法》第六十一条第一款规定，在涉及行政许可、登记、征收、征用和行政机关对民事争议所作的裁决的行政诉讼中，当事人申请一并解决相关民事争议的，人民法院可以一并审理。本案中，江源卫计局在江源中医院未提交环评合格报告的情况下，对其《医疗机构执业许可证》校验合格。在江源中医院违法排放医疗污水时，江源卫计局作为卫生行政主管部门，亦未及时制止。而江源中医院违法排放医疗污水，又导致周边地下水及土壤存在重大污染风险。上述行政机关的违法行政行为与江源中医院违法排放医疗污水的民事侵权行为存在高度的内在关联性。案涉行政行为和民事行为均在一定程度上致使社会公共利益受到侵害，检察机关有权提起相应行政公益诉讼和民事公益诉讼。在行政公益诉讼中，江源卫计局是被告，江源中医院是第三人；在民事公益诉讼中，江源中医院的诉讼地位为被告。此外，在以上两种诉讼中，还存在着大量共同的事实和证据。基于以上情况，一审法院对本案探索采用了行政附带民事的方式进行了立案、审理和裁判。为提高审判效率，避免相互矛盾的裁判结果，采取分别立案，一并审理，分别判决的方式处理。案件的庭审程序较为特殊，既要符合庭审规则，又要考虑行政案件和民事案件当事人诉讼地位不同，举证责任不同、适用法律不同的特点，还要考虑两种诉讼在案件事实、当事人、证据以及庭审阶段的重复性，同时要体现出公益诉讼案件的特点。合议庭最终确定了"一并审理，先行后民，以案件焦点来区分案件性质"的庭审原则。在裁判结果上，既要考虑对行政诉讼违法行政行为的处理，又要考虑对附带民事诉讼违法侵权行为的处理，还要考虑附带民事被告（行政诉讼第三人）作为公立医院救死扶伤的特殊公益职能。通过综合考虑全案情况，分别针对被诉行政行为和民事争议作出了相应的行政判决和民事判决。《行政诉讼法》第六十一条主要规定了行政争议与民事争议交叉时的处理方式。在修法的过程中，已有部分观点主张直接增设行政附带民事诉讼，但立法机关最终还是采取了一并审理的概念。本案系检察机关提起的全国首例行政附带民事公益诉讼。一审法院审理时，在检察机关提起公益诉讼案件领域中，探索了行政附带民事诉讼的审理方式，为公益诉讼和行政附带民事诉讼的审理提供了经验。通过案件推动，相关行政机关进一步强化了依法行政理念，江源中医院及时建设了符合环保要求的污水处理设施并投入使用，避免了重大环境污染的发生，取得了良好的审判效果。

吉林省白山市中级人民法院一审合议庭成员：张文宽　王辉　历彦飞

（编写人：历彦飞[①]）

[①] 吉林省白山市中级人民法院行政审判庭二级法官。

二、生态环境保护类案件

（一）张某诉重庆市丰都县三抚林场合同纠纷案
—— 自然保护区内自然资源开发利用合同效力的认定

【裁判摘要】

在自然保护区内进行自然资源开发利用，在判断相关合同效力时，应当秉持环境保护优先、基本环境利益优先、在先利益优先、公共利益优先等原则，综合考量自然保护区的等级、自然保护区所保护的对象、开发利用的自然资源所处地理位置、自然保护区设立的时间与自然资源利用开发合同订立时间的先后顺序等，认定合同效力。

【案件基本信息】

1. 诉讼当事人

再审申请人（一审被告、二审上诉人）：重庆市丰都县三抚林场（以下简称三抚林场）。

再审被申请人（一审原告、二审被上诉人）：张某。

2. 案件索引及裁判日期

一审：重庆市丰都县人民法院（2017）渝0230民初1679号判决（2017年9月27日）；

二审：重庆市第三中级人民法院（2017）渝03民终1915号判决（2017年12月14日）；

再审：重庆市高级人民法院（2018）渝民再272号判决（2019年10月29日）。

3. 案由

合同纠纷

【简要案情】

2006年3月20日，张某与三抚林场签订《竹笋收购资格确认合同》，约定：三抚林场内竹笋收购资格承包给张某，收购年限为30年；2020年以前每年交纳承包费2000元，2020年以后每年交纳承包费3000元；任一方违约，需向守约方支付违约金50万元，并赔偿经济损失；等等。合同履行过程中，三抚林场向张某发出通知，称上述合同因违反了《合同法》（现为《民法典》合同编）、《自然保护区条例》的效力性强制性规定而无效，合同不再履行。张某向丰都县人民法院提起诉讼，请求确认《竹笋收购资格确认合同》有效，并判令继续履行。

根据2010年《重庆市人民政府关于重庆南天湖市级自然保护区范围及功能区调整的批复》，保护区属森林生态系统类型自然保护区。案涉采收竹笋的森林位于重庆南天湖市级自然保护区的核心区和缓冲区。

一审法院判决张某与三抚林场于2006年3月20日签订的《竹笋收购资格确认合同》有效，继续履行。三抚林场不服，提起上诉。二审法院判决驳回上诉，维持原判。

三抚林场仍不服，向重庆市高级人民法院申请再审。

【案件焦点】

本案合同的效力认定。

【裁判结果】

重庆市高级人民法院经审理认为，自然保护区是对有代表性的自然生态系统、珍稀濒危野生动植物物种的天然集成中分布地予以特殊保护和管理的区域。在自然保护区的管理中最重要的原则是保持其原有的生态状态，尽量减少人类活动的干预。《森林法》第三十一条规定："特种用途林中的国防林、母树林、环境保护林、风景林，只准进行抚育和更新性质的采伐；特种用途林中的名胜古迹和革命纪念地的林木、自然保护区的森林，严禁采伐。"[1]《自然保护区条例》第十八条规定："自然保护区可以分为核心区、缓冲区和实验区。自然保护区内保存完好的天然状态的生态系统以及珍稀、濒危动植物的集中分布地，应当划为核心区，禁止任何单位和个人进入；除依照本条例第二十七条的规定经批准外，也不允许进入从事科学研究活动。核心区外围可以划定一定面积的缓冲区，只准进入从事科学研究观测活动。缓冲区外围划为实验区，可以进入从事科学试验、教学实习、参观考察、旅游以及驯化、繁殖珍稀、濒危野生动植物等活动。"第二十七条规定："禁止任何人进入自然保护区的核心区。因科学研究的需要，必须进入核心区从事科学研究观测、调查活动的，应当事先向自然保护区管理机构提交申请和活动计划，并经自然保护区管理机构批准；其中，进入国家级自然保护区核心区的，应当经省、自治区、直辖市人民政府有关自然保护区行政主管部门批准。自然保护区核心区内原有居民确有必要迁出的，由自然保护区所在地的地方人民政府予以妥善安置。"案涉《竹笋收购资格确认合同》违反了《森林法》和《自然保护区条例》的前述禁止性规定，如果认定前述合同有效并继续履行，将对自然环境和生态造成破坏，损害环境公共利益。重庆市高级人民法院再审改判《竹笋收购资格确认合同》无效，驳回张某的诉讼请求。

【裁判摘要评析】

本案涉及自然资源保护区内自然资源开发利用合同效力认定。对此类合同效力进行司法判断时，应当在立足生态环境保护的法规意旨的基础

---

[1] 本条为2009年《森林法》内容，2019年《森林法》修订后删除此内容。

上，通过利益衡量的方法，综合认定合同效力。

一、立足生态环境保护的法规意旨

在评判合同是否有效时，应当首先依据合同所涉及的领域，从该领域相关法律法规立法意旨的角度进行考量。毫无疑问，自然保护区相关立法的目的在于保护生态环境利益。建设生态文明是中华民族永续发展的千年大计、根本大计。自然保护区作为生态文明建设的重要载体，是代表性的自然生态系统、珍稀濒危野生动植物物种的天然集中分布地，具有保留自然本底，储备物种等基本功能属性。设立自然保护区的目的在于保护自然生态系统的原真性、完整性，始终突出自然生态系统的严格保护、整体保护、系统保护，把最应该保护的地方保护起来。《自然保护区条例》中禁止进入自然保护区核心区的规定，正是体现了要以法律手段保护自然保护区，以进一步发挥自然保护区在保护生物多样性、维护国家生态安全方面的重要作用。在《森林法》已经明确禁止在自然保护区内采伐的情况下，不能认为在林区范围内进行采挖竹笋或者实行间伐有利于森林的生长。在认定合同效力的时候，应当充分考虑自然保护区相关规范的立法目的。因此，在生态环境保护领域，从保护生态环境的意旨出发，在认定合同效力存在争议的情况下，决不能仅从鼓励交易的角度认定合同有效。

二、以利益衡量为方法

在违法合同的效力评价上，规范所保护的利益和契约自由原则之间存在某种程度上的紧张关系。对违法合同的效力作出判断，利益衡量是必循之法。[1] 利益平衡要求法官在司法过程中在相互冲突的权利之间进行比较、权衡，从而确定何种权利应优先得到保护。

本案中，双方当事人签订合同的目的，在于实现对自然保护区内自然资源的利用，双方各自获取一定的经济利益。而对自然保护区内野生动植

---

[1] 参见苏永钦：《私法自治中的经济理性》，中国人民大学出版社2004年版，第44页。

物以及整个生态系统的保护,属于环境利益。环境利益与经济利益都是关乎人们生存及发展的基本利益。两种利益在本质上都是人全面发展的基本利益需求,都属于对美好生活的向往与追求。遵循自然生态规律,对环境资源进行的合理开发利用不会对环境利益产生损害,而对环境资源的保护同时也会带来环境利益的增进,达到双赢,此时两者处于彼此促进的协调状态。但是,过分追求资源利益而突破自然生态规律的底线,必然会引致生态功能的下降,对环境利益产生损害,此时出现利益的对抗和冲突。[①]这就需要对相关利益进行充分的权衡和考量,评判何种利益需要优先保护。如果认定环境利益应当优先保护,那么合同一般应当认定无效,如果认定经济利益应当优先保护,那么合同一般应当认定有效。

在利益衡量时,应当秉持环境保护优先、基本环境利益优先、在先利益优先、公共利益优先等原则,综合考量自然保护区的等级、自然保护区所保护的对象、开发利用的自然资源所处地理位置、自然保护区设立的时间与自然资源利用开发合同订立时间的先后顺序等,认定合同效力。

(一) 环境保护优先

《环境保护法》将环境保护优先确立为基本原则。当经济社会发展与生态环境保护产生不可调和的矛盾,二者不能兼顾时,应当把生态环境保护放在优先地位,使经济发展让位于生态环境保护。这一原则的确立取决于利益衡量的两项基本准则:其一,利益损失最小化,生态利益的易受损性决定了其必须优先;其二,紧缺利益优位,生态利益的稀缺性决定了其必须优先。[②]

根据 2010 年《重庆市人民政府关于重庆南天湖市级自然保护区范围及功能区调整的批复》,重庆南天湖市级自然保护区的主要保护对象除了红豆杉、南方红豆杉以外,还有林麝等重点保护野生动物以及各种野生动植物形成的生态系统。本案中,案涉采收竹笋的森林位于重庆南天湖市级

---

① 参见史玉成:《生态利益衡平:原理、进路与展开》,载《政法论坛》2014 年第 2 期。
② 参见王灿发:《论生态文明建设法律保障体系的构建》,载《中国法学》2014 年第 3 期。

自然保护区的核心区和缓冲区，在该区域内禁止采挖竹笋的行为，属于以禁止利用的方式实现对该特定区域内环境资源的特殊保护。在《环境保护法》已经规定保护优先原则的情况下，由于法律已经作出了明确规定，表明了法律对于环境保护与经济发展相互冲突已经作出了安排，立法者已经通过此种规定作出了价值选择，司法就应当尊重此种价值选择。

（二）基本环境利益优先

尽管《环境保护法》规定了环境保护优先的原则，但并非任何情况下所有的环境利益都优先。从性质上应将环境利益区分为基本环境利益和一般环境利益两部分①，亦有学者分为"安全环境利益"和"舒适环境利益"。基本环境利益或者安全环境利益不仅包括涉及公众身体健康，甚至是关乎生命安全的环境利益，也包括涉及自然物种生存发展的环境利益；而一般环境利益或者舒适环境利益，是在基本环境利益基础上追求优美环境的享受。

《环境保护法》第二十九条规定，国家在重点生态功能区、生态环境敏感区和脆弱区等区域划定生态保护红线，实行严格保护。2016年重庆市人民政府印发了重庆市生态保护红线划定方案。该方案规定，禁止开发区包括"饮用水水源保护区、自然保护区、自然文化遗产地、湿地公园、森林公园、风景名胜区、地质公园"，其中"自然保护区"包括县级及以上自然保护区的核心区、缓冲区、实验区。本案中，为了保护红豆杉、南方红豆杉、林麝等濒危野生动植物以及自然保护区内生态系统，对自然保护区划定生态红线禁止开发，就是为了保护基本环境利益的需要。

（三）在先利益优先

除非两种权利或者利益存在性质上明显的差异，否则在权衡何种利益应当得到优先保护时，一个重要的因素就是利益形成的先后顺序。利益形

---

① 参见焦琰等：《利益分析视阈下环评制度的反思与修正》，载《西安建筑科技大学学报（社会科学版）》2016年第1期。

成在后的，相应的利益主体应当对在先形成的利益给予必要的尊重。民法中的先占制度和知识产权中的在先权利保护就是在先利益优先保护的重要体现。

本案中，自然保护区设立在前，三抚林场与张某订立竹笋采挖合同在后。姑且不论对自然保护区生态系统的保护事关公共利益，应当优先，仅从利益形成时间先后的角度，张某与三抚林场在签订合同各自追求自身经济利益的时候，不得损害在先的环境利益。

（四）公共利益优先

在公共利益与个人利益相冲突时，往往需要优先保护公共利益。主要理由有以下两个方面：一方面，如果某种利益关系到更多的社会成员，对社会的存续发展更加攸关，就更为重要。在决定社会全体成员的关系度时，应当考虑受益对象的范围。受益的对象往往决定了所涉及的是公共利益还是私人利益的问题。另一方面，社会成员数量规模越大，社会成员自发、主动地维护公共利益的可能性就越小，各成员之间公共分享的公共利益越弱，越需要法律予以特殊关注和重视。[1]

本案中，进入自然保护区从事采挖竹笋等活动所获得的经济利益的受益主体是特定的，相关主体对其经济利益的保护特别在意，而形成鲜明的对比的是，生态环境的受益主体是广泛的、不特定的社会成员，社会成员自发、主动地维护公共利益的可能性是很小的，因此需要特别的保护。

重庆市高级人民法院再审合议庭成员：陈怡　宋汀汀　谭继权

（编写人：黄成[2]）

---

[1] 参见王利明：《民法上的利益位阶及其考量》，载《法学家》2014年第1期。
[2] 重庆市高级人民法院环境资源审判庭四级高级法官。

（二）贵州省清镇市流长苗族乡人民政府诉黄某某确认合同无效纠纷案

——防护林木、林地转包合同的效力认定

【裁判摘要】

防护林木、林地承载着水源涵养、水土保持等生态功能，将防护林木、林地转包用于生产经营，即使用于经营农业项目，亦更改了防护林木、林地的性质，违反了法律的强制性规定，应当认定转包合同无效。合同无效后的财产返还，应当从有利于生态保护的角度对履行时间、履行方式等予以考虑。

【案件基本信息】

1. 诉讼当事人

原告（反诉被告）：贵州省清镇市流长苗族乡人民政府（以下简称流长乡政府）。

被告（反诉原告）：黄某某。

第三人（反诉原告）：王某某。

2. 案件索引及裁判日期

一审：贵州省清镇市人民法院（2017）黔0181民初110号判决（2017年6月21日）。

3. 案由

确认合同无效纠纷

【简要案情】

2009年2月15日，贵州省清镇市人民政府颁发清府林证字（2009）第5201810600386—1号林权证，确定流长乡政府对贵州省清镇市流长乡冒井村木叶高坡（以下简称木叶高坡林场）115.4亩防护林林地、森林或林木享有所有权和使用权。2013年12月6日，流长乡政府与黄某某签订《木叶高坡林场经营权转包合同》（以下简称《转包合同》），约定"流长乡政府将前述林地、林木发包给黄某某从事农业项目（特色经果林）种植生产经营，转包经营权期限为65年，转包价格20万元"。上述林地转包黄某某后，黄某某与王某某合伙共同经营，将其中的约14亩用于栽种折耳根（又名鱼腥草），其余大部分用于栽种天麻。2016年2月5日，王某某将部分林木出售与周某某，周某某砍伐了林木78株，被林业主管部门处以罚款并被责令补种林木。2017年1月9日，流长乡政府向人民法院提起诉讼，请求确认与黄某某签订的《转包合同》无效，判决黄某某、王某某将木叶高坡林场返还流长乡政府。黄某某、王某某提起反诉，请求：（1）判令流长乡政府返还转包费20万元及资金占用损失138493.13元；（2）请求判令流长乡政府补偿黄某某、王某某损失753644元。

【案件焦点】

（1）当事人签订的《转包合同》是否有效；
（2）如何返还财产、赔偿损失。

【裁判结果】

贵州省清镇市人民法院审理认为，《森林法》将森林划分为防护林、用材林、经济林、薪炭林和特种用途林，在对森林进行划分的基础上，结合不同的类型，确定了用材林、经济林等森林、林木、林地使用权可以依法转让，同时规定防护林不得转让。流长乡政府与黄某某签订合同，约定将作为防护林的木叶高坡林场转包与黄某某从事农业项目（特色经果林）

种植生产经营，将防护林的用途更改为商品林，违反了《森林法》第十五条第三款的强制性规定，依法应认定为无效合同。流长乡政府诉称该合同无效的诉讼请求依法予以支持。按照法律规定，合同无效，因该合同取得的财产，应予以返还。流长乡政府与黄某某签订合同后，从黄某某处取得的转包款应当返还，双方实际履行合同4年，已经履行的部分应当扣除。黄某某因该合同取得木叶高坡林场115.4亩防护林地使用权，应当返还流长乡政府，黄某某与王某某合伙经营，应当承担共同的返还责任。鉴于黄某某、王某某在该林地上栽种了经济作物天麻和折耳根尚未收获，综合考虑生态保护与当事人损失之间的关系，以及黄某某、王某某栽种的天麻、折耳根经济作物的收获问题，酌定黄某某、王某某返还的期限为2017年12月31日前。黄某某、王某某在返还之前应当对林地内的植被妥善保护，在收获天麻和折耳根作物时应当采取最有利于生态保护的收获方法，流长乡政府应当对此进行监督。流长乡政府与黄某某所签合同无效，流长乡政府作为国家机关，对相关法律规定的掌握程度明显高于作为自然人的黄某某，确定流长乡政府对合同无效承担70%的过错责任，黄某某承担30%的过错责任。承包人遭受的损失，核定为181423元。2017年6月21日，一审法院根据《合同法》第五十二条第五项、第五十八条、《民事诉讼法解释》第九十条规定，作出一审判决：（1）确认流长乡政府与黄某某2013年12月6日签订的《转包合同》无效；（2）限黄某某、王某某于判决生效后十日内将木叶高坡林场115.4亩防护林林地、森林或林木返还给流长乡政府（履行期限早于2017年12月31日则顺延至2017年12月31日）；（3）限流长乡政府于判决生效之日起十日内返还黄某某、王某某转包款187693元，并赔偿70%的资金占用损失；（4）限流长乡政府于判决生效之日起十日内一次性赔偿黄某某、王某某经济损失126996元；（5）驳回黄某某、王某某的其他诉讼请求。判决作出后，当事人均未上诉，一审判决生效。

【裁判摘要评析】

本案系林地转包合同纠纷。根据 2009 年《森林法》第十五条的规定，"用材林、经济林、薪炭林及其林地使用权、采伐迹地、火烧迹地的林地使用权，国务院规定的其他森林、林木和其他林地使用权"可以依法转让，也可以依法作价入股或者作为合资、合作造林、经营林木的出资、合作条件，但不得将林地改为非林地，除该条第一款规定的情形外，其他森林、林木和其他林地使用权不得转让。该条规定的"不得转让"为禁止性规范还是管理性规范，司法实务中有不同的认识。本案中，合同当事人约定转包防护林木、林地，将防护林地用于从事农业项目（特色经果林）种植生产经营，更改了防护林的性质，判决认定转包合同违反了法律的强制性规定，既符合《森林法》"发挥森林蓄水保土、调节气候、改善环境和提供林产品的作用"的立法目的，同时亦符合《森林法》关于防护林"以防护为主要目的的森林、林木和灌木丛，包括水源涵养林，水土保持林，防风固沙林，农田、牧场防护林，护岸林，护路林"的分类界定。该案中关于林木、林地转包合同的效力认定，对于裁判类似案件，是否应根据《森林法》的相关规定，结合具体约定，认定林木、林地转包、发包、承包等合同的法律效力具有参照意义。

判决在认定合同无效的同时，按照《合同法》（现为《民法典》合同编）的相关规定处理合同无效后的财产返还方面，考虑了相关林地上已栽种具有一定市场价值的折耳根和天麻作物，如对该经济作物处理不妥，既可能导致林地遭受无序的、更大的破坏，亦可能导致当事人遭受更大的损失。考虑到林地上经济作物的成长、收获周期，法院 2017 年 6 月 21 日作出判决时，在一审判决生效时间尚不能确定的情况下（当事人可能上诉），判令当事人于判决生效之日起十日内返还林地、林木的同时，明确履行期限早于 2017 年 12 月 31 日则顺延至 2017 年 12 月 31 日。同时在判决中指出，"在返还林地之前，承包人应当对林地内的植被妥善保护，在收获折耳根和天麻作物时应当采取最有利于生态保护的收获方法，流长乡政府应当对此进行监督",既指明了承包人应当承担的生态保护义务,亦明确作为转包人的地方人民政府应当承担的生态保护义务。判决从有利于生态保护的实际情况出发,确定了不同于一般判决的履行期限,兼顾了当事人经济利益保护与生态保护之间的关系。

贵州省清镇市人民法院一审合议庭成员:杨孝元　刘翠琴　颜杨贵

(编写人:杨孝元[①])

---

① 贵州省清镇市人民法院研究室主任、一级法官。

（三）熊某某等诉湖南省岳阳县麻塘办事处行政处理案
——行政机关越权进行生态环境整治行为的合法性审查

【裁判摘要】

行政强制措施和行政强制执行必须由具有法定职权的行政机关依照法定程序行使，即使行政机关作出行政行为的出发点正确，但由于没有法定职权或违反法定程序，该行为仍应依法被确认违法。

【案件基本信息】

1. 诉讼当事人

原告：熊某某、张某某。

被告：湖南省岳阳县麻塘办事处。

2. 案件索引及裁判日期

一审：湖南省岳阳市屈原管理区人民法院（2019）湘0691行初36号判决（2019年9月18日）。

3. 案由

办事处行政处理。

【简要案情】

2006年10月26日，湖南省岳阳县麻塘镇谢垅村村委会（以下简称谢坳村村委会）与胡某某订立谢坳村外围洲承包合同，由胡某某承包谢坳村外围洲矮围及草地，用于栽种树木、芦苇等，承包期20年。2006年12月8日，经发包方同意，胡某某引入李某某、丁某某等人共同承包。2008年12月10日，湖南省岳阳县水务局向谢坳村村委会颁发了湘岳县河字第2008085号生产作业许可证。2008年12月11日，湖南省岳阳县人民政府向丁某某颁发了岳县政林证字（2008）第016839号林权证。2017年3月1日，二原告与上述承包人订立林权转让协议，原告取得上述林权证范围内林木林地承包权，承包期为2017年3月1日至2027年4月20日。二原告在承包地上栽植了欧美黑杨树。2017年12月16日，原告交承包款6000元，谢坳村村委会及被告下属财政所盖章出具了收款收据。

2018年4月20日，湖南省岳阳市人民政府出台《岳阳市洞庭湖生态环境专项整治三年行动实施方案（2018—2020）》要求加快湿地生态修复，积极稳妥清退欧美黑杨。湖南省岳阳县人民政府为此印发了《岳阳县落实中央环保督察反馈意见整改工作方案》。2018年5月8日，湖南省岳阳县林业局根据中央环境督查组反馈问题意见及湖南省岳阳县人民政府上述工作方案的要求，向被告去函，要求尽快终止谢坳村村委会与杨树栽植户的河滩承包合同。2018年5月29日，湖南省岳阳县生态环境保护委员会向被告出具督办函：新墙河入湖口洲滩栽植杨树986亩，对洞庭湖区湿地生态造成破坏，要求2018年6月底清除修复湿地生态。2018年6月5日，湖南省岳阳县防汛抗旱指挥部对被告下达指令："你处熊某某等未经行政部门批准，擅自在新墙河入湖口洲滩内栽种杨树986亩，影响河势稳定，危及行洪安全，督促当事人于2018年6月12日前将所栽杨树苗木清除出河道管理范围，恢复河道原状，确保河道畅通，逾期不清除的，由县防汛抗旱指挥部组织强制清除。"被告接上述指令后，通过谢坳村村委会向原告下达通知，要求原告自行清除所植杨树。由于原告未自行清除，被告于2018年6月26日组织工作人员对原告所植的欧美黑杨实施了砍伐等清除措施。此后，原告要求被告作出补偿，2018年11月29日，被告向原告作出回复：新墙河河道管理范围已明令禁止种植欧美黑杨，清除是合法行为，不予补偿。原告不服遂向法院起诉，请求确认被告对原告位于谢垅村外围洲的欧美黑杨予以砍伐的行政行为违法。

【案件焦点】

应上级行政机关宏观上的工作要求而具体实施的行政行为合法性审查是否能以规范性文件为依据。

【裁判结果】

确认被告湖南省岳阳县麻塘办事处对原告熊某某、张某某位于谢垅村外围洲所植欧美黑杨树强制清除的行政行为违法。

【裁判摘要评析】

《行政强制法》第十七条规定，行政强制措施由法律法规规定的行政机关在法定职权范围内实施，行政强制措施不得委托；该法第三十四条规定，行政机关依法作出行政决定后，当事人在行政机关决定的期限内不履行义务的，具有行政强制执行权的行政机关依照本章规定强制执行。行政强制包括行政强制措施和行政强制执行，都必须由具有法定职权的行政机关依法行使。本案被告组织强制清除原告所植欧美黑杨树木，被告没有职权依据，应认定其实施的行政强制无职权。被告认为湖南省岳阳市人民政府出台了对洞庭湖生态环境专项整治方案，湖南省岳阳县人民政府亦制定了相应工作方案，湖南省岳阳县林业局、湖南省岳阳县生态环境保护委员会也来函督办，特别是湖南省岳阳县防汛抗旱指挥部已对其下达指令，要求其组织人员尽快清除欧美黑杨，根据以上规范性文件，其清除行为应认定为合法。而湖南省岳阳县防汛抗旱指挥部的指令仅规定"逾期不清除的，由湖南省岳阳县防汛抗旱指挥部组织强制清除"，并未规定由被告组织强制清除，湖南省岳阳县人民政府也未依法将清除工作交被告实施，由于被告的行政行为超越职权，对该抗辩理由应不予采信。另外，《行政强制法》对行政强制措施及行政强制执行的实施规定了法定程序，被告未经法定程序直接对原告所植树木予以强制清除，亦违反了《行政强制法》的规定。根据《行政诉讼法》第七十四条第二款第一项之规定，确认被告岳阳县麻塘办事处对原告熊某某、张某某位于谢垅村外围洲所植欧美黑杨树强制清除的行政行为违法。

湖南省屈原管理区人民法院一审合议庭成员：欧阳琦　刘振辉　杨干群

（编写人：欧阳琦[①]）

[①] 湖南省岳阳市屈原管理区人民法院综合审判庭（行政审判庭）审判员、一级法官。

(四) 吉林省珲春林业局诉珲春市牧业管理局草原行政登记案

——草原委托经营合同的性质认定及自然保护区内颁发的草原使用权证如何处理

【裁判摘要】

委托经营使用权的性质，与家庭承包方式取得的承包经营权不同，不能依据政策和法律规定径行延长，案涉部分草地已被纳入自然保护区范围，无论牧业局颁证行为是否合法，依法都应予以撤销。

【案件基本信息】

1. 诉讼当事人

再审申请人（一审第三人、二审上诉人）：珲春市板石镇湖龙村村民委员会（以下简称湖龙村）。

再审被申请人（一审原告、二审被上诉人）：吉林省珲春林业局（以下简称珲春林业局）。

二审上诉人（一审被告）：珲春市牧业管理局（以下简称珲春牧业局）。

2. 案件索引及裁判日期

一审：吉林省珲春市人民法院（2018）吉2404行初26号判决（2018年9月17日）；

二审：吉林省延边朝鲜族自治州中级人民法院（2018）吉24行终179号判决（2018年11月28日）；

再审：吉林省高级人民法院（2019）吉行申 15 号裁定（2019 年 2 月 15 日）。

3. 案由

草原行政登记

【简要案情】

案涉草地为岩山沟 247.50 公顷草原，位于吉林省珲春市板石镇湖龙村。1992 年 11 月，原国家林业部向珲春林业局颁发《国有林权证》，将包括案涉草原在内的林地交由其管理、占有、使用。1989 年 10 月，珲春林业局与珲春市政府签订《牧业用地委托经营书》，同年 12 月与板石乡政府签订《牧业用地委托经营书》，并依据上述两份合同给湖龙村颁发草原证，1996 年换发《牧业用地使用权证》。2008 年 6 月，珲春牧业局向湖龙村颁发面积为 416.50 公顷（包含案涉争议草地）的《吉林省草原使用权证》，用地范围与 1996 年权证一致，使用期限 45（15＋30）年。2005 年 7 月，国务院办公厅关于发布有关通知，将案涉岩山沟草地中 162 公顷纳入珲春东北虎国家级自然保护区范围。珲春林业局提起行政诉讼，请求依法撤销珲春牧业局颁发给湖龙村的面积为 416.50 公顷的《吉林省草原使用权证》。一审法院判决撤销上述草原使用权证，二审法院予以维持，吉林省高级人民法院裁定驳回再审申请。

【案件焦点】

案涉《吉林省草原使用权证》是否应予撤销。

【裁判结果】

一审法院认为，珲春林业局持有《国有林权证》，是涉案林地的合法经营权人。珲春牧业局为湖龙村颁发的《吉林省草原使用权证》，是基于《牧业用地委托经营书》而实施的行政许可，不属于行政确认，本案无须经过确认权属的前置程序。委托经营牧业用地期限届满后，珲春林业局未再与珲春市政府续签委托经营合同。虽然《延边朝鲜族自治州牧业用地管理条例》第十一条第二款规定"委托经营的牧业用地，在原有使用期满后允许再延长20—30年"，但延长经营应采取与所属林业部门续签订委托经营合同的方式，因此珲春林业局与珲春市政府签订的牧业用地委托经营书至2004年11月20日终止。湖龙村也未与珲春林业局签订承包合同，珲春牧业局在此情况下于2008年6月12日颁发的《吉林省草原使用证》没有事实依据，程序违法，应予撤销。故判决撤销珲春牧业局于2008年6月12日为湖龙村颁发的面积为416.5公顷的《吉林省草原使用权证》。

二审法院判决驳回上诉，维持原判，理由与一审相同。

吉林省高级人民法院经审查认为，湖龙村享有的岩山沟草地使用权来源于案涉两份《牧业用地委托经营书》，虽然《延边朝鲜族自治州牧业用地管理条例》第十一条第二款规定了"委托经营的牧业用地，在原有使用期满后允许再延长20—30年"，但委托经营使用权的性质与家庭承包方式取得的承包经营权不同，延长使用权应当取得委托人的同意并签订合同，不能依据政策和法律规定径行延长。2004年11月20日委托经营到期后，珲春林业局未与珲春市政府、敬信林场或板石乡政府续签委托经营协议，岩山沟草地使用权不再属于湖龙村。在这种情况下，珲春牧业局再依据委托经营协议向湖龙村颁发案涉草原证，无事实依据。且2004年后珲春林业局已收回委托经营的牧业用地并交由吉兴公司使用，不能推定为珲春林业局默示同意再延期30年。岩山沟草地中162公顷已被纳入珲春东北虎国家级自然保护区范围，依据《自然保护区条例》第十八条规定，已被划为国家级自然保护区的土地，不允许作为牧业用地使用。无论珲春牧业局颁发案涉草原证是否合法，依法都应撤销。故裁定驳回再审申请。

【裁判摘要评析】

本案系涉自然保护区的国有林地、草原的委托经营及确权登记纠纷。根据1989年7月17日国务院办公厅作出的《关于林业部向东北、内蒙古国有林区各林业局核发林权证问题的批复》，部分地区国有林地可以交由林业局管理使用并核发林权证，再由林业局以委托经营方式授权给单位或个人使用。本案中，湖龙村系基于委托经营合同对案涉草地享有经营使用权，主管部门给予该类委托经营权予以确权登记，有利于将林地、草原的经营使用权物权化、稳定化，保护合法经营权利不受行政机关及其他主体侵犯，鼓励经营者长期可持续经营。但委托经营权的期限与《农村土地承包法》规定的耕地、草原、林地承包经营期限不同，其性质属于依合同享有的经营使用权，因此其期限不能超过委托经营合同的期限；延长经营期限亦应通过签订合同的形式，不能依据政策和法律规定迳行延长。此外，因案涉林地所有权属于国家、使用权属于地方林业局，所有权及使用权均不存在争议，故有关委托经营权及权属登记的争议不属于应当由人民政府先行处理的确权争议范围，不需要经过前置处理程序。

本案的典型意义还在于，案涉草地已被划入珲春东北虎国家级自然保护区范围。自然保护区是维护生态多样性，构建国家生态安全屏障，建设美丽中国的重要载体。现行法律对自然保护区实行最严格的保护措施，根据《自然保护区条例》第十八条的规定，无论是核心区、缓冲区或者是实验区，均不能从事放牧、养殖等经营活动。对属于自然保护区内的林地、草原，已签订承包合同或者委托经营合同的，应当认定为无效，已经登记的亦应认定违法并予以撤销。人民法院在审理相关案件时，应注意发挥环境资源行政审判的监督和预防功能，对涉及环境公共利益的行政许可进行审查。本案判决基于委托经营合同性质效力以及自然保护区生态环境保护的双重考量，对案涉行政机关颁证行为予以撤销，符合维护自然保护区生态安全的理念和要求。

吉林省高级人民法院再审合议庭成员：郭岩　杨迪　张云坤

（编写人：郭岩[①]　卢增鹏[②]）

[①] 吉林省高级人民法院行政审判庭三级高级法官。
[②] 吉林省高级人民法院行政审判庭四级高级法官。

（五）安徽省岳西县美丽水电站诉安徽省岳西县环境保护局环境保护行政决定案

——对自然保护区核心区、缓冲区内企业作出的责令停产停业等行政处罚的合法性、合理性审查认定

【裁判摘要】

环境保护部门以违反自然保护区规划为由，作出责令停产停业等行政处罚的，人民法院对该具体行政行为的合法性、合理性进行审查时，重点审查企业建设是否符合自然保护区规划。企业成立、建设是否取得其他部门批准、办理必要手续，不影响环境保护部门行为合法性的认定。

【案件基本信息】

1. 诉讼当事人

上诉人（一审原告）：安徽省岳西县美丽水电站（以下简称美丽水电站）。

被上诉人（一审被告）：安徽省岳西县环境保护局（以下简称岳西县环保局）。

2. 案件索引及裁判日期

一审：安徽省潜山县人民法院（2017）皖0824行初26号判决（2017年12月21日）；

二审：安徽省安庆市中级人民法院（2018）皖08行终12号判决（2018年4月2日）。

3. 案由

环境保护行政决定

【简要案情】

1994年，国务院确定鹞落坪自然保护区为国家级自然保护区。2001年，原国家环保总局批准了《国家级鹞落坪自然保护区总体规划（2001—2015）》。2005年，美丽水电站在位于鹞落坪自然保护区核心区的包家乡鹞落坪村开工建设。2006年，安徽省岳西县水利局批复同意建设。2009年，安徽省岳西县环保局以美丽水电站位于自然保护区实验区为由，补办了该水电站的环评批准手续。2017年，安徽省第五环境保护督察组等对鹞落坪自然保护区内的违法建设督察后，要求迅速查处。安徽省岳西县环保局经立案调查，认定美丽水电站在国家级自然保护区设立后建设，机房、明渠和涵洞位于鹞落坪自然保护区的缓冲区，蓄水坝位于保护区的核心区。安徽省岳西县环保局作出岳环责停字（2017）15号《责令停产整治决定书》，责令美丽水电站立即停止生产；作出岳环限拆字（2017）04号《责令限期拆除设施设备通知书》，责令美丽水电站限期自行拆除电站上网断路器，移除主变压器。美丽水电站不服，诉至法院，请求撤销《责令停产整治决定书》，确认《责令限期拆除设施设备通知书》违法。

【案件焦点】

行政机关作出的责令停产整治决定及责令限期拆除设施设备是否合法。

【裁判结果】

一审法院认为，美丽水电站在鹞落坪自然保护区的核心区和缓冲区建设，违反《自然保护区条例》规定，依法应予关闭、拆除。水电站建成后，虽经安徽省岳西县水利局补办了批准手续，但不影响安徽省岳西县环保局对违法建设事实的认定，岳西县环保局行政执法有法律依据。判决：

驳回美丽水电站诉讼请求。

二审法院认为,美丽水电站建立时虽取得了相关部门的批复,但不能据此否定该水电站建设违反了《自然保护区条例》第三十二条之规定,岳西县环保局作出的行政处罚,有事实和法律依据,遂驳回上诉,维持原判。

【裁判摘要评析】

本案系在自然保护区内开发利用自然资源引发的行政案件。人民法院在审理涉及自然保护区的环境污染、生态破坏及自然资源开发利用案件时,要坚持保护优先的理念,正确处理好生态环境保护和经济发展的关系,将构建生态功能保障基线、环境质量安全底线、自然资源利用上线三大红线作为重要因素加以考量,保障重点区域实现扩大环境容量和生态空间的重要目标。鹞落坪自然保护区内有大别山区现存面积最大的天然次生林,植物区系复杂,生态系统完整,在保护生物多样性及涵养水源方面具有极为重要的价值。美丽水电站机房建设在鹞落坪自然保护区的缓冲区,蓄水坝建设在鹞落坪自然保护区的核心区,违反了《自然保护区条例》第三十二条"在自然保护区的核心区和缓冲区内,不得建设任何生产设施"的规定。安徽省岳西县环保局作出的停止生产、拆除有关设施的决定,具有法律依据。虽然美丽水电站建设取得了水利部门的批复许可,并补办了环境评价手续,但均不影响环境保护部门行政行为合法性的认定。

安徽省安庆市中级人民法院二审合议庭成员:徐珂可　张建平　刘鑫

(编写人:余思民[1]　江炜炜[2])

---

[1]　安徽省高级人民法院民一庭副庭长、三级高级法官。
[2]　安徽省高级人民法院民一庭四级高级法官助理。

（六）广东省汕尾市海丰县海丽国际高尔夫球场有限公司诉国家海洋局行政处罚决定案
——使用海域需依法取得正式海域使用权证

【裁判摘要】

海洋行政主管部门颁发的海域使用权证书是当事人合法使用海域的凭证，任何单位或个人实施填海等占用海域的行为均必须依法取得海域使用权。

【案件基本信息】

1. 诉讼当事人

上诉人（一审原告）：广东省汕尾市海丰县海丽国际高尔夫球场有限公司（以下简称海丽公司）。

被上诉人（一审被告）：国家海洋局。

2. 案件索引及裁判日期

一审：北京市第一中级人民法院（2013）一中行初字第672号判决（2013年6月7日）；

二审：北京市高级人民法院（2013）高行终字第1622号判决（2013年12月4日）。

3. 案由

行政处罚

【简要案情】

海丽公司在广东省汕尾市海丰县后门镇红源管区海丰县海丽国际高尔夫球场五星级酒店以南海域进行涉案弧形护堤的建设。2003年9月26日，涉案弧形护堤尚不存在。2009年3月9日，涉案弧形护堤部分形成。2010年3月19日，汕尾支队在执法检查中发现海丽公司未取得海域使用权证擅自建设涉案弧形护堤，涉嫌违反《海域使用管理法》第三条的规定。后案件移送至中国海监南海总队。同年10月21日，国家海洋局决定予以立案。中国海监南海总队海监七支队向海丽公司送达检查通知书，进行了调查询问，并委托南海勘察中心进行鉴定。2011年3月，南海勘察中心作出《汕尾市海丰县海丽国际高尔夫球场海岸线弧形护堤工程海域使用填海面积测量技术报告》，涉案弧形护堤填海形成非透水构筑物（堤坝），面积为0.1228公顷。

2011年12月14日，国家海洋局作出第12号处罚决定。海丽公司不服，申请行政复议。2012年5月30日，国家海洋局作出国海法复（2012）005号《行政复议决定》，认为第12号处罚决定关于海丽公司自2010年3月中旬进行涉案弧形护堤建设的认定与中国海监南海航空支队航拍照片显示涉案弧形护堤2009年已存在的情况不一致，系认定事实不清，决定撤销第12号处罚决定，并责令复议被申请人于60日内重新作出处罚决定。

2012年7月5日，国家海洋局作出海监七听告（2012）003号《行政处罚听证告知书》，重新告知海丽公司拟作出的处罚及事实和法律依据，并于2012年7月19日组织召开了听证会。海丽公司委托代理人王泽参加了听证。2012年7月25日，国家海洋局作出海监七处罚（2012）003号《国家海洋局行政处罚决定书》，认定海丽公司在《海域使用管理法》颁布实施后，未经有权机关批准实施了海丽国际高尔夫球场海岸弧形护堤工程建设。该弧形护堤非法占用海域的面积为0.1228公顷。上述行为违反了《海域使用管理法》第三条第二款的规定，属非法占用海域进行填海活动。

按照《海域使用管理法》第四十二条规定、《财政部、国家海洋局关于加强海域使用金征收管理的通知》（财综〔2007〕10号），该填海活动形成的弧形护堤，用海类型为非透水构筑物，海域使用金征收标准为45万元每公顷。故责令海丽公司退还非法占用的海域，恢复海域原状，并处非法占用海域期间内该海域面积应缴纳的海域使用金15倍的罚款，计人民币82.89万元。海丽公司不服被诉处罚决定，向法院提起行政诉讼。2013年6月7日，北京市第一中级人民法院作出（2013）一中行初字第672号行政判决，驳回了海丽公司关于撤销海监七处罚（2012）003号《国家海洋局行政处罚决定书》的诉讼请求。宣判后，海丽公司提起上诉。北京市高级人民法院于2013年12月4日作出（2013）高行终字第1622号行政判决，维持了一审判决。

【案件焦点】

使用海域填海应否取得海域使用许可。

【裁判结果】

一审法院认为，任何单位或个人实施填海等占用海域的行为，均须依法取得海域使用权，海洋行政主管部门颁发的海域使用权证书是当事人合法使用海域的凭证。海丽公司未经批准合法取得海域使用权，即在广东省汕尾市海丰县海域填海建设涉案弧形护堤这一非透水构筑物的行为，属于《海域使用管理法》第四十二条所指未经批准，非法占用海域进行填海活动的情形，被诉处罚决定认定事实清楚，适用法律正确，作出程序合法。海丽公司要求撤销被诉处罚决定的诉讼请求，不予支持。

二审法院认为，根据《海域使用管理法》第三条第二款、第四十二条的规定，海丽公司未经批准合法取得海域使用权，建设涉案弧形护堤，国家海洋局认定该行为属于非法占用海域进行填海活动，具有事实和法律根据。参照《财政部、国家海洋局关于加强海域使用金征收管理的通知》

（财综〔2007〕10号）关于海域使用金征收标准的规定，广东省汕尾市海丰县海域系五等海域，在五等海域进行非透水构筑物用海应一次性缴纳海域使用金每公顷45万元。国家海洋局责令海丽公司退还非法占用的海域，恢复海域使用原状，并处非法占用海域期间内该海域面积应缴纳的海域使用金15倍的罚款，计人民币82.89万元，符合上述规定，处罚幅度亦无显失公正之处。国家海洋局在作出海监七处罚（2012）003号《国家海洋局行政处罚决定书》的过程中履行了立案、告知、调查、听证、送达等程序，亦符合法律规定。海丽公司认为其依据与广东省汕尾市海丰县政府签订的合同取得海域使用权。根据《海域使用管理法》第六条、第十九条及《广东省海域使用管理规定》（粤府〔1996〕27号文）和《广东省海域使用管理条例》（自2007年3月1日起施行）的规定，需要使用海域的单位和个人应当取得海域使用证。据此，海丽公司的诉讼理由，缺乏法律依据。

【裁判摘要评析】

要式行政行为和非要式行政行为是行政行为中的重要分类。要式行政行为中的要式，是指特定形式，即某种书面文字或具有特定意义的符号。法律规定中规定的要式行政行为是对行政权进行特别控制的体现，如果要式行政行为缺失必要的"式"，该行政行为可能未成立，也可能因违法而无效。如对予以核准注册的商标必须发给依法制作的商标注册证，对相对人实施罚款等行政处罚必须制作法定文书，立案查处违法行为必须履行法定程序并依法制作办案文书，否则相应的行政执法行为不能产生应有的法律效力。立法规定法律行为需要要式主要基于以下理由：（1）使当事人慎重考虑，谨慎行为。（2）使法律行为成立及内容得以公开，以维护公众或相对方利益。（3）保全证据的需要。（4）便于明确权利范围，以利于权利的行使或纠纷的解决。

行政许可作为在法律一般禁止的情况下，行政主体根据相对人的申请所赋予的从事某种活动或实施某种行为的权利或资格的特定行政行为，涉及公权与私权、私权之间的多种利益平衡，因此各国一般都将行政许可行为设定为要式行政行为。如我国《行政许可法》第三十八条第一款、第三十九条第一款规定："申请人的申请符合法定条件、标准的，行政机关应当依法作出准予行政许可的书面决定。行政机关作出准予行政许可的决定，需要颁发行政许可证件的，应当向申请人颁发加盖本行政机关印章的下列行政许可证件：（一）许可证、执照或者其他许可证书；（二）资格证、资质证或者其他合格证书；（三）行政机关的批准文件或者证明文件；（四）法律、法规规定的其他行政许可证件。"

本案中，财政部、国家海洋局于1993年5月31日发布的《国家海域使用管理暂行规定》第五条规定，使用国家海域从事生产经营活动的，实行海域使用证制度和有偿使用制度。《海域使用管理法》第三条第二款规定，单位和个人使用海域，必须依法取得海域使用权。第六条规定，国家建立海域使用权登记制度，依法登记的海域使用权受法律保护。第十九条规定，海域使用申请经依法批准后，国务院批准用海的，由国务院海洋行政主管部门登记造册，向海域使用申请人颁发海域使用权证书；地方人民政府批准用海的，由地方人民政府登记造册，向海域使用申请人颁发海域使用权证书。海域使用申请人自领取海域使用权证书之日起，取得海域使用权。第四十二条规定，未经批准或者骗取批准，非法占用海域的，责令退还非法占用的海域，恢复海域原状，没收违法所得，并处非法占用海域期间内该海域面积应缴纳的海域使用金5倍以上15倍以下的罚款；对未经批准或者骗取批准，进行围海、填海活动的，并处非法占用海域期间内该海域面积应缴纳的海域使用金10倍以上20倍以下的罚款。《广东省海域使用管理规定》第八条规定，需要使用海域的单位和个人，应向项目所在地县级以上海洋行政主管部门提出申请，并按第十一条规定的批准权限逐级上报审批，由批准机关的同级海洋行政主管部门发给海域使用证。由此可知，任何单位或个人实施填海等占用海域的行为均必须依法取得海域使用权，海洋行政主管部门颁发的海域使用权证书是当事人合法使用海域的凭证。海丽公司主张在其与海丰县政府签订的合同中，广东省汕尾市海丰县政府明确许可其使用涉案海域，故其使用涉案海域的行为是合法的。但依据前述论述，海域使用权的许可是要式行政行为，未经颁发海域使用权证，该许可依法不成立或者无效。因此，海丽公司的前述主张是缺乏事实及法律依据的，法院判决驳回海利国际公司关于撤销海监七处罚（2012）003号《国家海洋局处罚决定书》的诉讼请求是正确的。

北京市高级人民法院二审合议庭成员：胡华峰　寨利男　刘靖靖

（编写人：黄薇[①]）

[①] 北京市第一中级人民法院原助理审判员。

（七）闵某等非法捕捞水产品案
—— 公诉机关同时提起附带民事公益诉讼请求修复生态环境

【裁判摘要】

被告人的犯罪行为同时破坏了生态环境，该类案件由公诉机关提起附带民事公益诉讼。人民法院判令被告人承担刑事责任的同时，要求被告人以增殖放流的方式承担生态环境损害赔偿责任，有助于加大违法犯罪成本，并促进生态环境的修复治理。

【案件基本信息】

1. 诉讼当事人

公诉机关及附带民事公益诉讼起诉人：云南省昆明市盘龙区人民检察院。

被告人：闵某、钱某某。

2. 案件索引及裁判日期

一审：云南省昆明市盘龙区人民法院（2019）云0103刑初517号判决（2019年6月4日）。

3. 案由

非法捕捞水产品罪

【简要案情】

2017年10月1日，被告人闵某、钱某某在昆明市西山区郑家河村船房河使用电鱼器捕鱼被民警现场抓获,当场查获电鱼器一套,渔获物鲫鱼14条、泥鳅67条。公诉机关以被告人闵某、钱某某犯非法捕捞水产品罪向法院提起公诉,同时作为公益诉讼起诉人提起附带民事公益诉讼,认为被告人闵某、钱某某行为严重影响滇池生物生息及鱼类产卵繁殖,破坏滇池水域生态环境,损害社会公共利益,应承担修复生态环境的责任,请求判令两被告人在新闻媒体公开赔礼道歉,各在滇池水域放流增殖4000元高背鲫鱼、花白鲢鱼及鳙鱼鱼苗,以修复被破坏生态环境。

【案件焦点】

本案被告人承担生态环境损害赔偿责任的方式。

【裁判结果】

一审法院生效裁判认为,任何单位和个人对水产资源的捕捞,都应遵守国家相关法律对作业类型、场所、时限和渔具数量的规定进行作业。不得在禁渔期和禁渔区进行捕捞,不得使用禁用的渔具、捕捞方法进行捕捞。非法捕捞水产品属于掠夺性、毁灭性捕捞,不仅破坏了国家对环境资源的管理制度,还危害了水产资源的可持续利用和水生生态环境。被告人闵某、钱某某违反水产资源保护法规,在滇池禁渔期,在禁渔区内使用禁用的工具和方法,非法捕捞水产品,破坏水产资源,情节严重,二人的行为已构成非法捕捞水产品罪。被告人闵某、钱某某如实供述自己的罪行,认罪态度好,可以从轻处罚。同时,因被告人闵某、钱某某的犯罪行为,对生态环境造成破坏,侵害社会公共利益,依法应承担相应民事责任。附带民事公益诉讼起诉人提出的公益诉讼请求,符合法律规定,且有相应的证据材料予以佐证,予以支持。判决:(1)被告人闵某犯非法捕捞水产品罪,判处罚金人民币2000元;(2)被告人钱某某犯非法捕捞水产品罪,判处罚金人民币2000元;(3)公安机关依法扣押在案的非法捕捞工具予以没收;(4)被告人闵某、钱某某各向滇池水域增殖放流价值人民币4000

元的高背鲫鱼、花白鲢鱼及鳙鱼鱼苗，并通过新闻媒体公开赔礼道歉。

【裁判摘要评析】

本案两名被告人非法电鱼区域属于入滇河道，系滇池保护范围，电鱼行为已影响滇池生物生息及鱼类产卵繁殖，破坏滇池水域生态环境，损害了社会公共利益，符合《检察公益诉讼案件解释》第二十条规定的人民检察院可以提起附带民事公益诉讼情形。

《环境民事公益诉讼解释》第十八条规定，对污染环境、破坏生态，已经损害社会公共利益或者具有损害社会公共利益重大风险的行为，原告可以请求被告承担停止侵害、排除妨碍、消除危险、修复生态环境、赔偿损失、赔礼道歉等民事责任。第二十条规定，原告请求修复生态环境的，人民法院可以依法判决被告将生态环境修复到损害发生之前的状态和功能，无法完全修复的，可以准许采用替代性修复方式。

《民法典》第一千二百三十四条规定："违反国家规定造成生态环境损害，生态环境能够修复的，国家规定的机关或者法律规定的组织有权请求侵权人在合理期限内承担修复责任。侵权人在期限内未修复的，国家规定的机关或者法律规定的组织可以自行或者委托他人进行修复，所需费用由侵权人负担。"该规定是《民法典》针对公益诉讼规定的生态环境损害修复责任，实质就是对生态环境损害的恢复原状。

具体在环境公益诉讼案件中，承担责任的方式可以细化为增殖放流、补植复绿，以及要求侵权主体制定专业性修复方案等多种措施。本案判决两被告人通过新闻媒体公开赔礼道歉，并向滇池水域增殖放流鱼苗，符合前述法律规定，也符合检察机关提起公益诉讼"有效保护国家利益和社会公共利益"的衡量标准和最终目标。人民法院结合当事人违法犯罪情节轻微的事实，在适用财产刑、对被告人施以罚金的同时，判令被告人以增殖放流的方式承担生态环境损害赔偿责任，有助于加大非法捕捞的违法犯罪成本，促进受损水域生态环境的修复治理。判决内容由被告人当场自愿履行，通过新闻媒体公开赔礼道歉并当众投放鱼苗，取得了很好的法律效果、社会效果和生态效果，对处理长江流域破坏生态环境案件具有一定的借鉴意义。

云南省昆明市盘龙区人民法院一审合议庭成员：申开勇　陈芳　顾金梅　伍春霞　刘晓梅　杨顺元

（编写人：申开勇[①]）

[①] 云南省昆明市盘龙区人民法院水源保护区人民法庭一级法官。

(八) 李某九等人非法捕捞水产品案
—— 依法打击破坏水生生物资源犯罪应当注重生态修复

【裁判摘要】

被告人李某九、陈某某、雷某某等 8 人非法捕捞水产品，对长江水生生物资源造成了严重破坏，其在承担刑事责任的同时，还应承担水域生态修复的民事责任。

【案件基本信息】

1. 诉讼当事人

公诉机关及附带民事公益诉讼起诉人：湖北省宜昌市伍家岗区人民检察院。

被告人及附带民事公益诉讼被告人：李某九、陈某某、熊某某、雷某某、李某甲、李某乙、周某某、李某丙。

2. 案件索引及裁判日期

一审：湖北省宜昌市伍家岗区人民法院（2018）鄂 0503 刑初 270 号刑事附带判决（2018 年 12 月 24 日）；

二审：湖北省宜昌市中级人民法院（2019）鄂 05 刑终 151 号裁定（2019 年 4 月 8 日）。

3. 案由

非法捕捞水产品罪

【简要案情】

2017年10月,被告人李某九、陈某某、雷某某为实施电捕鱼,经共同商议,共同出资购买了电捕鱼船舶一艘及相关电捕鱼设备,三人按出资各占该船舶及相关设备股份的三分之一。2018年年初,李某九又邀约熊某某入伙,熊某某以自己的一艘船入股加入,李某九、陈某某、雷某某出资为该船添购相关电捕鱼设备,并约定李某九、陈某某、雷某某三人各占该船及相关设备股份的五分之一,熊某某占五分之二。此间,李某九邀约李某甲、李某乙、周某某、李某丙参加非法捕捞,按次给付参与捕捞的费用,并约定渔获物由陈某某收购后自行变卖。2018年4月10日至2018年6月4日,在禁渔期内,李某九邀约陈某某、熊某某、李某甲、李某乙、周某某、李某丙在长江枝江段禁渔水域用电捕鱼等方式非法捕捞水产品共计6次,非法捕捞水产品2688.3公斤,已变卖的渔获物得赃款25148元。经湖北省宜昌市伍家岗区人民检察院委托,中国水产科学研究院长江水产研究所于2018年10月12日出具了生态损失评估报告,认为:李某九等人的非法捕捞行为造成成鱼潜在损失量约为3998千克,导致幼鱼损失量约为1747835尾,并建议采用直接放流成鱼和幼鱼的方式对受损水体进行修复。

【案件焦点】

审理长江流域非法捕捞刑事案件,须秉承恢复性司法理念,探索生态修复措施,在判决被告人承担非法捕捞犯罪行为刑事责任的同时,还应当追究其破坏长江生态环境、损害社会公共利益的民事责任。

【裁判结果】

一审法院认为,被告人李某九、陈某某、熊某某、雷某某、李某甲、李某乙、周某某、李某丙违反保护水产资源法律法规,在长江禁渔期、禁渔区内使用禁用方法捕捞水产品,情节严重,其行为均已构成非法捕捞水产品罪。公诉机关的指控,事实清楚,证据确实、充分,罪名成立。湖北省宜昌市伍家岗区人民检察院提起的刑事附带民事公益诉讼，理由正当，事实清楚，予以支持。李某九、陈某某、熊某某、雷某某、李某甲、李某乙、周某某等人非法捕捞水产品，破坏了长江生态环境，其在承担刑事责任的同时，还应承担民事赔偿责任。各被告人共同非法捕捞水产品，应当对造成的损害后果承担连带赔偿责任；各被告人对中国水产科学研究院长江水产研究所出具的生态损失评估报告均不持异议，对此予以确认，对刑事附带民事公益起诉人的诉讼请求予以支持。一审遂判决：被告人李某九犯非法捕捞水产品罪，判处有期徒刑二年；被告人陈某某犯非法捕捞水产品罪，判处有期徒刑一年十一个月；被告人熊某某犯非法捕捞水产品罪，判处有期徒刑二年；被告人雷某某犯非法捕捞水产品罪，判处有期徒刑一年十个月；被告人李某甲犯非法捕捞水产品罪，判处有期徒刑十一个月；被告人李某乙犯非法捕捞水产品罪，判处有期徒刑十一个月；被告人周某某犯非法捕捞水产品罪，判处有期徒刑十个月；被告人李某丙犯非法捕捞水产品罪，判处有期徒刑六个月；责令各被告人退缴违法所得；公安机关扣押在案的犯罪工具予以没收；刑事附带民事公益诉讼被告人李某九、陈某某、熊某某、雷某某、李某甲、李某乙、周某某自本判决生效之日起十日内在电捕鱼水域放流成鱼3998千克、幼鱼1747835尾，并承担连带责任。

一审宣判后，熊某某、李某乙向湖北省宜昌市中级人民法院提出上诉后又撤回上诉。一审判决已生效。

【裁判摘要评析】

本案为近十年来长江中上游段最大规模非法捕捞水产品及刑事附带民事公益诉讼案件，案中所涉长江宜昌段至枝江段，渔业资源丰富，是长江重要经济鱼类产卵场的主要分布江段。近年来，"电毒炸"非法捕捞作业方式屡禁不止，导致该江段渔业资源不断衰退。本案从保护长江生态环境着眼，责令被告人在电捕鱼水域投放成鱼和幼鱼用于长江生态修复，有力保护了长江流域水生生物资源。

一、长江水域非法捕捞水产品犯罪社会危害性巨大

长江是中华民族发展的重要支撑，也是重要的生物基因库和珍稀水生生物的天然宝库。长江流域是我国渔政管理难度最大的重点区域之一，长江水生生物资源对于净化水域生态环境、维持长江生态系统健康运行和系统平衡具有关键作用。《渔业法》明确禁用炸鱼、毒鱼、电鱼等破坏渔业资源的方法进行捕捞。

近年来，长江沿岸相关部门不断加大非法捕捞打击力度，但仍有不法人员为牟取非法利益而不惜铤而走险。本案所涉水域是长江重要经济鱼类产卵场的主要分布江段，李某九、陈某某等8名被告人在国家连续出台相关规定后，依然无视国家法律法规及政策，事前通谋并在长江禁渔段、禁渔期内，使用违禁方法实施大规模非法捕捞，此类非法捕捞行为造成长江水域内原有鱼类群落结构显著退化，鱼类饵料生物资源量显著降低，土著鱼类数量锐减，长江生物资源多样性面临巨大危机。

二、依法打击非法捕捞水产品犯罪行为更应注重生态修复

一方面，人民法院要在审理长江流域非法捕捞水产品犯罪案件中，准确把握入罪标准，准确认定禁捕范围、禁用方法、禁用工具、行为人主观故意等犯罪构成要件，准确区分罪与非罪、此罪与彼罪的界限，以最严密法治保护长江生态环境；另一方面，要坚持法治思维和法治方式，准确适用法律和贯彻宽严相济形势政策，综合运用刑事、行政、经济手段惩治违法犯罪。本案中，办案人员牢固树立恢复性司法理念，积极引导被告人认识到其非法捕捞行为对长江生态环境的破坏后果，督促其积极履行水生态系统修复义务，判决被告人在案涉江段直接放流成鱼和幼鱼的方式承担生态修复的民事责任，确保被告人生态修复责任履行到位。这种由办案人员引导、充分调动被告人自愿积极修复因犯罪行为而遭受破坏的水生生态环境，并结合其履行生态环境修复义务的积极程度，对其罚当其罪，既体现了罪刑法定原则与恢复性司法理念在破坏生态环境刑事案件中相结合的办

案理念，也对长江沿岸渔民正确认识非法捕捞行为起到了良好的警示教育作用。

人民法院在办理涉及非法捕捞类案件时，除了充分发挥审判职能依法严惩违法犯罪以外，还应重点关注生态修复。如针对不同流域生态环境特点、不同捕捞方式以及被告人不同犯罪情节和责任分配，积极探索实施增殖放流、替代性修复、第三方治理等多样化的责任承担方式。

三、依法打击破坏长江生态环境犯罪行为应当注重多部门协作

为促进长江生态环境恢复，国家出台了各种法律法规规定禁渔期、禁渔段及禁渔方法。2018年国务院办公厅发布《关于加强长江水生生物保护工作的意见》，提出到2020年实现水生生物资源恢复性增长，水域生态环境恶化和水生物多样性下降趋势基本遏制。为及时有力打击破坏长江水域生态环境犯罪，法院在办理此类案件中，充分发挥联合执法司法常态化机制，协同公安、检察院、渔政、市场监管、环境资源行政主管部门等单位，针对非法捕捞、非法采砂、污染环境等破坏长江生态环境的犯罪，畅通信息共享渠道，达成协作共识，形成高压态势，有力确保了犯罪必究、全面打击和精准裁判。

湖北省宜昌市中级人民法院二审合议庭成员：宋建平　李伟文　金素芳　陈盛模　李豪　刘传明　曲淑明

（编写人：宋建平[①]　李伟文[②]）

[①] 湖北省宜昌市伍家岗区人民法院院长、三级高级法官。
[②] 湖北省宜昌市伍家岗区人民法院刑事审判庭庭长、一级法官。

（九）贵州省榕江县人民检察院诉榕江县栽麻镇人民政府环境保护行政管理公益诉讼案

——行政公益诉讼首次运用于保护中国传统村落

【裁判摘要】

传统村落蕴藏着丰富的历史信息和文化景观，是《环境保护法》第二条所规定的环境要素之一。乡镇人民政府负责本行政区域内传统村落保护和发展的具体工作，对被列为中国传统村落的，应采取积极有效保护措施，防止其遭受破坏。

【案件基本信息】

1. 诉讼当事人

公益诉讼人：贵州省榕江县人民检察院（以下简称榕江县检察院）。

被告：贵州省榕江县栽麻镇人民政府（以下简称栽麻镇政府）。

2. 案件索引及裁判日期

一审：贵州省黎平县人民法院（2019）黔2631行初7号判决（2019年3月4日）。

3. 案由

环境保护行政公益诉讼

【简要案情】

贵州省榕江县栽麻镇宰荡侗寨和归柳侗寨分别于2012年、2016年被列入中国传统村落保护名录。榕江县检察院在履行公益诉讼职责中发现由于栽麻镇政府存在怠于履行保护职责的行为，未落实传统村落发展规划和控制性保护措施、缺少正确引导，导致村民改善居住条件、翻修旧房、新建住房等处于无序状态，乱搭乱建、违法占地、占用河道建房等问题突出，严重影响了中国传统村落的保护和发展，使民族传统文化遭受严重破坏，导致国家利益和社会公共利益持续处于受侵害状态。2018年5月7日，榕江县检察院向栽麻镇政府发出检察建议书，要求其履行监管保护职责。同年8月至10月，榕江县检察院四次回访宰荡侗寨和归柳侗寨，原有破坏中国传统村落整体风貌的违法违章建筑不但没有整改，数量不减反增。2018年12月28日，榕江县检察院向有管辖权的贵州省黎平县人民法院提起行政公益诉讼，请求：（1）确认栽麻镇政府对中国传统村落宰荡侗寨和归柳侗寨怠于履行监管职责的行为违法；（2）栽麻镇政府继续履行对中国传统村落宰荡、归柳两个传统村落的监管保护职责。

【案件焦点】

栽麻镇政府怠于监管保护辖区内传统村落的行为是否违法。

【裁判结果】

贵州省黎平县人民法院经审理认为，根据《环境保护法》《城乡规划法》《贵州省传统村落保护和发展条例》等相关规定，栽麻镇政府对在其行政辖区内被列为中国传统村落的宰荡侗寨和归柳侗寨依法负有监管保护职责。本案中，栽麻镇政府作为其行政辖区内传统村落保护和发展的第一责任单位和监管单位，在该传统村落保护区范围内，出现大批的农户擅自新建、改扩建（构）筑物，致宰荡侗寨和归柳侗寨的传统格局和风貌受到严重的破坏，使国家利益和社会公共利益受到侵害。公益诉讼人在执法监督过程中发现后，向栽麻镇政府发出检察建议书，栽麻镇政府未依照检察建议的内容采取积极有效的监管措施，致使违法行为依然存在，国家利益和社会公共利益仍然受到侵害。在诉讼过程中，栽麻镇政府虽然对宰荡村和归柳村存在的违法违章建筑进行整治，取得一定效果，但仍有相当部分的违章建筑存在，对该违法行为，被告仍应依法依规继续履行其法定职责。因此，判决：（1）确认栽麻镇政府对中国传统村落宰荡村和归柳村怠于履行监管职责的行为违法；（2）栽麻镇政府对破坏中国传统村落宰荡侗寨及归柳村整体传统格局、历史风貌和空间尺度等违法行为应继续履行监管职责。一审判决后，当事人未提出上诉，判决已经生效。

【裁判摘要评析】

传统村落是拥有物质形态的文化遗产，也是农耕文明不可再生的人文遗迹，是我国《环境保护法》第二条所规定的环境要素之一。近年来，有的地方政府未落实传统村落发展规划和控制性保护措施，导致村民翻修旧房、新建住房等行为无序，传统村落原貌遭到破坏。本案是我国首例以保护传统村落为目的的环境行政公益诉讼案件，体现出人民法院在人文遗迹司法保护方面的积极态度和职责担当。本案的成功受理和审结，为传统村落司法保护开辟了一条新路径，促进了传统村落绿色发展。

当地政府具有保护传统村落的行政职责，应采取积极有效保护措施，防止传统村落遭受破坏。本案中，栽麻镇政府存在怠于履行保护职责的行为，致使国家利益和社会公共利益持续处于受侵害状态，榕江县检察院发出检察建议书后仍未能得到解决。人民法院确认栽麻镇政府怠于履行传统村落保护监管职责的行为违法，并责令其继续履行职责，有力地强化了行政机关保护传统村落的责任意识，有利于督促当地政府积极履行对传统村落保护职责。

为让社会公众强化传统村落保护意识，推动形成良好的保护氛围，本案按照巡回方式审理，邀请州内具有传统村落保护职责的乡镇干部和执法人员共计 60 余人旁听，发挥司法教育评价指引功能，在当地产生良好的法律效果和社会效果。同时，也使生活在传统村落中的老百姓认识到，在翻修、改造、新建房屋或其他构筑物过程中，对传统风貌、布局造成破坏的，需要承担相应的法律责任。本案的审结对于促进传统村落人文价值保护具有重要推动作用。

贵州省黎平县人民法院一审合议庭成员：吴义杰　吴丽红　陈文聪

（编写人：吴义杰[①]）

[①] 贵州省黎平县人民法院综合审判庭负责人、一级法官。

（十）海南省文昌市人民检察院诉海南省文昌市农业农村局海洋行政公益诉讼案

——责令继续履行法定职责与确认被诉行政行为违法在一个判决中不能同时适用

【裁判摘要】

被诉行政机关未严格依照法律的规定正确履行职责、未能穷尽法律赋予的手段或措施查处违法行为的，属于未完全履行法定职责。判决行政机关继续履行职责本身已包含对其不履行职责行为的否定性评价，行政机关不履行职责的违法性构成了判决其继续履行职责的逻辑前提，无须同时作出确认不履行职责行为违法和要求行政机关继续履行职责两个判项。

【案件基本信息】

1. 诉讼当事人

原告：海南省文昌市人民检察院。

被告：海南省文昌市农业农村局。

2. 案件索引及裁判日期

一审：海口海事法院（2019）琼72行初20号判决（2019年8月23日）。

3. 案由

海洋行政公益诉讼

【简要案情】

海南省文昌市人民检察院在海南省文昌市冯家湾调查时发现该海域内有大量违法定置网，破坏了海洋生态环境，且经媒体报道后造成了较为恶劣的社会影响，遂于2018年4月25日向海南省文昌市农业农村局发出诉前检察建议，要求海南省文昌市农业农村局对辖区内所有使用小于最小网目尺寸的定置网依法进行清理，并对非法捕捞行为进行处罚。虽然海南省文昌市农业农村局为此开展了专项清理行动，但海南省文昌市人民检察院在跟进监督时发现海南省文昌市部分海域内仍有违法定置网。海南省文昌市人民检察院认为，被告对在禁渔期内非法设置定置网的渔民仅以悬挂告示牌的方式要求其自行拆除定置网，在查处非法捕捞作业的渔船时未将违法定置网作为随案证据保存，也未将犯罪线索移送给侦查机关，上述行为均属于未完全履行法定职责。被告不履职行为使得其辖区海域的违法捕捞行为在较长一段时期内普遍存在，导致渔业资源未能得到及时有效地保护、社会公共利益处于持续受侵害状态。据此，海南省文昌市人民检察院于2019年1月9日向海口海事法院提起诉讼，请求确认海南省文昌市农业农村局对其辖区海域内的违法定置网未完全履行法定职责的行为违法，并判令海南省文昌市农业农村局在六个月内继续履行法定职责。

【案件焦点】

海口海事法院认为，本案为海洋行政公益诉讼。关于被告是否未完全履行法定职责的问题。根据《渔业法》第三十八条第一款"……违反关于禁渔区、禁渔期的规定进行捕捞的，或者使用禁用的渔具、捕捞方法和小于最小网目尺寸的网具进行捕捞或者渔获物中幼鱼超过规定比例的，没收渔获物和违法所得，处五万元以下的罚款；情节严重的，没收渔具，吊销捕捞许可证；情节特别严重的，可以没收渔船；构成犯罪的，依法追究刑事责任"的规定，渔民在禁渔期内捕捞作业或使用小于最小网目尺寸的定置网进行捕捞作业的，均属于违法行为。作为渔业监督管理部门，被告发现渔民在禁渔期内使用定置网捕捞作业时，应依法采取清理定置网的强制措施、依法调查取证、在查明违法行为主体的情况下应依法作出行政处罚、对构成犯罪的还要追究违法行为人的法律责任。但被告对在禁渔期内非法设置定置网的渔民仅以悬挂告示牌的方式要求其自行拆除定置网，在查处非法捕捞作业的渔船时未将违法定置网作为随案证据保存，也未将犯罪线索移送给侦查机关。上述行为均属于未严格依照法律的规定正确履行监管职责。直至本案开庭前，被告辖区海域仍存有一定数量的定置网。被告在对违法定置网的查处过程中，对违法定置网的处置措施、执法程序存在不当或违法，使得其辖区海域的违法捕捞行为在较长一段时期内普遍存在，导致渔业资源未能得到及时有效的保护、社会公共利益处于持续受侵害状态。海口海事法院据此认定，被告对其辖区海域内的违法定置网未完全履行法定职责的行为违法。

关于本案应否判决被告继续履行法定职责的问题。根据《行政诉讼法》第七十二条以及《检察公益诉讼案件解释》第二十五条第一款的规定，对被告不履行法定职责或者拖延履行法定职责的，都区分了两种不同的判决方式：一是在阐明被告不履行职责行为违法之后直接判决其继续履行；二是如继续履行没有意义，则判决确认被告不履行职责行为违法。之所以作出上述区分，是因为判决行政机关继续履行职责本身已包含了对其不履行职责行为的否定性评价，行政机关不履行职责的违法性构成了判决其继续履行职责的逻辑前提，故无须同时作出确认不履行职责行为违法和要求行政机关继续履行职责两个判项。只有在判决行政机关继续履行职责没有意义的情况下，才需要单独作出确认其不履行职责行为违法的判决。本案中，公益诉讼起诉人同时提出了确认被告对辖区海域内大量存在的违法定置网怠于履行职责的行政行为违法和被告应在六个月内继续履行法定职责的两项诉讼请求。鉴于被告辖区海域内至今仍存在违法定置网，要求被告继续履行查处定置网的法定职责具备客观条件和现实意义。故海口海事法院对于公益诉讼起诉人主张的被告应在六个月内继续履行法定职责的诉讼请求予以支持，对于被告未完全履行职责行为的违法性在判项中不再另行表述。

【裁判结果】

2019年8月23日，海口海事法院作出（2019）琼72行初20号行政判决：责令海南省文昌市农业农村局在判决生效之日起六个月内履行查处其辖区海域内违法定置网的法定职责。宣判后，各方均未提起上诉，该判决现已生效。

【裁判摘要评析】

本案属于行政公益诉讼，审查认定被诉行政机关是否存在"不履行法定职责"的行为，与一般的行政不作为之诉有所不同，主要从以下几个方面进行审查：（1）被诉行政机关是否依照法定的程序履行职责；（2）被诉行政机关是否穷尽法律赋予的手段或措施查处违法行为；（3）被诉行政机关不履行法定职责的损害结果，即社会公共利益的受损情况。本案被告的监管职责主要来源于《渔业法》第三十八条第一款"……违反关于禁渔区、禁渔期的规定进行捕捞的，或者使用禁用的渔具、捕捞方法和小于最小网目尺寸的网具进行捕捞或者渔获物中幼鱼超过规定比例的，没收渔获物和违法所得，处五万元以下的罚款；情节严重的，没收渔具，吊销捕捞许可证；情节特别严重的，可以没收渔船；构成犯罪的，依法追究刑事责任"的规定。该款既赋予渔业监管部门有权根据违法捕捞行为情节的轻重作出不同种类的处罚，同时还规定了在违法捕捞行为构成犯罪时，行政机关负有保存证据、将案件移送侦查机关的义务。那么，本案被告发现渔民在禁渔期内使用定置网捕捞作业时，应依法采取清理定置网的强制措施、依法调查取证、查明违法行为主体并依法作出行政处罚，对可能构成犯罪的违法行为，应保存犯罪证据、移送侦查机关。但本案被告对在禁渔期内非法设置定置网的渔民仅以悬挂告示牌的方式要求其自行拆除定置网，在查处非法捕捞作业的渔船时未将违法定置网作为随案证据保存，也未将犯罪线索移送给侦查机关。可见，被告既未按照法律规定的程序履职，也未穷尽法律赋予的手段或措施查处违法行为,且直至本案开庭前,被告辖区海域仍存有一定数量的违法定置网,社会公共利益处于持续受损状态。故本案认定被告上述行为属于未严格依照法律的规定正确履行监管职责。

本案中,公益诉讼起诉人同时提出了确认被告对辖区海域内大量存在的违法定置网怠于履行职责的行政行为违法和被告应在六个月内继续履行法定职责的两项诉讼请求。依据《行政诉讼法》《检察公益诉讼案件解释》相关规定,责令继续履行法定职责与确认被诉行政行为违法在一个判决中不能同时适用。《行政诉讼法》以第七十二条、第七十四条区分了判决被告继续履职和确认行政行为违法的不同适用情形。《检察公益诉讼案件解释》第二十五条规定:"人民法院区分下列情形作出行政公益诉讼判决:(一)被诉行政行为具有行政诉讼法第七十四条、第七十五条规定情形之一的,判决确认违法或确认无效,并可以同时判决责令行政机关采取补救措施;(二)被诉行政行为具有行政诉讼法第七十条规定情形之一的,判决撤销或者部分撤销,并可以判决被诉行政机关重新作出行政行为;(三)被诉行政机关不履行法定职责的,判决在一定期限内履行……"之所以作出上述区分,是因为判决行政机关继续履行职责本身已包含了对其不履行职责行为的否定性评价,行政机关不履行职责的违法性构成了判决其继续履行职责的逻辑前提,故无须同时作出确认不履行职责行为违法和要求行政机关继续履行职责两个判项。只有在判决行政机关继续履行职责无意义的情况下,才需要单独作出确认其不履行职责行为违法的判决。因此,本案依法支持公益诉讼起诉人提出的"被告应在六个月内继续履行法定职责"的诉讼请求,对被告未完全履行职责行为的违法性在"本院认为"部分予以确认。

本案的典型意义表现在两个方面:(1)依法支持检察机关在海洋资源保护领域行使监督权,促进行政机关依法执法。本案是海南省检察公益诉讼第一案。人民法院在查明行政机关存在"变通式"执法情形后,判令其依法履职,支持了检察机关对行政执法的监督。一审判决后,双方当事人均未上诉。海南省文昌市农业农村局主动与检察机关沟通,共同制定了专项方案，体现了案件处理的良好法律效果和社会效果。（2）促进环境保护监管形成合力，有效保护了海洋自然资源和生态环境。海洋生态文明建设是国家生态文明建设的重要组成部分。海南当前海洋资源破坏、海洋生态受损形势严峻，海洋保护面临极大挑战，全省亦以开展海岸带保护、"三无"船舶整治为抓手展开海洋保护工作。本案中，人民法院依法支持检察机关对行政机关的执法监督，促使渔业监管部门、检察机关在海洋资源保护工作中形成合力，对保护海洋生态环境、实现海洋经济的可持续发展具有重要意义。

海口海事法院一审合议庭成员：张医芳　白文英　吴永林　李世杰　林勇新　张奇　陈小慧

（编写人：张医芳[①]）

[①] 海口海事法院三沙法庭四级高级法官。

三、资源开发利用类案件

（一）云南省兰坪三江铜业有限责任公司诉云南省兰坪汇集矿业有限公司财产损害赔偿纠纷案
——环境资源保护监督管理职责部门出具的调查报告能否作为定案依据

【裁判摘要】

当事人未委托鉴定机构对环境污染原因及财产损失等重新进行鉴定的情况下，且无相反证据推翻行政管理部门出具的调查报告时，人民法院应当结合双方当事人举证情况，依法采信调查报告作出事实认定，并综合过错程度和原因力大小合理划分责任范围。

【案件基本信息】

1. 诉讼当事人

上诉人（一审被告）：云南省兰坪汇集矿业有限公司（以下简称汇集公司）。

被上诉人（一审原告）：云南省兰坪三江铜业有限责任公司（以下简称三江公司）。

2. 案件索引及裁判日期

一审：云南省兰坪白族普米族自治县人民法院（2018）云3325民初813号判决（2019年6月20日）；

二审：云南省怒江傈僳族自治州中级人民法院（2019）云33民终126号判决（2019年9月27日）。

3. 案由

财产损害赔偿纠纷。

【简要案情】

2016年6月7日，云南省兰坪县营盘镇清水河发生泥石流，灾害发生后，云南省兰坪县国土资源局于2016年6月7日对泥石流灾害成因进行了调查，并形成调查报告。报告认定此次泥石流给连城村委会、松柏村委会、三江公司造成了重大经济损失。其中，冲毁三江公司空压机房1间、材料房2间、房屋24间、水池1个、空压机2台、1000KVA变压器1台、15KW水泵6个、4KW水泵8个、矿斗20个、电瓶车1台、轨道8吨、风机4台、本田CRV车1辆、电视机3台、冰柜1个、电脑2台以及工作人员所有生活用品，直接经济损失233.91万元，根据《地质灾害防治条例》，清水河"6·07"泥石流灾情属于中型。该报告对泥石流灾害成因分析认为，本次泥石流灾害为强降雨为主引发的中型泥石流灾害。汇集公司的不当工程活动是加剧地质灾害灾损形成的直接因素。不当工程活动主要为：（1）大板凳铜矿矿区生产弃渣处置不当，为泥石流爆发提供了充沛的物质条件；（2）汪某春建设养殖场时选址不当，未充分考虑可能遭受大规模洪水、泥石流对其造成威胁的情况；（3）三江公司修建构筑物时挤占沟道，选址不当，探矿硐口靠近沟谷，生产中对可能爆发的泥石流等灾害缺乏防范意识。该报告指出灾损的责任认定由灾损各方共同委托具有资质条件的技术单位开展专项调查工作，经责任认定后按照责任大小协商解决。因协商未果，三江公司依据灾后云南省兰坪县国土资源局作出的兰国土

(2016) 100号《兰坪县国土资源局关于上报兰坪县营盘镇清水河"6·07"泥石流灾害调查的报告》第五页"2009—2016年间，汇集公司兰坪县大板登铜矿于矿区内进行了大量工程建设活动，包括采矿坑开挖、选厂及生活区场地开挖，厂区公路开挖等，废渣顺坡堆放或直接堆放于沟谷，松散岩土缺少固坡措施，部分滚落、滑塌堆积于冲沟沟谷，矿区地表无截水、排水措施，地表流水向地势低洼处流动过程中对坡面松散土体冲刷能力强，将部分坡面岩土携带至冲沟沟谷，由于工程建设活动，大板登矿区内形成大量松散堆渣"的灾害成因认定，请求汇集公司赔偿三江公司在"6·07"灾害中冲毁的空压机房1间、材料房2间、房屋24间、水池1个、空压机2台、1000KVA变压器1台、15KW水泵6个、4KW水泵8个、矿斗20个、电瓶车1台、轨道8吨、风机4台、本田CRV车1辆、电视机3台、冰柜1个、电脑2台以及工作人员所有生活用品，赔偿直接经济损失233.91万元。

【案件焦点】

本案是否构成因环境污染造成的财产损害赔偿纠纷。

【裁判结果】

一审法院认为，本案为环境污染事件引发的财产损害赔偿案件。云南省兰坪县国土资源局出具的调查报告能够证明泥石流灾害的发生与汇集公司的工程活动之间存在因果关系，汇集公司应赔偿三江公司因泥石流灾害遭受的损失111.1万元。

二审法院认为，汇集公司在大板凳铜矿矿区生产弃渣处置不当，随意堆放为泥石流爆发提供了充沛的物源条件，因本次降雨量并未超过国家要求预防的标准，属于可预防、可控制的灾害，由此造成的损失不属于不可抗力所致，应由汇集公司承担相应赔偿责任。结合三江公司使用动产及不动产时间应当自2009年开始采矿起算，而本案中涉及2.25万元现金不宜折旧，经综合考虑，涉案受损财物折旧为40%为宜。本案折旧后损失计算应当为141.25万元。

【裁判摘要评析】

本案是一起典型的自然力与人类生产活动不当行为共同引发的环境污染案件。根据《环境侵权纠纷解释》的规定，负有环境保护监督管理职责的国土部门出具的环境污染事件调查报告可以作为认定案件事实的根据。本案泥石流发生后，云南省兰坪县国土资源局与云南省地质工程勘察设计研究院技术人员及时对清水河"6·07"泥石流灾害进行调查，形成灾害调查报告。该报告具有一定客观性，云南省兰坪县国土资源局第一时间到达了受灾现场，云南地质工程勘察设计研究院技术人员具备一定专业技术知识，云南省兰坪县国土资源局出具的调查报告有时间上的及时性、资料收集的完整性和科学性。因当事人对调查报告并未提交其他证据予以推翻，无证据显示该报告不具备客观性、真实性、合法性，故该报告可以作为认定案件基本事实的依据。本案由汇集公司就法律规定的免责事由及其行为与损害结果之间不存在因果关系承担举证责任，但该公司对此未提供证据予以证明。此次泥石流发生以强降雨为主要引发原因，因暴雨为未超出人类预防能力限度的可预防、可克服的自然灾害，不属于不可抗力。由暴雨引发的损失事故并不一定构成不可抗力的免责事由，若降雨量并未超过国家要求预防的标准，则属于可预防、可控制的灾害，由此造成的损失不属于不可抗力所致，应由相关责任人承担赔偿责任。本案为一因一果案件，汇集公司以暴雨为不可抗力导致损害发生与其公司工程活动无关的观点不能成立。汇集公司明知矿渣堆积下方陡坡，且容易使地表水聚于清水河沟槽内，一旦连续降雨浸泡冲刷废弃矿渣，必然造成废弃矿渣堆垮塌离析形成泥石流，在堆放区未设置任何安全防护设施，随意堆积的矿渣。故汇集公司堆放物倒塌造成他人损害，且该公司不能证明自己没有过错，应当承担侵权责任。调查报告中记载的灾损金额均是受损方自行上报，因灾情突发且已无条件对受损财物价值进行核实。灾损金额均未进行折旧，根据固定资产折旧年限表，综合考量后折旧率以40%计算较为合理。因现金不能予以折旧，故折旧应当先剔除现金2.25万元，其余资产予以折旧后加上现金部分为三江公司损失金额。

云南省怒江傈僳族自治州中级人民法院二审合议庭成员：尹相禹 和丽瑞 和志萍

（编写人：和志萍[①]）

[①] 云南省怒江傈僳族自治州中级人民法院行政审判庭副庭长、一级法官。

（二）四川省宜宾富启建材有限公司与姚某某等确认合同无效纠纷案
——国有滩涂的认定问题

【裁判摘要】

集体经济组织不能证明诉争自然资源属于集体所有的，应认定为国家所有。对国家所有的自然资源，任何单位和个人不得侵占和破坏。在未经依法行政审批的情况下，当事人擅自以国有滩涂为标的签订租赁合同，危害生态环境安全，损害社会公共利益的，应当依法认定合同无效。

【案件基本信息】

1. 诉讼当事人

二审上诉人（一审被告）：姚某某。

二审被上诉人（一审原告）：四川省宜宾富启建材有限公司（以下简称富启建材公司）。

二审被告（一审被告）：四川省宜宾县喜捷镇自然村征服组（以下简称喜捷镇征服组）。

二审第三人（一审第三人）：唐某某。

2. 案件索引及裁判日期

一审：四川省宜宾市翠屏区人民法院（2016）川 1502 民初 29 号判决（2016 年 9 月 22 日）；

二审：四川省宜宾市中级人民法院（2017）川 15 民终号 673 判决（2017 年 5 月 4 日）。

3. 案由

确认合同无效纠纷

【简要案情】

2013年5月28日，喜捷镇征服组与姚某某签订《农村集体土地租赁合同》，由姚某某租赁喜捷镇征服组菜喜码头公路边河道侧喜捷码头至岷江船厂所有土地。合同签订后，姚某某一直未使用租赁场地。2015年9月15日，姚某某与富启建材公司签订《农村集体土地租赁（转租）合同》，将租赁土地转租给富启建材公司。双方约定租赁用途为沙石堆放、加工生产及转运，租金120万元。富启建材公司实际支付首期租金80万元。因喜捷镇征服组村民阻挠富启建材公司生产加工，富启建材公司向法院提出诉讼，请求确认其与姚某某之间签订的《农村集体土地租赁（转租）合同》无效，要求姚某某返还富启建材公司已支付的租金并赔偿损失。

案件审理中，宜宾县水务局出具《关于老喜捷段河道管理范围的说明》，主要内容为：老喜捷段河道的管理范围内有农户的承包地（集体土地），如村社或者农户能够提供相应的土地承包手续，应认定为集体土地；如没有相应的土地承包手续，应视为习惯性耕种，土地属性为国有河滩地，属国家所有。宜宾县国土资源局出具复函称，喜捷镇征服组菜喜码头公路边河道侧"喜捷码头至岷江船厂所有地"未办理土地登记。

【案件焦点】

本案诉争土地是否是属于国有滩涂。

【裁判结果】

一审法院认为，本案诉争土地为喜捷镇征服组菜喜码头公路边河道侧喜捷码头至岷江船厂所有土地，该区域位于岷江河道侧，且已被洪水淹没大部分。根据《物权法》第四十八条（现为《民法典》第二百五十条）"森林、山岭、草原、荒地、滩涂等自然资源，属于国家所有，但是法律规定属于集体所有的除外"的规定，结合宜宾县水务局出具的说明及宜宾县国土资源局出具的复函，该区域属于滩涂性质，系国家所有的自然资源。因此，喜捷镇征服组将该地块出租给姚某某，姚某某又转租给富启建材公司的行为应属无效。遂判决富启建材公司与姚某某签订的《农村集体土地租赁（转租）合同》无效；姚某某返还富启建材公司租金80万元。

二审法院认为，姚某某未提交相应的土地承包手续证明诉争土地系属于集体所有，诉争土地的性质应为国有滩涂，任何单位和个人不得侵占和破坏，故判决驳回上诉，维持原判。

【裁判摘要评析】

无效合同是相对有效合同而言，指合同虽然成立，但因其违反法律、行政法规、社会公共利益，被确认为无效。可见，无效合同是具有违法性的合同。此类合同从根本上不符合国家意志，是不具有法律约束力的合同，不受国家法律保护。合同无效时，不得按照合意内容而应当根据法律的规定赋予其相应的法律效果。

《合同法》第五十二条规定："有下列情形之一的，合同无效：（一）一方以欺诈、胁迫的手段订立合同，损害国家利益；（二）恶意串通，损害国家、集体或者第三人利益；（三）以合法形式掩盖非法目的；（四）损害社会公共利益；（五）违反法律、行政法规的强制性规定。"《物权法》第四十八条（现为《民法典》第二百五十条）规定："森林、山岭、草原、荒地、滩涂等自然资源，属于国家所有，但是法律规定属于集体所有的除外。"因此，滩涂等国家所有的自然资源，任何单位和个人不得侵占和破坏。富启建材公司通过转租形式"租赁"案涉滩涂后，进行沙石粉碎加工活动，产生了大量噪声、粉尘污染，对生态环境和安全造成危害。因此，富启建材公司与姚某某签订的《农村集体土地租赁（转租）合同》不仅违反了法律的强制性规定，而且损害了社会公共利益，应当认定为无效。

无效合同有三个特征。一是具有违法性。所谓违法性，是指合同违反了法律和行政法规的强制性规定和社会公共利益。本案中,被告姚某某将属于国家所有的滩涂通过转租的形式租给富启建材公司用于沙石粉碎加工活动的行为,违反了《物权法》第四十八条(现为《民法典》第二百五十条)的规定,同时富启建材公司进行沙石粉碎加工时产生了大量噪声、粉尘污染,也损害了社会公共利益。二是不具有履行性。不具有履行性是指当事人在订立无效合同后,不得依据合同实际履行,故姚某某应当向富启建材公司返还其收取的租金。三是自始无效。合同一旦被确认无效,就产生溯及既往的效力。即自合同成立时起,不具有法律的约束力,以后也不能转化为有效合同。富启建材公司虽依据合同约定缴纳了租金,但不能改变合同无效的状态。

法院在审理涉及滩涂等生态要素的案件时,应根据绿色原则,将生态保护的需求纳入公共利益进行审查考量。案涉滩涂位于长江主要支流岷江河道侧,具有重要的生态功能和航运价值。根据《物权法》第四十八条(现为《民法典》第二百五十条)的规定,该滩涂为国家所有。在对自然资源与生态环境不构成危害的情况下,附近村民在河道枯水期对滩涂的"习惯使用",有关部门往往并不严加禁止,但不能改变滩涂为国家所有的性质。本案中,富启建材公司通过转租形式"租赁"案涉滩涂后,进行沙石粉碎加工活动,产生了大量噪声、粉尘污染,对生态环境和安全造成危害。法院在确认争议滩涂是国家所有的自然资源,任何单位和个人不得侵占和破坏后,依法判决双方当事人以国有滩涂为标的的租赁合同无效,有效制止了在国有滩涂上进行的生产经营活动,保护了国有自然资源,维护了岷江河道水域生态安全和河道通航功能。

四川省宜宾市中级人民法院二审合议庭成员:何春华　蒋波　袁林
(编写人:何春华[①])

---

① 四川省宜宾市翠屏区人民法院安阜人民法庭二级法官。

（三）中国生物多样性保护与绿色发展基金会诉贵州宏德置业有限公司相邻通行权纠纷案

——对公众的通行权和沿河观赏、享受美好环境权益的保障

【裁判摘要】

房地产开发项目不得将公共环境纳入仅归部分人享用的封闭空间，应保障公众的通行权和游览观赏、享受美好环境的权益。

【案件基本信息】

1. 诉讼当事人

一审原告：中国生物多样性保护与绿色发展基金会（以下简称中国绿发会）。

一审被告：贵州宏德置业有限公司（以下简称宏德公司）。

2. 案件索引及裁判日期

一审：贵州省清镇市人民法院（2019）黔0181民初1146号调解（2019年8月28日）。

3. 案由：

相邻通行权纠纷

【简要案情】

宏德公司在贵阳市乌当区东风镇开发建设运营高尔夫球场，将流经此段的鱼梁河河道圈进球场范围内。附近居民及其他社会公众均不能沿河自由通行，不能游览观赏自然风景，享受美好环境。中国绿发会认为宏德公司将公共河道封闭的行为对社会公共利益造成损害，应该承担侵权责任，故提起环境民事公益诉讼请求：（1）判令宏德公司立即停止高尔夫球场建设和运营，采取有效措施消除建设运营高尔夫球场对生态环境的破坏风险；（2）判令宏德公司排除妨碍，立即拆除侵占渔梁河两岸的高尔夫球场所有设施，按规范留出沿河两岸的公共空间，保障公众自由通行和享受美好环境的权利，排除影响公众自由通行的妨碍；（3）判令宏德公司在国家级媒体向全社会公开赔礼道歉；（4）判令宏德公司承担中国绿发会因本案诉讼产生的合理费用，包括但不限于律师代理费、评估鉴定费、专家费、调查取证费、差旅费等（具体以实际支出为准）；（5）判令宏德公司承担本案全部诉讼费。

【案件焦点】

公众游览、观赏、享受美好环境的权益是否受法律保护。

【裁判结果】

法院立案后，宏德公司拆除了案涉区域围栏，委托第三方机构编制案涉区域的整体规划并向行政管理机关报批。双方在法院组织下自愿达成调解：

鉴于行政机关已公告要求宏德公司进行整改而非停止运营，中国绿发会表示尊重行政机关的处理意见，同意宏德公司按照行政机关要求完成整改。对中国绿发会的第二项诉讼请求，宏德公司分为短期和长期两步进行整改。第一步宏德公司拆除案涉区域内围栏，恢复河道自然状况。宏德公司抓紧向行政主管部门申报已编制的规划，并在行政机关完成规划审批及政府对河道沿岸土地进行招牌挂后，宏德公司立即按照审批的规划进行施工，保证案涉区域成为开放的公共空间。同时邀请中国绿发会或第三方组织对上述整改情况进行监督。

【裁判摘要评析】

本案涉及的事项是房地产开发企业把公共环境资源作为私人区域，致使公众不能自由通行和沿河观赏、享受美好生活环境。房地产开发企业将河道私自封闭后，侵害了公众享受自然风光的环境权益。

本案有两个法律适用的核心问题。一是中国绿发会向行政机关申请了信息公开，未发现案涉高尔夫球场的规划审批手续，故认为宏德公司修建的高尔夫球场系违建。宏德公司在法院受理案件后提交了国家发改委的一份检查材料，该检查材料载明，国家发改委曾对国内现有高尔夫球场进行了全面检查，部分球场合规，予以保留；部分球场违法，决定关闭；另一部分球场欠缺相关手续，列入整改名单。本案所涉高尔夫球场在整改球场之列。关于这个问题，法院认为应尊重行政机关的判断权。国家发改委在对全国高尔夫球场的检查中并未认为案涉高尔夫球场违规而进行关闭，只是列入整改名单。并无证据显示行政机关认定案涉高尔夫球场系违建，发改委检查材料表明行政机关并没有从根本上否定案涉高尔夫球场的合法性，而是认可其存在，但认为尚欠缺部分手续，需要补充完善。在这种情况下，法院显然不能越过行政机关，认定案涉高尔夫球场为违建，而应当尊重行政机关的意见。对此法院与中国绿发会进行了必要沟通，其予以认可。

二是宏德公司如何保障公众的通行权和沿河观赏、享受美好环境的权益。经审批的项目总体规划是沿鱼梁河两岸建设，临河两侧系绿地。宏德公司建设的高尔夫球场实际是项目总体规划中的绿地部分，而修建为高尔夫球场后，需对球场实行封闭管理，故开发中对河流出入口两端进行封闭。为了保障公众权益，同时不影响球场功能，法院与中国绿发会、宏德公司及规划部门进行了积极沟通，提出了分步整改的意见：首先是在整体建设尚未完成的情况下，可采取临时整改措施，宏德公司立即拆除现有围栏，修建通行便道，保障公众的通行权；其次是进行整体规划，建设通行游览通道，保障公众享受美好环境的权益，且必须经规划行政主管部门认可。宏德公司编制了案涉片区的整体规划并报属地规划行政机关。根据编制的规划设计，为保证高尔夫球场的完整性，另行设计出入口，修建栈道、游览步道，便于通行、游览。

贵州省清镇市人民法院一审合议庭成员：罗光黔　刘海英　杨孝元　汪海杰　夏维军　陈光芬　黎登辉

（编写人：罗光黔① 田菲②）

---

① 贵州省清镇市人民法院环境保护法庭庭长、四级高级法官。
② 贵州省清镇市人民法院环境保护法庭四级法官。

四、气候变化应对类案件

（一）海南森源置业有限公司诉海口市人民政府有偿收回国有土地使用权案
——政府可以基于公共利益需要有偿收回生态保护红线内的土地使用权

【裁判摘要】

对于生态保护红线内无法按照土地证证载用途开发建设的国有土地使用权，政府可以基于公共利益需要依法有偿收回。

【案件基本信息】

1. 诉讼当事人

原告：海南森源置业有限公司（以下简称森源公司）。

被告：海南省海口市人民政府（以下简称海口市政府）。

2. 案件索引及裁判日期

一审：海南省海口市中级人民法院（2018）琼01行初159号判决（2018年12月26日）；

二审：海南省高级人民法院（2019）琼行终324号判决（2019年5月29日）。

3. 案由

有偿收回国有土地使用权纠纷

【简要案情】

2007年3月29日,海口市政府向森源公司颁发海口市国用(2007)第001775号国有土地使用证(以下简称1775号土地证),土地面积为65705.36平方米,证载用途为城镇混合住宅用地。森源公司自2007年至2016年多次要求政府办理规划报建手续,但政府基于涉案土地涉及主城区集中式生活饮用水水源保护区,且属于《海口市南部生态绿带控制性详细规划》范围内,片区控规尚未编制完成等原因,不能提供相关规划设计条件。

2016年10月,海口市政府启动闲置土地调查程序。在调查过程中,海南省海口市国土部门致函海口市生态环境资源局(以下简称海口市生态局),征询涉案土地的相关情况。海口市生态局复函称,涉案土地与海口市生态保护红线中生物多样性Ⅱ类红线区有重叠,须严格按照《海南省生态保护红线管理规定》和《海南省陆域生态保护红线区开发建设管理目录》的相关要求进行开发建设。因涉案土地闲置系政府原因,海口市政府通过调查、论证、认定、协商、请示等程序,最终作出《收回国有建设用地使用权决定书》[海府罚字(2018)30号,以下简称30号收地决定],决定有偿收回涉案土地使用权。2018年6月28日,森源公司提起本案诉讼,请求:(1)确认海口市政府作出的30号收地决定违法并予以撤销;(2)海口市政府应采取土地置换方式或按市场评估价为标准对森源公司进行收地补偿。

【案件焦点】

(1)政府基于公共利益需要收回涉案土地使用权是否有事实和法律依据;

(2)30号收地决定中补偿标准的部分适用法律是否正确。

【裁判结果】

一审法院认为，涉案土地与海口市生态保护红线中生物多样性Ⅱ类红线区有重叠，且依据城市总体规划和现阶段控制性详细规划方案，涉案土地属于非建设用地，森源公司无法按照1775号土地证证载用途进行开发建设，海口市政府以公共利益需要收回涉案土地，有事实和法律依据。但《海南省人民政府关于进一步做好闲置土地处置工作的通知》（琼府〔2015〕24号，以下简称24号文）确定的补偿标准只能在双方协商一致的前提下才能适用。本案中，海口市政府与森源公司未能协商一致，海口市政府应当依据《土地管理法》第五十八条的规定单方收回涉案土地使用权，海口市政府适用24号文规定的补偿标准进行补偿，明显属于适用法律错误。故判决：（1）撤销海口市政府于2018年1月3日作出的30号收地决定中"适当补偿标准按照24号文的规定执行"的内容，维持有偿收地行为的合法性；（2）驳回森源公司的其他诉讼请求。

二审法院认为，涉案土地因水源保护、生态绿带控规等规划问题不能按原用途开发，海口市政府认可涉案土地闲置有政府原因并决定有偿收回，并不违反法律的强制性、禁止性规定。根据自然资源部办公厅向原海南省自然资源和规划厅作出的《关于政府原因闲置土地协议有偿收回相关政策的函》（自然资办函〔2018〕1903号，以下简称1903号函）以及海南省人民政府作出的《关于鼓励存量商品住宅用地转型利用和解决有关历史遗留问题的实施意见》（琼府〔2019〕12号，以下简称12号文）规定，有偿收回的补偿金额应不低于土地使用权人取得土地的成本，并综合考虑其合理的直接损失，参考市场价格确定，海口市政府应按照1903号函以及12号文的规定，依法给予适当补偿。故判决驳回上诉，维持原判。

【裁判摘要评析】

一、关于海口市政府基于公共利益需要收回涉案土地使用权是否有事实和法律依据的问题

根据《土地管理法》第五十八条第一款的规定，为公共利益需要使用土地的，由有关人民政府自然资源主管部门报经原批准用地的人民政府或者有批准权的人民政府批准，可以收回国有土地使用权。生态保护红线是科学保护和合理利用自然资源的底线和生命线，决不能为一时的开发建设而牺牲人类持续发展的最基本条件。本案中，涉案土地与海口市生态保护红线中生物多样性Ⅱ类红线区有重叠，且依据城市总体规划和现阶段控规方案，涉案土地属于非建设用地，森源公司无法按照1775号土地证载明的城镇混合住宅用地的用途来进行开发建设。因此，海口市政府以公共利益需要收回涉案土地，有事实和法律依据，亦符合基本国策。

二、关于30号收地决定中补偿标准的部分适用法律是否正确的问题

根据《土地管理法》第五十八条第二款的规定，为公共利益需要使用土地而收回国有土地使用权的，对土地使用权人应当给予适当补偿。2018年12月18日，自然资源部办公厅向原海南省自然资源和规划厅函复："有偿收回的补偿金额应不低于土地使用权人取得土地的成本，综合考虑其合理的直接损失，参考市场价格，由双方共同协商确定。"2019年3月19日，海南省人民政府作出规定："县级以上政府可以对存量商品住宅用地依法有偿收回，有偿收回的补偿金额不低于土地使用权人取得土地的成本，并综合考虑其合理的直接损失，参考市场价格确定。""省政府及各有关部门之前发布的规定与本意见不一致的，按照本意见执行。"据此，海口市政府根据24号文中标准，即按已缴土地出让价款、前期合理投入及相

应利息的标准给予补偿，既不符合立法本意，亦不符合上述规范性文件的要求。海口市政府在补偿标准问题上适用法律错误，应予撤销。

本案中，人民法院依法支持政府在促进扩大生态绿带、改进陆地生态系统、保护生物多样性等方面依法履职，在保障和协调环境公共利益的同时，兼顾保护民营企业的合法权益，充分发挥司法能动作用，为经济社会可持续发展保驾护航。

海南省高级人民法院二审合议庭成员：聂海波　李贝　陈焱
（编写人：吴茜[①]）

[①] 海南省海口市中级人民法院行政审判庭审判员。

（二）权某某诉辽宁省丹东市生态环境局行政处罚案
——生态环境行政执法中遵循的过罚相当原则

【裁判摘要】

行政主体在设定和实施行政处罚时应遵循过罚相当原则，对于社会危害性严重的违法行为，依法予以处罚，维护公共利益和社会秩序。

【案件基本信息】

1. 诉讼当事人

原告：权某某。

被告：辽宁省丹东市生态环境局。

2. 案件索引及裁判日期

一审：辽宁省丹东市振兴区人民法院（2019）辽0603行初63号判决（2019年6月21日）。

3. 案由

行政处罚

【简要案情】

2017年8月，权某某在辽宁省丹东市振兴区某地投资建设厂房，2017年9月建成并投入生产。2018年7月12日，辽宁省丹东市生态环境局的执法人员陪同国家生态环境部、辽宁省生态环境厅的执法人员对该厂进行了检查。经查，权某某生产的产品主要成分为《中国受控消耗臭氧层物质清单》中列明的一氟三氯甲烷,且权某某无生产消耗臭氧层物质配额许可证。根据以上事实,辽宁省丹东市生态环境局于 2018 年 10 月 8 日向权某某作出丹环罚决字(2018)第 009 号行政处罚决定书,依据《消耗臭氧层物质管理条例》第三十一条之规定,决定:(1)责令停止违法行为;(2)没收用于违法生产消耗臭氧层物质的原料、违法生产的消耗臭氧层物质;(3)没收违法所得 40 万元;(4)拆除、销毁用于违法生产消耗臭氧层物质的设备设施;(5)罚款人民币 100 万元。权某某不服,认为处罚过重,向辽宁省丹东市振兴区人民法院提起行政诉讼,要求撤销该行政处罚决定。

【案件焦点】

辽宁省丹东市生态环境局作出的行政处罚决定中罚款 100 万元与权某某违法行为的事实、情节以及社会危害程度是否相当。

【裁判结果】

一审法院认为,《消耗臭氧层物质管理条例》第三十一条规定:"无生产配额许可证生产消耗臭氧层物质的,由所在地县级以上地方人民政府环境保护主管部门责令停止违法行为,没收用于违法生产消耗臭氧层物质的原料、违法生产的消耗臭氧层物质和违法所得,拆除、销毁用于违法生产消耗臭氧层物质的设备、设施,并处 100 万元的罚款。"权某某无消耗臭氧层物质生产配额许可证,组织实施一氟三氯甲烷的生产,其行为违反《消耗臭氧层物质管理条例》的规定。辽宁省丹东市生态环境局对其作出的行政处罚,适用法律、法规正确,符合法定程序,对于权某某的诉讼请求应予驳回。宣判后,双方均未上诉,权某某主动缴纳了罚款。

【裁判摘要评析】

《行政处罚法》第五条第二款规定,设定和实施行政处罚必须以事实为依据,与违法行为的事实、性质、情节以及社会危害程度相当。行政主体在设定和实施行政处罚的过程中，应当遵循过罚相当原则，即行政主体在保证行政管理目标实现的同时，也要兼顾保护行政相对人的合法权益。行政处罚应以能够达到行政执法目的和目标为限，并尽可能使相对人的权益遭受的损害最小。

我国于 2010 年制定《消耗臭氧层物质管理条例》，目的是加强对消耗臭氧层物质的管理，履行《保护臭氧层维也纳公约》和《关于消耗臭氧层物质的蒙特利尔议定书》规定的义务，保护臭氧层和生态环境，保障人体健康。《消耗臭氧层物质管理条例》规定对个人处以罚款 100 万元的行政处罚，是我国目前在环境违法领域中对个人设定的最严厉处罚，充分反映出我国在严格遵守相关国际公约，共同保护人类生存环境方面的决心。行政主体在遵循过罚相当原则设定行政处罚时，首先应当考虑的是违法行为的社会危害性，存在社会危害性才能进行处罚。本案中权某某为个人牟利，在无生产配额许可的情况下，从事消耗臭氧层物质生产经营，影响了我国政府对国际社会作出的承诺，损害人类赖以生存的地球生态环境。其行为的社会危害性较为严重，应给予严厉处罚。本案是过罚相当原则在设定行政处罚中的另一种表现形式，即行政主体在设定行政处罚时应当以能够实现行政目的为原则。为了实现重大行政目的，必须对行为人处以重罚，加大对违法行为的打击力度，维护社会秩序的稳定。

辽宁省丹东市振兴区人民法院一审合议庭成员：周勇　金鑫　于瑛杰
（编写人：周勇[1]）

---

[1] 辽宁省丹东市振兴区人民法院行政庭副庭长、一级法官。

五、生态环境治理与服务类案件

(一) 中节能科技投资有限公司诉四川省煤焦化集团有限公司等节能服务合同纠纷案
——生态环境治理与服务类审判领域的新类型案件

【裁判摘要】

人民法院积极延伸环境资源审判职能，依法审理生态环境治理与服务类等环境资源审判领域新类型案件。

【案件基本信息】

1. 诉讼当事人

上诉人（原审原告）：中节能科技投资有限公司（以下简称中节能公司）。

被上诉人（原审被告）：四川省煤焦化集团有限公司（以下简称煤焦化公司）；

被上诉人（原审被告）：四川省威远建业集团有限公司（以下简称建业公司）；

被上诉人（原审被告）：罗某某。

2. 案件索引及裁判日期

一审：北京市第一中级人民法院（2018）京01民初611号判决

(2018年12月27日);

二审：北京市高级人民法院（2019）京民终156号判决（2019年5月27日）。

3. 案由

节能服务合同纠纷

【简要案情】

中节能公司与煤焦化公司分别于2011年、2012年签订《四川省煤焦化集团有限公司干熄焦项目节能服务合同》（以下简称《干熄焦项目节能服务合同》）及《四川省煤焦化集团有限公司干熄焦显热回收利用发电项目节能服务合同》（以下简称《发电项目节能服务合同》），约定由中节能公司为煤焦化公司建设一套由干熄焦装置、干熄焦余热锅炉及辅助系统组成的干熄焦系统和12MW纯凝式汽轮发电站及配套循环水站；项目经验收合格后，煤焦化公司按期向中节能公司支付节能效益分享款。建业公司、罗某某对煤焦化公司于《干熄焦项目节能服务合同》项下的债务承担连带责任保证担保义务。

2014年5月7日，中节能公司与煤焦化公司签订《节能效益分享确认书》，确认2014年4月30日为项目节能效益分享期的起始日。

因煤焦化公司未按期支付节能效益分享款，中节能公司曾起诉煤焦化公司。经审理，法院对煤焦化公司应承担的截至2015年10月29日前的节能效益分享款及相应违约责任、保证责任、律师费作出了生效裁判。

后煤焦化公司仍未支付其他到期的节能效益分享款，中节能公司起诉至一审法院，请求：判令煤焦化公司支付逾期未支付的节能效益分享款、自逾期支付之日起至实际支付之日止的违约金、因违约导致中节能公司追讨债权而发生的律师费用和其他费用；判令建业公司、罗某某共同对干熄焦项目节能效益分享款、违约金、律师费用和其他费用承担连带清偿责任。

【案件焦点】

（1）中节能公司起诉时，煤焦化公司尚未到期的节能效益分享款是否应支付给中节能公司；

（2）对中节能公司主张的违约金是否应该予以调整。

【裁判结果】

一审法院认为，根据《合同法》第一百六十七条第一款（现为《民法典》第六百三十四条第一款）的规定，分期付款的买受人未支付到期价款的金额达到全部价款的五分之一的，出卖人可以要求买受人支付全部价款或者解除合同。《合同法》（现为《民法典》第六百四十六条）第一百七十四条同时规定，法律对其他有偿合同有规定的，依照其规定；没有规定的，参照买卖合同的有关规定。本案中，煤焦化公司至今未支付《干熄焦项目节能服务合同》到期款项不低于10期，明显已超过合同全部价款的五分之一，《发电项目节能服务合同》亦同。因此，中节能公司主张煤焦化公司支付剩余合同款项的诉讼主张，具有法律依据，予以支持。

一审法院同时认为，评价违约金是否过高既应该以煤焦化公司的违约恶意程度，也应该以在当前金融政策的大环境下结合中节能公司的损失综合考虑。依据《合同法》第一百一十四条（现为《民法典》第五百八十五条），《最高人民法院关于适用〈中华人民共和国合同法〉若干问题的解释（二）》第二十九条第二款，《最高人民法院关于审理民间借贷案件适用法律若干问题的规定》第一条、第十一条、第二十六条的规定，结合已经查明的案件事实，一审法院认为本案合同约定的违约金标准并未超过上述法律允许的民间借贷获益范围，当然也就不存在"超过造成损失的百分之三十"的司法解释规定的情形。再者，建业公司于2014年11月向中节能公司作出的企业经营状况说明，也不能证明煤焦化公司目前的实际经营状况。因此，一审法院对煤焦化公司要求调整违约金的意见不予采纳。故判决：煤焦化公司向中节能公司支付《干熄焦项目节能服务合同》《发电项目节能服务合同》项下剩余的节能效益分享款、已到期节能效益分享款的逾期支付违约金及相应的律师费；建业公司、罗某某对煤焦化公司向中节能公司支付《干熄焦项目节能服务合同》项下节能效益分享款及已到期节能效益分享款的逾期支付违约金、律师费承担连带清偿责任。

中节能公司对一审判决确认的律师费数额、未支持未到期节能效益分享款的违约金判项不服，提起上诉。二审法院认为，中节能公司主张合同价款违约金的诉讼请求并未明确包括应于2019年1月29日和2019年4月29日支付的最后两期合同价款的违约金，一审判决对此未予处理并无不妥。中节能公司对上述最后两期合同价款的违约金可另案予以主张。此外，关于中节能公司主张本案诉讼产生的律师费不应予以酌减的问题，因中节能公司并未按照法院要求提交涉及本案诉讼的《委托代理合同》，致使法院无法查明中节能公司与相关律师事务所约定的律师费的构成和支付条件，故中节能公司提出的该项上诉请求理由并不充分，无法予以支持。综合本案情况，驳回上诉，维持原判。

【裁判摘要评析】

本案为节能服务合同纠纷案件，属于环境资源审判领域的新类型案件。加快推行合同能源管理，积极发展节能服务产业，是利用市场机制促进节能减排、减缓温室气体排放的有力措施，是培育战略性新兴产业、形成新的经济增长点的迫切要求，是建设资源节约型和环境友好型社会的客观需要。

本案中，中节能公司通过与煤焦化公司签订《干熄焦项目节能服务合同》《发电项目节能服务合同》，依约为煤焦化公司建设干熄焦系统和纯凝式汽轮发电站及配套循环水站，有效降低了煤焦化公司节能改造的资金和技术风险。煤焦化公司违反合同约定，逾期支付中节能公司应得的节能效益分享款不低于10期，明显已超过合同全部价款的五分之一，《发电项目节能服务合同》亦同。因此，依据《合同法》第一百六十七条第一款（现为《民法典》第六百三十四条第一款）的规定，中节能公司主张煤焦化公司支付剩余合同款项的诉讼主张，具有事实和法律依据。关于煤焦化公司主张的违约金是否应该予以调整的问题，根据查明的案件事实，本案并不存在当事人约定的违约金过分高于造成损失的情形。因此，依据《合同法》第一百一十四条（现为《民法典》第五百八十五条）的规定，煤焦化公司的该项主张根据不足。故法院依法支持了中节能公司要求支付剩余节能效益分享款、已到期节能效益分享款的逾期支付违约金、相应的律师费的诉讼请求。

北京市高级人民法院二审合议庭成员：史德海　赵彤　汪明

（编写人：汪明[1]）

---

[1] 北京市高级人民法院民一庭（环境资源审判庭）审判员。

(二) 倪某某诉天津市生态环境局环境保护行政管理纠纷案
——放射性污染案件中监管职责的认定

【裁判摘要】

县级以上环境保护主管部门及使用放射性装置单位环境评价文件的审批部门，未举证证明不同层级环境保护主管部门具体分工的，应认定其对放射性装置的使用具有相应的监管职责。

【案件基本信息】

1. 诉讼当事人

上诉人（一审被告）：天津市生态环境局。

被上诉人（一审原告）：倪某某。

原审第三人：普利司通（天津）轮胎有限公司（以下简称普利司通公司）。

2. 案件索引及裁判日期

一审：天津铁路运输法院（2017）津8601行初7号判决（2019年4月12日）；

二审：北京市第四中级人民法院（2019）京04行终4号判决（2019年10月11日）。

3. 案由

环保（放射性装置）行政管理纠纷

【简要案情】

普利司通公司于 2004 年购入电子加速器、X 射线检测系统及 X 射线行传感照相机各 1 台。2009 年，普利司通公司向天津市生态环境局递交环评报告并提出申请，2009 年 6 月 11 日获得天津市生态环境局的批复。2012 年，普利司通公司再次购入 X 射线检测机 1 台。上述 4 台设备在未取得《辐射安全许可证》的情况下，即调试安装投入使用。2014 年，普利司通公司就其所购入的 4 台射线设备提交办理辐射许可证申请。同年 6 月 20 日，天津市生态环境局向普利司通公司颁发津环辐证（00639）《辐射安全许可证》。倪某某系普利司通公司职工，2004 年在该公司放射性工作岗位工作。2014 年 3 月，倪某某被诊断为多发性骨髓瘤。其认为天津市生态环境局未履行监管职责，致使其在无任何安全与防护的环境下工作 10 年，罹患血液肿瘤，丧失劳动能力。故诉请法院确认天津市生态环境局未履行法定监管职责违法。

【案件焦点】

天津市生态环境局是否具有对放射性装置进行监管的法定职责以及是否存在未依法履行职责的情形。

【裁判结果】

一审法院认为，天津市生态环境局具有相应的监督管理职责，对于 2009 年至 2013 年期间普利司通公司使用放射性装置监管不足，未履行监督管理职责，故判决确认天津市生态环境局自 2009 年至 2013 年年底未对普利司通公司射线装置的安全和防护工作履行法定监督管理职责的行为违法，同时驳回倪某某其他诉讼请求。

二审法院认为，根据 2005 年《放射性同位素与射线装置安全和防护条例》第四十六条第一款的规定，县级以上人民政府环境保护主管部门和其他有关部门应当按照各自职责对生产、销售、使用放射性同位素和射线装置的单位进行监督检查。本案中，普利司通公司于 2004 年将 3 台射线装置安装投入使用，2009年1月递交环评报告，2009年6月天津市生态环境局予以批复。在上述报告出具前，天津市生态环境局所属天津市辐射环境管理所到现场对普利司通公司的射线装置进行了监测并出具监测报告。天津市生态环境局作为省级环保部门，属于县级以上环境保护主管部门，同时作为环境影响评价文件审批部门，具有相应监督检查职责。其未举证证明不同层级环境保护主管部门的具体分工，不能排除其监管职责。作为对使用射线装置的单位具有监管职责的部门，天津市生态环境局在审批2009年普利司通公司申请射线装置环境影响报告的行政许可时，就应当知道该企业有安装使用射线装置的计划，应该更加予以关注、加强监管。而天津市生态环境局未及时发现该企业射线装置未经验收使用的事实，监督管理上存在疏漏。2014年1月，普利司通公司取得天津市生态环境局的环评批复，可以认为天津市生态环境局在2014年履行了检查管理责任。故自2009年至2013年，天津市生态环境局存在对普利司通公司使用放射装置的情况关注不够、监管不足、未履行相应法定监督管理职责的情形。判决驳回上诉，维持一审判决。

【裁判摘要评析】

本案系对于使用放射性装置设备的监督管理案件。随着科学技术的发展，放射性装置越来越多应用于工业、农业、医疗等社会生产生活各领域，而放射性污染问题也越来越为公众所重视。对于放射性装置的监管，全国人大制定了《放射性污染防治法》、国务院颁布了《放射性同位素与射线装置安全和防护条例》、原环保部发布了《放射性同位素与射线装置安全和防护管理办法》等予以规范。

本案中，依照2005年《放射性同位素与射线装置安全和防护条例》第四十六条第一款规定，县级以上人民政府环境保护主管部门和其他有关部门应当按照各自职责对生产、销售、使用放射性同位素和射线装置的单位进行监督检查。该项规定明确了县级以上人民政府环境保护主管部门和其他有关部门应当按照各自职责对生产、销售、使用放射性同位素和射线装置的单位进行监督检查的法定职责，故天津市生态环境局对于使用射线装置的单位具有监管职责。虽然上述规定没有明确生态环境局具体的监管职责，但其作为省级环保部门，属于县级以上环境保护主管部门，同时作为普利司通公司环境影响评价文件的审批部门，其具有相应的监督检查职责。另天津市生态环境局未举证证明不同层级环境保护主管部门的具体分工，故不能排除其监管职责。

作为对使用射线装置的单位具有监管职责的部门，天津市生态环境局在审批 2009 年普利司通公司申请射线装置环境影响报告的行政许可时，就应当知道该企业有安装使用射线装置的计划，对该企业应该更加予以关注、加强监管。而天津市生态环境局未及时发现该企业射线装置未经验收使用的事实，监督管理上存在疏漏。对于 2009 年之前普利司通公司使用射线装置的情况，企业没有任何的申报行为，没有相关人员举报或信访的情况，也没有证据证实天津市生态环境局知道或者应当知道的情形，故不存在违法不作为的情况。2014 年 1 月，普利司通公司取得天津市生态环境局作出的环评批复；2014 年 6 月 20 日，天津市生态环境局向普利司通公司颁发《辐射安全许可证》，可以认为天津市生态环境局在 2014 年履行了检查管理责任。故自 2009 年至 2013 年年底，天津市生态环境局存在对普利司通公司使用放射装置的情况关注不够、监管不足、未履行相应的法定监督管理职责的情形。

作为各级监管部门，一是要根据相关法律、法规、规章的规定，严格履行监督管理职责；二是要明确各监管部门的具体职责，对放射性装置的日常监管作出具体分工规定，避免由于职责不明、分工不到位导致监管缺失的情形发生；三是在实践中要对公民针对放射性污染的举报投诉及时处理，以便及时发现可能出现的污染风险，切实保护人民群众的生命健康和财产安全。

北京市第四中级人民法院二审合议庭成员：武楠　阎炜　孙永欣

（编写人：阎炜[①]）

---

① 北京市第四中级人民法院行政庭审判员、四级高级法官。

（三）林某等诉福建省龙岩市新罗生态环境局等环境行政许可案

——环境影响评价行政许可案件中公众参与材料审查要求的认定

【裁判摘要】

依法听取建设项目所在地的公众意见，既是环境影响评价许可的重要依据，也是解决环境"邻避"纠纷的有效途径。环境影响评价的公众参与已成为对环境具有影响的建设项目审批的合法性要件之一。行政机关在进行环境影响评价许可审查过程中，对于环境影响评价材料内容的真实性，除进行形式审查外，还应对申请材料实质内容进行核实。特别是涉及公众参与材料的真实可靠问题上，更应坚持形式、实质审查并重，在职责和能力范围内履行审慎合理的审查职责。

【案件基本信息】

1. 诉讼当事人

上诉人（原审被告）：福建省龙岩市新罗生态环境局（原福建省龙岩市新罗区环境保护局，以下简称新罗生态环境局）；

上诉人（原审第三人）：龙岩华厦眼科医院有限公司（以下简称龙岩眼科医院）。

被上诉人（原审原告）：林某；

被上诉人（原审原告）：谢某某；

其他被上诉人（原审原告）：49人。

2. 案件索引及裁判日期

一审：福建省龙岩市中级人民法院（2018）闽08行初30号判决（2019年2月28日）；

二审：福建省高级人民法院（2019）闽行终303号判决（2019年10月28日）。

3. 案由

环境行政许可

【简要案情】

龙岩眼科医院拟选址福建省龙岩市新罗区丰华商城1号楼一层、二层改造建设眼科医院，并委托环评机构湖南美景环保科技咨询服务有限公司编制环境影响报告书，申请环境影响评价许可。2017年6月28日，新罗生态环境局通过政府网站公示受理该审批事项，并从专家库随机抽取评审专家召开技术审查会。2017年9月18日，新罗生态环境局作出同意项目建设的批复。林某、谢某某等51人系丰华商城的业主或经营者，认为龙岩眼科医院在编制环境影响报告书的过程中对公众参与材料弄虚作假，新罗生态环境局对此未尽审查义务，遂向法院提起行政诉讼，请求撤销该批复。

【案件焦点】

（1）公众参与程序是否为本案建设项目环境影响评价合法性要件之一；

（2）如何审查建设单位提供的公众参与材料内容的真实性；

（3）本案行政机关对环境影响评价许可行为是否已经按照法定程序履行了审慎合理的审查职责。

【裁判结果】

一审法院认为，国家实行建设项目环境影响评价制度，建设对环境有影响的项目，应当依法进行环境影响评价。龙岩眼科医院在福建省龙岩市新罗区登高西路丰华商城此以居住为主要功能的区域建设眼科医院，其编制环境影响报告书申请环境影响评价符合法律规定的分类管理要求，新罗生态环境局对该环境影响评价审批具有法定职责。本案中，林某、谢某某等51人主张被诉行政行为违法的主要理由是认为龙岩眼科医院在环境影响报告编制过程中公众调查弄虚作假，新罗生态环境局对此未尽审查义务作出的审批违法应撤销。根据《建设项目环境保护管理条例》第十四条规定，建设单位编制环境影响报告书，应当依照有关法律规定，征求建设项目所在地有关单位和居民的意见。龙岩眼科医院作为建设单位，在公众参与环境影响评价活动中的征求意见应依法进行，但其提供的《公众参与个人调查表》并不能证实环境影响报告书中公众参与结论和公众参与调查材料的内容真实。新罗生态环境局对龙岩眼科医院执行公众参与规定程序未尽基本的形式审查注意义务，作出的115号环评批复主要证据不足，据此判决撤销该批复。

二审法院认为，福建省龙岩市新罗区丰华商城系以居住为主要功能，在此区域建设眼科医院应以编制环境影响报告书的形式进行全面的环境影响评价，龙岩眼科医院作为建设单位应依法征求丰华商城有关单位和居民的意见。龙岩眼科医院提供的《公众参与个人调查表》应是案涉公众参与调查活动的直接证据。而与案涉项目有最直接影响的丰华商城1号楼住户，根据该调查表只调查了13人，无法印证报批的公众参与材料中所体现的"丰华商城1号楼46份调查问卷中有44人觉得很合适或合适"内容。且报批材料中所列丰华商城1号楼46人中有32人系本案原告，对该调查问卷提出异议，故应认定上述报批的公众参与材料内容不真实、不可靠。新罗生态环境局在审查中既未要求龙岩眼科医院提供原始调查问卷核对，也未对审查材料中的内容尽到基本的审查注意义务，作出被诉批复的主要证据不足，一审判决撤销批复正确。据此，二审判决驳回上诉，维持原判。

【裁判摘要评析】

本案系在居民区建造医院进行环境影响评价的行政许可案件。近年来,"邻避"冲突呈现频发多发趋势,环境影响评价许可中的公众参与程序亦逐渐引起关注。人民法院对于此类案件的司法审查,应着重把握以下三个方面。

一、建设项目环境影响评价中公众参与程序不可或缺

国家实行建设项目环境影响评价制度,要求对环境有影响的建设项目应当依法进行环境影响评价,以期达到事前监管并使环境影响程度可控的目的。而公众参与作为环境影响评价制度的重要内容,通过由建设项目所在地公众参与环境影响调查、听取其意见,既是环境影响评价许可的重要依据,也是解决环境"邻避"纠纷的有效途径。我国历来重视并鼓励公众参与环境影响评价,自2002年《环境影响评价法》正式确立环境影响评价公众参与制度后,又先后发布了《环境影响评价公众参与暂行办法》《环境影响评价公众参与办法》,对公众参与的形式、内容等作了明确规定。建设单位在编制环境影响报告书的过程中,以及生态环境主管部门在审批环境影响报告书的过程中,除国家规定需要保密的情形外,都应当依法公开有关环境影响评价的信息,征求公众意见。环境影响评价的公众参与已经成为对环境具有影响的建设项目审批的合法性要件之一。本案中,根据《建设项目环境保护管理条例》第七条、第十四条,《环境影响评价法》第十六条第一款、第二款第一项,以及原环境保护部于2015年6月1日施行的《建设项目环境影响评价分类管理名录》第三条第一款第三项的规定,龙岩眼科医院在以居住为主要功能的区域建设眼科医院,依法应以编制环境影响报告书的形式进行全面的环境影响评价,并应依照有关法律规定,征求建设项目所在地有关单位和居民的意见。

二、建设单位提供的公众参与材料的内容应真实可靠

环境影响评价公众参与的形式有多种,根据信息交流的指向不同,可以分为单向性信息交流和双向性信息交流。单向性信息交流包括建设单位或生态环境主管部门向公众发布、披露信息的"自上而下"的公开、公示

信息等交流模式,以及由公众向建设单位或生态环境主管部门传递意愿、意见和建议的"自下而上"的调查问卷等交流模式;双向性信息交流是建设单位或生态环境主管部门和公众之间面对面讨论、互动的交流模式,如座谈会、论证会、专家咨询会和听证会等。我国现有的法律法规并未对建设项目选择的公众参与形式提出具体要求,但与双向性信息交流相比,单向性信息交流因无法面对面接触交流、信息指向单一等因素,存在一定程度上的功能性缺陷。因此,对于采用单向性信息交流的公众参与材料,应当加强对活动真实性的审查。本案龙岩眼科医院在编制环境影响报告书过程中,委托环评机构采取调查问卷的方式征求建设项目所在地居民的意见。龙岩眼科医院报请新罗生态环境局审批的材料中,涉及公众参与调查的证据,就是环境影响报告书中公众参与结论以及该医院编制的公众参与调查材料。一审审理中,龙岩眼科医院提交了《公众参与个人调查表》,并表示该调查表原稿系其报请审批的前述公众参与材料据以形成的原始依据,但因故由环评机构在原稿基础上再作誊写。案涉项目位于丰华商城1号楼,在环境影响报告书公众参与结论和公众参与调查材料中均载明"丰华商城1号楼46份调查问卷中,13人觉得很合适,占28.26%;31人觉得合适,占67.39%;1人觉得不太适合,占2.17%;1人觉得不合适,占2.17%",但《公众参与个人调查表》原稿体现丰华商城1号楼参与调查问卷的住户仅13人,且报批材料中所列丰华商城1号楼46人中就有32人作为本案原告,对其调查问卷提出异议。故在龙岩眼科医院无法提供证据证明环境影响报告书中公众参与结论和公众参与调查材料的真实性的情况下,应认定上述公众参与材料的内容不真实、不可靠。

三、行政机关对环境影响评价许可行为应履行审慎合理的审查职责

行政机关在实施行政许可时,应对申请材料进行形式审查还是实质审查,司法实践中存在不同意见。根据《行政许可法》第三十一条第一款、第三十四条的规定,在行政许可中,尽管申请人应对申请材料实质内容的

真实性负责,但行政机关亦负有对申请人提供的申请材料是否齐全、是否符合法定形式进行审查的义务;根据法定条件和程序,需要对申请材料的实质内容进行核实的,还应对申请材料的实质内容进行相应的核查。上述法律规定赋予行政机关审查行政许可的职责,总体上为形式审查和实质审查相结合,其中实质审查的义务由行政机关根据需要履行,存在一定的自由裁量权。但环境影响评价许可往往关系到公众的生命、健康等重大的法益,行政机关应当更加积极作为,深化行政许可的审查强度,实行形式、实体审查并重的方式,对申请材料的真实性尽到审慎合理的审查义务。审慎合理的审查义务应以行政机关判断与识别能力为限度,在职责和能力范围内履行。一方面,行政机关在履行职责时应负有比一般人更高要求的审慎义务,合理预见申请材料中可能存在的法律风险。另一方面,行政机关对可能的风险应当采取必要措施以防止损害结果的发生。通过一定方法和手段,如要求申请人提供问卷调查原稿核对、随机电话核实被问卷调查人、就疑点询问申请人等,审查申请材料的真实性。若因虚假的申请材料不具有明显的可辨识性,行政机关采取前述措施仍未发现申请材料不真实可靠,应认定行政机关已尽审查义务,不存在主观过错。具体到本案,龙岩眼科医院系对在环境影响敏感的居住小区建设医院,可能引起当地居民质疑和反对,在征求当地居民意见环节采用调查问卷的单向性信息交流模式。而龙岩眼科医院报请新罗生态环境局审批的材料中,涉及公众参与调查的证据是环境影响报告书中公众参与结论,以及龙岩眼科医院编制的公众参与调查材料,其中调查问卷情况仅以汇总形式体现。此种情况下,新罗生态环境局本应有义务要求龙岩眼科医院提供原始调查问卷进行核对,但其并未作此要求。该局提出在审查过程中曾选取其中一个被调查对象进行电话询问,但无法提交证据证明。且即使电话询问属实,亦不足以证明新罗生态环境局对此已尽基本的审查注意义务。因此,龙岩眼科医院提供的公众参与调查材料的内容不真实、不可靠,新罗生态环境局在审查中未尽审慎合理的审查义务,作出批复的主要证据不足,依法应予撤销。应当指出的是,本案正是由于建设单位龙岩眼科医院在环境影响评价公众参与的环节征求意见不真实，生态环境主管部门在审查中又未尽审慎合理的审查义务，导致行政许可后丰华商城的住户和经营者与龙岩眼科医院矛盾加剧，进而引发环境群体性诉讼。人民法院审查此类案件，应对行政机关的风险分析、评估和预测等决策过程以及公众的参与方式进行严格审查。司法审查的深入，有助于从不同方面审查环境影响评价制度。对环境行政许可违法行为作出个案否定裁判，不仅体现了司法对公众环境知情权、参与权、表达权和监督权的保护，更大程度上积极有效地促进了环境行政机关依法行政，在全社会推动形成重视环境影响评价、倡导公众互动参与的良好示范效应，进而促进环境风险决策过程科学性、民主化和法治化。

福建省高级人民法院二审合议庭成员：秦传熙　张挺　周晓芳

（编写人：周晓芳[①]）

---

① 福建省高级人民法院生态环境审判庭四级高级法官。

（四）杨某某诉湖南省桑植县水利局水利行政协议及行政赔偿案
—— 自然保护区采矿权出让合同效力认定问题

【裁判摘要】

水利行政管理部门在实施河道采砂管理行为时，应执行环保法律法规，不能违反法律的禁止性规定，约定在自然保护区内开采矿产资源。讼争行政协议项下的采砂河段在实施拍卖和签订出让协议时已是国家级自然保护区范围，系法定禁止采砂区域，违反禁止性规定实施拍卖出让的，所签订的出让合同无效。

【案件基本信息】

1. 诉讼当事人

上诉人（一审被告）：湖南省桑植县水利局。

被上诉人（一审原告）：杨某某。

2. 案件索引及裁判日期

一审：湖南省桑植县人民法院（2017）湘0822行初16号判决（2018年3月23日）；

二审：湖南省张家界市中级人民法院（2018）湘08行终33号判决（2018年7月11日）。

3. 案由

水利行政协议及行政赔偿

【简要案情】

湖南省桑植县水利局依据湖南省水利厅和湖南省桑植县人民政府的相关批复，委托拍卖机构对湖南省张家界市桑植县澧水干流及南中北源等河流河道砂石开采权进行拍卖。其间，张家界大鲵国家级自然保护区管理处函告湖南省桑植县水利局，在自然保护区河段采砂行为涉嫌违法，要求终止河段采砂权拍卖。通过竞标，杨某某竞得刘家河花兰电站库区，在缴清 100 万元成交价及 5 万元拍卖佣金后，与湖南省桑植县水利局签订了《张家界市桑植县刘家河花兰电站库区河段河道砂石开采权出让合同》（以下简称《出让合同》）。杨某某为履行合同修建公路一条，造采砂船两套四艘，先后向银行贷款两笔。杨某某向湖南省桑植县水利局申请发放河道采砂许可证，湖南省桑植县水利局以杨某某未按要求提交资料为由未予办理，双方产生争议。杨某某向法院起诉请求判令双方签订的《出让合同》违法无效，请求湖南省桑植县水利局返还出让款，赔偿造挖沙船、修建公路等造成的损失。

【案件焦点】

湖南省桑植县水利局与杨某某签订的《出让合同》的效力如何认定。

【裁判结果】

一审法院认为，保护环境是国家的基本国策，一切单位和个人都有保护环境的义务。《自然保护区条例》第二十六条规定："禁止在自然保护区内进行砍伐、放牧、狩猎、捕捞、采药、开垦、烧荒、开矿、采石、挖沙等活动；但是，法律、行政法规另有规定的除外。"《矿产资源法》第二十条规定："非经国务院授权的有关主管部门同意，不得在下列地区开采矿产资源：……（五）国家划定的自然保护区……"《矿业权纠纷解释》第十八条规定："当事人约定在自然保护区、风景名胜区、重点生态功能区、生态环境敏感区和脆弱区等区域内勘察开采矿产资源，违反法律、行政法规的强制性规定或者损害环境公共利益的，人民法院应依法认定合同无效。"被告作为水利行政管理部门，在实施河道采砂管理行为时应执行环保法律法规，不能违反法律法规的禁止性规定，约定在自然保护区等区域内开采矿产资源。张家界大鲵国家级自然保护区于1996年获批设立，2016年，农业部对自然保护区功能区进行调整，但保护区的范围并未变更。本案争议行政协议项下的采砂河段在实施拍卖和签订出让协议时已是国家级自然保护区范围，属于禁止采砂区域。湖南省桑植县水利局在未取得自然保护区主管部门批准的情况下，违反禁止性规定实施拍卖出让，所签订的《出让合同》无效。其违法行为致使行政协议未能实际履行，应承担赔偿责任，故判决确认杨某某与湖南省桑植县水利局签订的《出让合同》无效，湖南省桑植县水利局向杨某某返还出让款100万元、赔偿杨某某各项经济损失112.03万元。

二审法院认为，湖南省桑植县水利局与杨某某签订《出让合同》，有偿出让湖南张家界大鲵国家级自然保护区核心区河道砂石开采权，明显违反《自然保护区条例》第二十六条、《矿产资源法》第二十条、《合同法》第五十二条的规定，符合《行政诉讼法》第七十五条"没有依据等重大且明显违法情形"的规定，参照《矿业权纠纷解释》第十八条规定，应当确认无效，二审维持原判。

【裁判摘要评析】

为平衡自然保护区的生态环境保护与促进当地经济发展之间的利益，本案对出让自然保护区河道内采矿权合同的效力进行否定性评价，充分展现了人民法院贯彻习近平生态文明思想，承担环境资源审判职能所发挥的裁判价值引领和规则指引的作用。

一、认定行政协议无效的法律依据

行政协议是行政主体为实现行政管理目标，与行政相对人协商一致签订的协议。行政协议兼具民事性和行政性，根据《最高人民法院关于审理行政协议案件若干问题的规定》第十二条的规定，对其效力认定除适用行政法律外，亦可适用民事法律规范。《行政诉讼法》第七十五条对行政行为无效作出了规定，即"行政行为有实施主体不具有行政主体资格或者没有依据等重大且明显违法情形,原告申请确认行政行为无效的,人民法院判决确认无效"。另外,《民法总则》第一百五十三条(现为《民法典》第一百五十三条)规定了违反法律、行政法规的强制性规定及违背公序良俗的民事法律行为无效。

二、损害生态环境是否构成行政协议无效的事由

自然保护区是指对有代表性的自然生态系统、珍稀濒危野生动植物物种的天然集中分布区、有特殊意义的自然遗迹等保护对象所在的陆地、陆地水体或者海域,依法划出一定面积予以特殊保护和管理的区域。自然保护区对保护自然资源和生物多样性、维持生态平衡、促进国民经济的可持续发展具有重要意义。在自然保护区河道内采砂,不仅会使河床深度下切、水位下降、水量变少、水面变窄,还改变了河道内生物的生存环境,造成生物种类及数量不断减少甚至灭绝,严重破坏河道生态环境,损害社会公众的环境利益,违背了设立自然保护区的初衷。

本案中,《出让合同》约定的采砂河段在实施拍卖和签订出让协议时已属国家级自然保护区范围。《矿产资源法》第二十条、《自然保护区条例》第二十六条均规定了禁止在国家划定的自然保护区范围内从事采砂活动,《矿业权纠纷解释》第十八条明确规定:"当事人约定在自然保护区、风景名胜区、重点生态功能区、生态环境敏感区和脆弱区等区域内勘察开采矿产资源,违反法律、行政法规的强制性规定或者损害环境公共利益的,人民法院应依法认定合同无效。"当事人双方签订的《出让合同》损害了社会公共利益,属于《行政诉讼法》第七十五条规定的"重大且明显违法情形",法院认定双方签订的《出让合同》无效是正确的。

湖南省张家界市中级人民法院二审合议庭成员:钟强 阳勇 尹相琼

(编写人:符兆敏[①] 黄湘琳[②])

[①] 湖南省张家界市中级人民法院商事审判团队法官助理。
[②] 湖南省桑植县人民法院民事审判庭法官助理。

（五）云南得翔矿业有限责任公司诉云南省镇康县人民政府地矿行政补偿案
——环境公共利益和探矿权人财产权益保护

【裁判摘要】

当不同种类的利益发生冲突时，法院必须对冲突的利益进行权衡。在因饮用水水源地退出探矿权引发的行政补偿案件中，人民法院依法支持行政机关不再延续探矿权期限的决定，同时判令对原告实际损失予以合理补偿，实现了保护人民群众公共饮水安全和探矿权人财产权益之间的平衡。

【案件基本信息】

1. 诉讼当事人

原告：云南得翔矿业有限责任公司（以下简称得翔矿业公司）。

被告：云南省镇康县人民政府。

2. 案件索引及裁判日期

一审：云南省临沧市中级人民法院（2018）云09行初133号判决（2019年6月18日）。

3. 案由

地矿行政补偿

【简要案情】

得翔矿业公司系"云南省镇康县麦地河铅锌矿详查"探矿权人，该探矿权从2004年8月3日首次获得后历经数次延续，最后一次延续的有效期为 2010 年 6 月 28 日至 2012 年 6 月 28 日。2011 年 8 月 29 日，经云南省发展和改革委员会批复，同意新建云南省镇康县中山河水库工程。为实施该项目，2012 年 3 月 30 日，云南省镇康县人民政府发函给得翔矿业公司（镇政办函（2012）7 号），告知得翔矿业公司因麦地河铅锌矿详查项目位于中山河水库水源保护范围内，经县人民政府研究，决定取消云南省镇康县中山河水库建设及水源区域内所有矿业权。同时告知得翔矿业公司，为妥善解决水库建设与矿产资源开发之间的关系，请得翔矿业公司在指定时间到云南省镇康县协商解决。同年 8 月 27 日，云南省镇康县人民政府再次发函给得翔矿业公司（镇政函字（2012）34 号），就决定取消上述矿业权的有关事项进行函告："1. 为妥善解决水库建设与矿产资源开发之间的关系，你公司勘查许可证到期后，不再申报延续登记。2. 按照探矿风险共担的原则，待具体时间确定后，再通知你公司前来解决。"2014 年 6 月 3 日，双方作为共同委托方与云南矿协司法鉴定所签订《司法鉴定合同》，委托云南矿协司法鉴定所对探矿权"云南省镇康县麦地河铅锌矿详查"价值进行评估，鉴定工作经费 10 万元。2014 年 10 月 14 日，云南矿协司法鉴定所作出鉴定意见书，确定"云南省镇康县麦地河铅锌矿详查探矿权"价值为 3053.18 万元。之后，得翔矿业公司多次以不同方式向云南省镇康县人民政府主张赔偿、补偿，双方一直未能达成协议。得翔矿业公司遂向法院提起行政诉讼，要求云南省镇康县人民政府补偿探矿权经济损失 3053.18 万元、勘探支出本息 1363.42 万元、2012 年至 2017 年 11 月支出的员工工资 86.05 万元、鉴定费 10 万元。

【案件焦点】

对得翔矿业公司损失是否应给予相应补偿、如何补偿。

【裁判结果】

云南省临沧市中级人民法院审理认为，云南省镇康县人民政府为公共利益需要，因水库项目建设决定取消水源区域包括得翔矿业公司探矿权在内的所有矿业权,云南省镇康县人民政府不具备探矿权审批权限,故告知得翔矿业公司探矿权到期后不再申报延续登记。云南省镇康县人民政府在履职中并无过错,但确因其兴建水库的行为而给得翔矿业公司造成了一定损失,应由云南省镇康县人民政府给予相应补偿。得翔矿业公司主张的补偿项目中,探矿权实现后的预期收益不属于实际损失,不予支持;为勘探支付的勘探成本及利息,其举证的两份审计报告不能证实得翔矿业公司主张数额,法院仅作为参考依据。结合案件情况,酌定由云南省镇康县人民政府补偿得翔矿业公司探矿损失 200 万元;员工工资支持至探矿权终止期限即 2012 年 1 月至 2012 年 6 月 28 日的费用,标准采纳得翔矿业公司举证工资表,共 9.6 万元;鉴定费 10 万元系双方作为共同委托方委托鉴定实际产生的费用,由双方各承担 5 万元。据此,依照《行政诉讼法》第七十三条,并参照《最高人民法院关于审理行政许可案件若干问题的规定》第十五条之规定,判决云南省镇康县人民政府补偿得翔矿业公司损失 214.60 万元,驳回得翔矿业公司的其他诉讼请求。

【裁判摘要评析】

本案系因饮用水水源地退出探矿权引发的行政补偿案件。饮用水安全与人民群众生命健康息息相关。《水污染防治法》明确饮用水水源保护区制度,禁止在饮用水水源二级保护区内新建、改建、扩建排放污染物的建设项目;已建成的排放污染物的建设项目,由县级以上人民政府责令拆除或者关闭。本案中,得翔矿业公司探矿权取得在先,云南省镇康县人民政府基于饮用水水源地保护需要,在得翔矿业公司探矿权有效期届满前,发函明确告知决定取消云南省镇康县中山河水库建设及水源区域内所有矿业权,并告知按照探矿风险共担原则协商解决相关事宜。云南省镇康县人民政府两份函件的内容已经对得翔矿业公司的权利义务产生实际影响,得翔矿业公司提起本案诉讼符合《行政诉讼法》的规定,起诉要求云南省镇康县人民政府承担相应的行政补偿责任并无不当。根据《最高人民法院关于审理行政许可案件若干问题的规定》第十五条的规定,法律、法规、规章或者规范性文件对补偿标准未作规定的，一般在实际损失范围内确定。

具体到本案的问题，有以下几点：（1）关于得翔矿业公司主张3053.18万元探矿权价值损失问题。根据《矿产资源法》第三条的规定，矿产资源属于国家所有，且云南省镇康县人民政府发出两个函件时，得翔矿业公司尚未取得采矿许可证，根据其提交的鉴定意见，该3053.18万元属于预期收益，并非实际损失，不予支持。（2）关于得翔矿业公司主张勘探支出本息1363.42万元的问题。其提交的两份审计报告载明得翔矿业公司勘探支出为547.84万元，但该两份审计报告同时载明"2011年会计报表年初数未经审计，其结果具有不确定性""此审计报告仅限用于供得翔矿业公司内部结算参考依据专用"。由此，结合云南省镇康县人民政府是由于公共利益需要，对得翔矿业公司的探矿权不予申报延续登记的实际，酌定由云南省镇康县人民政府补偿得翔矿业公司探矿实际损失200万元。（3）关于得翔矿业公司主张2012年至2017年11月支出的员工工资86.05万元的问题。考虑到得翔矿业公司处理探矿区域相关后续事宜及云南省镇康县人民政府在2012年3月即发函告知决定取消矿业权，到期后不再申报延续登记的实际，将工人工资计算至探矿权终止期限2012年6月28日，并采纳得翔矿业公司举证工资表，支持9.6万元。（4）关于得翔矿业公司主张鉴定费10万元的问题。因该鉴定系双方共同委托，且根据云南省镇康县人民政府函件中关于"探矿风险共担的原则"表述，由双方各承担5万元。

云南省临沧市中级人民法院一审合议庭成员：谢可平　姚葵　郭兰娟

（编写人：谢可平[①]）

[①] 云南省临沧市中级人民法院审判管理办公室主任、四级高级法官。

(六) 泉州弘盛石业有限公司诉福建省晋江市环境保护局环境保护行政管理案
——环保机关核发《排放污染物临时许可证》能否视同水污染防治设施已经验收合格

【裁判摘要】

环保机关核发《排放污染物临时许可证》，不能视同水污染防治设施已经验收合格。产生污水等污染物的排污企业，应该依法建设水污染防治设施并经环保机关验收合格后才能投入生产。否则，环保机关有权依据《水污染防治法》以及地方性法规等规范性文件对违法排污企业予以处罚。

【案件基本信息】

1. 诉讼当事人

再审申请人（一审原告、二审上诉人）：泉州弘盛石业有限公司（以下简称弘盛公司）。

再审被申请人（一审被告、二审被上诉人）：福建省晋江市环境保护局。

2. 案件索引及裁判日期

一审：福建省晋江市人民法院（2013）晋行初字第17号判决（2013年3月25日）；

二审：福建省泉州市中级人民法院（2013）泉行终字第73号判决（2013年7月3日）；

再审：福建省泉州市中级人民法院（2014）泉行监字第 15 号驳回申请再审通知书（2014 年 3 月 19 日）。

3. 案由

环境保护行政管理纠纷

【简要案情】

福建省晋江市环境保护局于 2012 年 7 月 5 日现场检查发现，弘盛公司需要配套建设的水污染防治设施未经环境保护主管部门验收（合格）而投入生产，于 2012 年 7 月 20 日对弘盛公司作出晋环罚字（2012）第 114 号《晋江市环境保护局行政处罚决定书》（以下简称 114 号处罚决定），责令弘盛公司停止生产并罚款 6 万元。后弘盛公司不服，于 2012 年 9 月 18 日向福建省泉州市环境保护局提起行政复议。福建省泉州市环境保护局于 2012 年 11 月 14 日作出维持 114 号处罚决定的决定。弘盛公司仍不服，于 2012 年 11 月 26 日向法院提起行政诉讼，请求判令撤销晋江市环境保护局作出的 114 号处罚决定。

【案件焦点】

（1）环保机关核发《排放污染物临时许可证》，是否能视同水污染防治设施已经验收合格；

（2）案涉行政处罚行为是否超过处罚时效；

（3）案涉处罚是否违反法定程序。

【裁判结果】

一审法院认为，弘盛公司作为石材加工企业，在生产过程中必然产生污水等污染物，应当建设水污染防治设施并经验收合格才能投入生产。福建省晋江市环境保护局提供的证据足以证实弘盛公司存在需要配套建设的水污染防治设施，但未经验收合格而投入生产的事实；福建省晋江市环境保护局对弘盛公司核发《排放污染物临时许可证》，准许其临时排放污染物，并不能视同弘盛公司的水污染防治设施验收合格，不能免除水污染防治设施应当经过环境保护主管部门验收合格方可投入生产的义务。弘盛公司在《排放污染物临时许可证》已过期的情形下继续生产，且该水污染防治设施仍未经环境保护部门验收合格。福建省晋江市环境保护局现场检查时，弘盛公司仍在生产，其违法状态呈现持续状态，行政处罚的追诉时效应从违法行为终了之日起计算。福建省晋江市环境保护局在作出行政处罚前，已依法作出《行政处罚告知书》并送达弘盛公司，告知其所享有的权利，并不违反法定程序。故判决维持福建省晋江市环境保护局作出的114号处罚决定。

二审法院认为，弘盛公司石材加工项目所配套建设的沉淀池未经环境保护主管部门验收合格即投入生产，违反了《水污染防治法》第十七条第三款的规定。福建省晋江市环境保护局据此对弘盛公司作出的114号处罚决定认定事实清楚，适用法律、法规正确，程序合法。一审判决对本案实体的处理并无不当。故判决驳回弘盛公司上诉请求，维持一审判决。

再审法院认为，《固体废物污染环境防治法》所称液态废物是指通常放置于容器中的废油、废酸、废碱等液态物质，因其不能直接向外环境排放，故将其纳入该法管辖范畴。而福建省晋江市环境保护局提供的《福建省建设项目环境影响报告表》在分析污染源时，明确该废水主要来自生产过程切割、磨机工序中使用的冷却水，并对项目每日的冷却废水和今后每日生产的冷却废水作出测算。该《环境影响报告表》将弘盛公司需要配套建设的沉淀池（包括集水池、混凝池、清水池等）作为主要的水污染防治设施，明确提出生产废水应经处理后循环使用、不得外排的要求。而且原环境保护部对福建省环保厅的复函《关于对石材加工项目有关问题的复函》[环办函（2012）365号]也对此作出明确答复。因此，弘盛公司石材加工项目所配套建设的沉淀池是该建设项目的水污染防治设施，不属于固体废物的污染防治设施。二审法院据此作出维持判决是正确的，弘盛公司申请再审的理由不能成立，予以驳回。

【裁判摘要评析】

　　本案重申了环保机关核发《排放污染物临时许可证》，不能视同水污染防治设施已经验收合格，石材加工项目所配套建设的沉淀池是该建设项目的水污染防治设施，不属于固体废物的污染防治设施。

　　《水污染防治法》第十九条第三款规定，建设项目的水污染防治设施，应当与主体工程同时设计、同时施工、同时投入使用。水污染防治设施应当符合经批准或者备案的环境影响评价文件的要求。本案中，弘盛公司作为石材加工企业，在生产过程中必然产生污水等污染物，应当建设水污染防治设施并经验收合格才能投入生产。福建省晋江市环境保护局提供的证据足以证实弘盛公司存在需要配套建设的水污染防治设施，而未经验收合格而投入生产的事实。福建省晋江市环境保护局虽然向弘盛公司核发了《排放污染物临时许可证》，准许其临时排放污染物，但这并不代表就免除弘盛公司的水污染防治设施应当经过环境保护主管部门验收合格方可投入生产的义务，即不能免除弘盛公司违反水污染防治"三同时"制度所应承担的责任。且弘盛公司在《排放污染物临时许可证》已过期的情形下继续生产。福建省晋江市环境保护局对弘盛公司现场检查时发现弘盛公司仍在生产，其违法状态呈现持续状态，行政处罚的追诉时效应从违法行为终了之日起计算。其行为不属于《行政处罚法》第三十六条"违法行为在二年内未被发现的，不再给予行政处罚……法律另有规定的除外。前款规定的期限，从违法行为发生之日起计算；违法行为有连续或者继续状态的，从行为终了之日起计算"规定中不予处罚的情形。因此，福建省晋江市环境保护局的处罚不超过二年处罚时效，本案处罚程序合法正当。福建省晋江市环境保护局提供的证据能证明其在作出行政处罚前，已告知弘盛公司作出行政处罚决定的事实、理由、依据及相关权利，弘盛公司在法定期限内并未向福建省晋江市环境保护局提出陈述、申辩及听证要求。后福建省晋江市环境保护局作出114号处罚决定并送达弘盛公司，不违反法定程序。

　　本案的典型意义在于法院通过判决方式，进一步明确了环保机关核发

《排放污染物临时许可证》不能视同水污染防治设施已经验收合格。产生污水等污染物的排污企业，应该依法建设水污染防治设施并经环保机关验收合格后才能投入生产。否则，环保机关有权依据《水污染防治法》以及地方性法规等规范性文件对违法排污企业予以处罚。本案中，弘盛公司主张所领取的《排放污染物临时许可证》应视同水污染防治设施验收合格的理由不能成立，同时还存在《排放污染物临时许可证》已过期仍继续生产的情形，且该许可证允许其对外排放的污染物种类中不包括废水。此外，本案结合污染物种类，明确对于废水的排放应适用《水污染防治法》，而对于液态废物的排放则适用《固体废物污染环境防治法》，对环保机关行政执法和人民法院审理相关案件具有直接指导意义。

福建省泉州市中级人民法院二审合议庭成员：孙志坚　辛春蓉　张兴裕

（编写人：陈永哲[①]）

[①] 福建省晋江市人民法院磁灶人民法庭庭长、一级法官。

（七）张某某等诉原江苏省环境保护厅环评行政许可案

——环评行政许可案件中公众环境信息知情权的保护

【裁判摘要】

环境保护部门应采取措施加强信息公开，督促信息公开单位将相关电磁场监测显示屏置于更加醒目的位置，方便公众及时了解实时数据，保障其环境信息知情权。

【案件基本信息】

1. 诉讼当事人

上诉人（原审原告）：张某某；

上诉人（原审原告）：陈某湘；

上诉人（原审原告）：蔡某生。

被上诉人（原审被告）：江苏省环境保护厅（以下简称江苏省环保厅）。

原审第三人：江苏省电力公司镇江供电公司（以下简称镇江供电公司）。

2. 案件索引及裁判日期

一审：南京市中级人民法院（2014）宁行初字第249号判决（2015年1月8日）；

二审：江苏省高级人民法院（2015）苏环行终字第00002号判决（2015年7月14日）。

3. 案由

环境评价行政许可

【简要案情】

镇江供电公司为建设 110 千伏双井变电站等一批工程，委托环评机构以工频电场、工频磁场、噪声及无线电干扰为评价因子编制了《环境影响报告表》。该报告表预测，工程建成运行后对周边环境的影响程度符合国家标准。2009 年 11 月，江苏省环保厅在经过镇江市规划局出具《选址意见》、江苏省电力公司同意环评结论、江苏省镇江市环保局对《环境影响报告表》预审之后作出批复，同意镇江供电公司建设该批工程。张某某、陈某湘、蔡某生三人不服诉至法院，主张所涉区域不宜建设变电站、环评方法不科学、建设项目不符合环评许可条件、环评许可违法，请求撤销江苏省环保厅的上述批复。

【案件焦点】

（1）环境评价行政许可的审查范围是否正确；

（2）建设项目环境影响是否符合环评许可条件；

（3）环境影响评价行政许可的程序是否合法。

【裁判结果】

一审法院认为，江苏省环保厅在其他部门出具意见基础上作出的涉案批复，符合《环境影响评价法》第二十二条以及国家有关技术规范与政策规定，程序合法，遂判决驳回张某某等三人的诉讼请求。

二审法院认为，双井变电站系城市公用配套基础设施，根据《城市电力规划规范》规定，在符合条件的情况下可以在风景名胜区、自然保护区和人口稠密区等敏感区域建设此类项目。涉案工程污染物预测排放量和投入运行后的实际排放量均小于或明显小于排放限值，环评符合法定审批条件。110 千伏变电站所产生的是极低频场，按世界卫生组织相关准则，极低频场可能造成轻度环境影响，但影响有限且可控。虽然被诉环评行政许可行为合法适当，但环保部门应采取措施加强信息公开，督促镇江供电公司将相关电磁场监测显示屏置于更加醒目的位置，方便公众及时了解实时数据，保障其环境信息知情权。判决驳回上诉，维持原判。

【裁判摘要评析】

本案被诉行政行为系环保行政主管部门作出的环境影响评价行政许可，法院应当依照《行政许可法》《环境影响评价法》之规定，对被诉行政许可行为的合法性进行审查。经审查，被诉行政行为符合法律规定。但行政诉讼的功能有三项：一是权利救济，保障公民、法人或者其他组织的合法权益；二是法律监督，监督行政机关依法行政；三是化解矛盾纠纷。在对被诉行政行为合法性审查基础上，对原告的诉求进行回应，仅仅实现了法律监督功能和权利救济功能，但化解矛盾功能的实现还需要对引发矛盾纠纷的内在原因进行分析，有针对性地提出解决矛盾的方案。本案系因"邻避效应"所引发的矛盾纠纷，解决矛盾的核心要素在于分析引发"邻避效应"的原因，破除其带来的困扰，保障公众的知情权、参与权。

本案引发矛盾纠纷的核心原因在于原告对变电站所造成的污染的担忧。由于公众缺乏相应的知识，在猜测议论过程中形成了此项目污染严重、危害身心健康的主观认知，对在自己生活区域建设该项目带有抵触心理。为此，本案判决详细分析了该项目建设及运行之后的噪声、工频电场、工频磁场、无线电干扰等污染因子的国家评价标准以及案涉项目实际测量的数值，对实际测量的各项数值均低于或明显低于排放标准这一事实进行了认定，用以说明该项目的建设完全符合国家技术标准。同时引用世界卫生组织编写、中国质检出版社和中国标准出版社于2015年3月出版的《环境健康准则：极低频场》就极低频场对环境健康影响的分析意见，即所有变电站内部设备在变电站范围之外产生的磁场可以忽略不计，最终得出原环境保护部颁布的《建设项目环境影响评价分类管理名录》将500千伏以下的变电工程，或者涉及环境敏感区的330千伏以下的变电工程确定为编制环境影响报告表的建设项目，这一分类与世界卫生组织的推荐意见相吻合。通过翔实的数据和权威的论断消除公众的顾虑。

但公众往往还会对建设项目运行过程中是否会出现污染存在疑虑，此时，信息透明公开既是保障公众权利的需要，也是化解矛盾纠纷的必然要求。本案判决认为，虽然被诉环评行政许可行为合法、适当，但信息沟通问题依然要引起行政主管部门的关注。公众参与既是《环境保护法》确立的环境保护基本原则，也是环境保护的基石。变电站是现代城市必不可少的基础设施之一。世界卫生组织在《环境健康准则：极低频场》中认为，变电站等建设项目对环境所造成的影响有限并且可控。对环境影响较小的建设项目，提出过高的防护要求，不仅不科学，也不经济。因为对信息掌握不充分，公众很难准确了解电磁辐射对健康的影响。对未知事物的猜疑容易引发对自身环境安全的顾虑，从而对建设项目产生抵触，引发矛盾纠纷。虽然本案被诉行政行为程序并不违法，但仍建议有关行政主管部门在相关行政许可过程中，通过公开、有效的沟通，加强环境信息的公开，让公众充分了解建设项目的环境影响，使所有利益相关者能够实现知情决断。镇江供电公司应当将双井变电站工频电磁场在线监测系统的显示屏置于更加醒目的位置，方便公众及时了解双井变电站边界电磁场的实时数据，更加充分地保障公众对环境信息的知情权。

二审判决后，镇江供电公司已拆除电磁场监测显示屏外墙，使公众随时能够直观地了解电磁场的实时数据。此举有助于督促供电公司提高环境保护意识和电磁辐射污染防护水平，化解公众对电磁辐射污染的担忧。本案判决为妥善解决"邻避效应"所引发的纠纷提供了一条可资借鉴的路径。

江苏省高级人民法院二审合议庭成员：刘建功　臧静　陈迎
（编写人：陈迎[①]）

[①] 南京环境资源法庭庭长、三级高级法官。

（八）山东省东营市东营区人民检察院诉山东省东营市水利局未全面履行河道监管法定职责案
——全面履行法定职责的认定

【裁判摘要】

行政机关应在法定职责范围内依法及时全面履行职责。水利主管部门有责任对辖区河道进行监管，在河道被非法取土、堤坝破坏严重的情况下，应制止非法行为并及时采取补救措施进行修复。如仅对部分河道采取补救措施，且修复达不到防洪标准和汛情要求，修复堤坝存在溃坝、漫堤现象，则构成未全面履行法定职责。

【案件基本信息】

1. 诉讼当事人

公益诉讼起诉人：山东省东营市东营区人民检察院（以下简称东营区检察院）。

被告：山东省东营市水利局（以下简称东营市水利局）。

2. 案件索引及裁判日期

一审：山东省东营市东营区人民法院（2018）鲁0502行初71号判决（2018年12月21日）。

3. 案由

未全面履行河道监管法定职责

【简要案情】

东营区检察院在履行职责过程中发现，自2016年12月以来，山东省东营市东营区六户镇武家大沟大许村西至邱家村东段两岸各有长约4公里、宽约30米至50米不等的堤坝及护堤地被非法取土，导致水土流失，危及河道行洪及周边群众生命财产安全。东营市水利局只对非法取土行为进行过现场制止，但未作出行政处罚决定，亦未代为恢复堤坝原状，国家利益和社会公共利益持续受到侵害。2018年6月21日，东营区检察院向东营市水利局发出检察建议，建议东营市水利局依法全面履行职责，代为恢复堤坝原状或者采取其他补救措施，维护人民群众生命财产安全。东营市水利局按照检察建议，对相关河段进行了修复，共修复岸线2757米，并对北岸810米及南岸采取以路代堤方案。但经东营区检察院跟进监督发现，堤坝无法满足武家大沟的设计标准和防汛要求，部分修复的堤段已出现溃坝、漫堤现象，造成武家大沟水流倒灌，致使河道两岸农田全部受灾，生态环境破坏状态未得到治理，国家利益和社会公共利益持续受到侵害。东营区检察院提起行政公益诉讼，请求：确认东营市水利局未全面履行河道监管法定职责的行为违法，判令其继续履行职责，采取补救措施对案涉被毁堤坝予以修复。经东营市东营区人民法院依法审理，判决：确认东营市水利局未全面履行河道监管法定职责的行为违法；东营市水利局于本判决生效之日起六个月内采取补救措施。

【案件焦点】

东营市水利局是否构成未全面履行河道监管法定职责，及应否继续采取补救措施。

【裁判结果】

《河道管理条例》第八条规定："各级人民政府河道主管机关以及河道监理人员，必须按照国家法律、法规，加强河道管理，执行供水计划和防洪调度命令,维护水工程和人民生命财产安全。"《山东省实施〈中华人民共和国防洪法〉办法》第十四条规定:"在河道、湖泊、水库大坝管理范围内禁止下列活动……(六)在堤坝及其护堤地上取土、打井、挖窑、筑坟;……"第四十二条规定:"违反本办法第十四条第(四)至(七)项有下列行为之一的,责令停止违法行为,限期清除障碍或者采取其他补救措施,逾期不清除或者不采取补救措施的,代为清除或者采取补救措施,所需费用由违法者承担,并可以按照下列规定处以罚款……(三)在堤坝及其护堤地上取土、打井、挖窑、筑坟等的,处二万元以下罚款。"本案中,东营市水利局在日常管理中发现,自2016年12月份以来,武家大沟大许村西至邱家村东段两岸堤坝及其护堤被非法取土,组织相关执法人员采取现场制止、核查及报警等手段制止非法取土行为,履行了一定的监督管理职责,非法取土行为虽已制止,但确已造成该段堤坝及护堤被非法取土,仅公益诉讼起诉人委托评估地段被取土面积就达92670.5平方米,被取土方量达90664立方米,危及了河道行洪排涝功能。因东营市水利局未能查实非法取土行为人,故其负有采取补救措施代为修复的义务。东营市水利局在收到公益诉讼起诉人的检察建议后,就此事项组织商讨整改措施,确定修复方案,并完成了修复涉案河道北岸线长2757米堤坝,履行了一定的修复职责。但综合东营市水利局的修复方案和履职情况,其并未全面履行河道监管法定职责。首先,东营市水利局已完成修复的涉案河道北岸线长2757米堤坝,修复时系从汛期防汛角度制定的临时修复方案,没有提交该工程的设计图纸及施工方案,也未提交工程完工后经相关部门验收合格的竣工验收资料。虽然提交了山东省东营市防汛办的修复评估意见,但该评估意见也未能体现该修复工程经竣工验收合格,已达到防洪排涝规划标准,不足以表明该堤坝修复工程达到工程质量要求和防洪排涝规划要求。其次,东营市水利局以路代堤方案,亦不能满足涉案河道的防洪排涝规划要求。河道堤防是防洪工程体系的重要组成部分,是防御洪水的重要屏障,应符合相应的防洪规划标准及等级,其工程施工也有相应的设计标准和规范要求,而道路施工技术及规范要求不同于河道堤坝施工的相关要求,其功能不能完全替代河道堤坝的功能,不足以消除因被非法取土造成的危及涉案河道行洪排涝及周边群众财产安全的隐患。因此,东营市水利局应继续采取补救措施。

【裁判摘要评析】

根据《河道管理条例》第八条的规定以及《山东省实施〈中华人民共和国防洪法〉办法》第十四条、第四十二条的规定,河道主管部门对辖区内毁损河道具有责令违法者补救或代为采取补救措施的职责,且其履职应符合法律规定所确定的目标要求。如果行政机关有未依法履职的行为,或者虽然履职但由于未采取合理方式履职、未及时履职、未穷尽行政手段履职等,导致国家利益、社会公共利益受损的,都属于未全面履职。作为行政执法机关,对法律确定的义务应不折不扣地完成,不能只履行一部分,也不能走过场,形式上履行完毕但结果不达标。

本案中,案涉河道被非法取土,东营市水利局未能查实非法取土行为人,故其负有采取补救措施代为修复的义务。本案的争议焦点在于东营市水利局是否全面履行了代为修复河道的法定职责。东营市水利局针对非法取土问题,只进行了现场制止、报警等,并未采取行政处罚等手段严厉打击非法行为,属于未穷尽行政手段履职。在收到东营区检察院的检察建议后,东营市水利局也只针对部分河段进行修复,属于部分履职。修复的河道未达到防洪排涝的标准,已经出现溃坝、漫堤现象,造成武家大沟水流倒灌,致使河道两岸农田全部受灾,生态环境破坏状态未得到治理,国家利益和社会公共利益持续受到侵害,属于履职结果不符合要求。因此,东营市水利局的行为不符合全面履行法定职责的要求,应继续履行采取补救措施的职责。

本案系黄河流域河道堤坝保护引发的行政公益诉讼案件。东营市水利局既未对违法取土破坏堤坝行为作出行政处罚,亦未对破坏的堤坝进行全部修复,存在怠于履行法定职责的情形。东营市水利局在收到检察建议后虽履行了一定修复职责,但案涉堤坝仍无法满足设计标准和防汛要求,且部分修复堤坝存在溃坝、漫堤现象，使国家利益和社会公共利益长期处于受侵害状态。一审法院受理案件后，多次到现场查看、走访附近村民了解情况。加强与行政机关的衔接沟通，组织东营市水利局、专业机构座谈研究补救整改方案。东营市水利局最终采纳法院建议，经多方协调，争取到政府财政资金，确定实施武家大沟综合治理工程列入2020年东营市河道综合治理工程实施计划，按照《东营市防洪规划（2014—2030）》确定的20年一遇防洪、5年一遇排涝标准，河道分不同区段确定参数，对武家大沟进行综合治理。至2019年6月修复工作已经全部完成，达到设计防汛抗洪标准。

山东省东营市东营区人民法院一审合议庭成员：解旭明　王桂丽　任少华　李秋英　孙炳霞　张广松　王健

（编写人：夏春燕[①]）

[①] 山东省东营市东营区人民法院行政庭书记员。

（九）常州德科化学有限公司诉江苏省环境保护厅等环境评价许可案

——环境评价行政许可案件中"邻避"困境的破解

【裁判摘要】

解决"邻避"困境，建设单位应履行信息公开义务；政府行政主管部门应严格履行监管职责，充分保障公众参与权，尽可能防止或者减轻项目对周围生态环境的影响；当地的公民、法人及其他组织则应依照法律规定行使公众参与权，维护自身合法环境权益。

【案件基本信息】

1. 诉讼当事人

上诉人（一审原告）：常州德科化学有限公司（以下简称德科公司）。

被上诉人（一审被告）：江苏省环境保护厅（以下简称江苏省环保厅）；

被上诉人（一审被告）：中华人民共和国环境保护部（以下简称环境保护部）。

原审第三人：光大常高新环保能源（常州）有限公司（以下简称光大公司）。

2. 案件索引及裁判日期

一审：南京市中级人民法院（2015）宁环行初字第3号判决（2015年

8月19日）；

二审：江苏省高级人民法院（2015）苏环行终字第00009号判决（2016年12月30日）。

3. 案由

环境评价许可

【简要案情】

光大公司拟在江苏省常州市投资兴建生活垃圾焚烧发电项目。2014年，光大公司向江苏省环保厅报送《环境影响报告书》《技术评估意见》《预审意见》等材料，申请环境评价许可。江苏省环保厅受理后，先后发布受理情况及拟审批公告，并经审查作出同意项目建设的批复。德科公司作为案涉项目附近的已停产企业，不服该批复，向环境保护部申请行政复议。环境保护部受理后，向江苏省环保厅发送《行政复议答复通知书》《行政复议申请书》等材料，并向江苏省常州市环保局发送《关于委托对案涉项目进行现场勘验的函》。环境保护部在收到《行政复议答复书》《关于案涉项目现场调查情况的报告》后，作出维持批复的《行政复议决定书》。德科公司不服，以项目选址存在问题、环评结论难以令人信服为由提起诉讼，请求：撤销批复，责令停止项目建设并另行选址。

【案件焦点】

（1）江苏省环保厅是否对案涉项目环境影响问题尽到审查职责；

（2）公众参与权是否得到充分保障；

（3）实施垃圾分类后涉案项目的经济技术可行性是否属于环评许可审查范围。

【裁判结果】

一审法院认为，江苏省环保厅根据光大公司报送的《环境影响报告书》《技术评估意见》及《预审意见》等材料，在其单位网站上先后发布了《环保厅受理环境影响报告书情况》《拟对建设项目环评文件作出审批意见》的公告,并根据公告、公示所反馈的情况,经审查后作出被诉批复。该行政行为并不违反法律、法规相关规定,程序亦无不当。环境保护部的行政复议程序符合《行政复议法》《行政复议法实施条例》的相关规定,依照《行政诉讼法》第六十九条的规定,判决驳回德科公司的诉讼请求。

二审法院认为,德科公司并非案涉项目厂界周围的环境敏感保护目标,且当时处于停产状态,没有证据证明德科公司与光大公司之间就案涉环境保护行政许可存在重大利益关系。案涉项目环评过程中保障了公众参与权,江苏省环保厅在作出环境评价许可过程中履行了对项目选址、污染物排放总量平衡等问题的审查职责,亦未侵犯德科公司的权利。江苏省环保厅作出案涉环境评价许可行政行为,符合《环境影响评价法》《行政许可法》规定,并未违反合法性原则。环境保护部作出的案涉行政复议行为亦符合《行政复议法》《行政复议法实施条例》等法律法规的规定。一审判决认定事实清楚,适用法律、法规正确,审判程序合法。根据《行政诉讼法》第八十九条第一款第一项之规定,判决驳回上诉,维持原判。

【裁判摘要评析】

随着城市化的快速发展和公众环保意识的日益提升,兴建能够带来整体性社会利益但对周围居民产生负面影响的设施,如垃圾处理、电力设施等,因其选址和设置而引发当地居民的抵制现象愈加增多,被称为"邻避冲突"。本案就是因垃圾发电项目设置而引发的针对环境评价许可的一起行政案件。

行政诉讼中,针对当事人的诉讼请求,法院主要就行政机关行政行为合法性进行审查。本案涉及的行政行为是江苏省环保厅针对德科公司垃圾发电项目所作的环境影响评价许可。德科公司针对环保主管部门环境影响评价许可的合法性,从实体到程序提出了全方位的质疑。

第一个争点是,江苏省环保厅在审批环评报告时对项目选址的审查职责范围。各行政机关的审批职责范围之间既有明确界限,也有互相制约关系。规划部门与环保主管部门在项目审批上存在上下游关系,后者只有在前者对项目选址已经许可的前提下，才能对环评进行审查。换言之，环保主管部门对项目选址的审查范围针对前道审批流程手续是否完备，但这并不意味着环保主管部门只能无条件同意项目选址，环保主管部门履行职责的核心在于既定选址下是否符合环境影响评价要求，如环评影响评价审查不能获得通过，则意味着项目要进行包括改换选址在内的修正。

第二个争点是，江苏省环保厅对项目环境影响评价是否尽到审查职责问题。涉及的第一个具体问题即饮用水源地环境风险评估，环评报告已作出专章评价。涉及的第二个具体问题是重要大气污染源调查范围，该问题取决于对相关技术导则的解释结论，本案判决从文义角度对导则相关条款作出了清晰的解释。第三个具体问题是污染物排放总量区域平衡方案问题，本案判决明确审批机关的职责是确保环评报告在区域污染物排放总量上实现"增一减二"的平衡方案有指标来源。对此，江苏省环保厅已经就指标来源进行了充分审查。德科公司关于这些指标占据了区域内另一家企业指标的诉讼主张，没有提供证据证明，即便成立，也涉及该企业与环保机关之间的另一行政法律关系。

德科公司在程序问题上的上诉意见集中于公众参与权保障方面。本案判决从两个方面论证了案涉行政行为在公众参与权保障方面的合法性。第一，听证内容的全面性。听证会议记录表明，参与公众从垃圾运输路线、渗滤滴漏的防范、臭气防治、二噁英与飞灰的监测捕集净化、事故应急处置等方面提出的各种疑问，都获得了直接回应和详细解答。第二，德科公司提出未将其纳入听证参与者，因其与案涉项目关联度不足，而不影响听证程序的整体合法性。

本案判决同时要求行政机关组织听证程序应更加公开广泛透明，更加有效地保障利害关系人的程序权利；要求建设单位在项目投入运行后随时接受公众监督。

对于垃圾发电、垃圾处理、电力设施、通讯设施等"邻避建筑"，公众在一定程度上存在疑虑乃至恐慌情绪无可避免。民众的疑虑恐慌，不会仅因为项目合法而减少，却会因为知情权保障的不充分而增加，当积累到一定程度后就存在演化为群体性事件的可能性。若脱离风险社会的背景来看这些个案，似乎只是建设项目所引起的民法上的健康权和相邻权问题向行政法的延伸。但实际上，矛盾之症结却在于国家风险治理框架下风险专业分类与公众认知之间的矛盾，以及这种矛盾导致的民意表达渠道是否通畅。法院无法替代专家判断风险识别结论的正确性，也无法替代行政机关作出是否建设风险项目以及建设地点的结论，只能在法律规定内审查行政机关在作出行政行为是否合法。法院对行政行为的合法性进行审查时，不会突破立法关于项目最低合法性标准。

  本案判决在肯定行政许可决定合法有效的情况下，进一步回应了"邻避"民意困局。尽管这一回应未改变判决结果，但指明了通过保障知情权破解"邻避"困局的出路。首先，对公众的风险认知秉持平等关怀和理解的态度。面对公众对垃圾发电项目的疑虑恐慌，法院冷静分析原因并提供了促进信息公开和交流的对策。其次，对行政机关提出更高要求，促进行政机关在消弭风险认知矛盾、接纳民意和预防纠纷方面发挥更大作用。最后，对风险社会治理模式之回应，体现超越个案的社会关怀与司法担当。由于风险议题关涉生存环境与生命健康，其中涉及的科学不确定性问题、公众与专家的认知冲突等问题容易引起个案冲突和社会不稳定。提出让公众充分了解并监督建设项目的环境影响的建议，不仅扮演着维护权利解决个案纠纷的传统角色，而且表达出对风险社会治理路径的关切。

江苏省高级人民法院二审合议庭成员：刘建功 陈迎 赵黎
（编写人：刘建功[①]）

---

 ① 江苏省高级人民法院环境资源审判庭庭长、三级高级法官。